21世纪全国高等院校**财经管理**系列实用规划教材

财务会计系列

会计学原理（第3版）

主　编　刘爱香　石启辉

北京大学出版社

内容简介

本书系统地论述了会计学的知识体系,编写过程中结合会计学专业人才培养的特点,从培养学生实际操作技能的角度出发,从会计实务的角度阐述理论、解释问题。全书共分 10 章,内容包括总论、会计的基本概念、会计科目与复式记账法、借贷记账法的具体运用、会计凭证、会计账簿、财产清查、账务处理程序、财务报告、会计工作的组织与管理。

本书可以作为会计学及相关专业本科的教学用书,也可以作为会计实务工作者或者自学会计学人员的参考用书。

图书在版编目(CIP)数据

会计学原理/刘爱香,石启辉主编.—3 版.—北京:北京大学出版社,2015.9
(21 世纪全国高等院校财经管理系列实用规划教材)
ISBN 978-7-301-26239-9

Ⅰ.①会…　Ⅱ.①刘…②石…　Ⅲ.①会计学—高等学校—教材　Ⅳ.①F230

中国版本图书馆 CIP 数据核字(2015)第 202910 号

书　　　名	会计学原理(第 3 版)
著作责任者	刘爱香　石启辉　主编
责任编辑	翟　源
标准书号	ISBN 978-7-301-26239-9
出版发行	北京大学出版社
地　　　址	北京市海淀区成府路 205 号　100871
网　　　址	http://www.pup.cn　新浪微博:@北京大学出版社
电子信箱	pup_6@163.com
电　　　话	邮购部 62752015　发行部 62750672　编辑部 62750667
印刷者	三河市博文印刷有限公司
经销者	新华书店
	787 毫米×1092 毫米　16 开本　15.75 印张　359 千字
	2007 年 8 月第 1 版
	2011 年 1 月第 2 版
	2015 年 9 月第 3 版　2018 年 3 月第 3 次印刷
定　　　价	35.00 元

未经许可,不得以任何方式复制或抄袭本书之部分或全部内容。
版权所有,侵权必究
举报电话:010-62752024　电子信箱:fd@pup.pku.edu.cn
图书如有印装质量问题,请与出版部联系,电话:010-62756370

21世纪全国高等院校财经管理系列实用规划教材

专家编审委员会

主 任 委 员 刘诗白

副主任委员 （按拼音排序）

    韩传模   李全喜   王宗萍
    颜爱民   曾　旗   朱廷珺
    朱淑珍

顾　　问 （按拼音排序）

    高俊山   郭复初   胡运权
    万后芬   张　强

委　　员 （按拼音排序）

    程春梅   邓德胜   范　徵
    冯根尧   冯雷鸣   黄解宇
    李柏生   李定珍   李相合
    李小红   刘志超   沈爱华
    王富华   吴宝华   张淑敏
    赵邦宏   赵　宏   赵秀玲

法 律 顾 问 杨士富

丛 书 序

我国越来越多的高等院校设置了经济管理类学科专业，这是一个包括理论经济学、应用经济学、管理科学与工程、工商管理、公共管理、农林经济管理、图书馆、情报与档案管理 7 个一级学科门类和 31 个专业的庞大学科体系。2006 年教育部的数据表明，在全国普通高校中，经济类专业布点 1518 个，管理类专业布点 4328 个。其中除少量院校设置的经济管理专业偏重理论教学外，绝大部分属于应用型专业。经济管理类应用型专业主要着眼于培养社会主义国民经济发展所需要的德智体全面发展的高素质专门人才，要求既具有比较扎实的理论功底和良好的发展后劲，又具有较强的职业技能，并且又要求具有较好的创新精神和实践能力。

在当前开拓新型工业化道路，推进全面小康社会建设的新时期，进一步加强经济管理人才的培养，注重经济理论的系统化学习，特别是现代财经管理理论的学习，提高学生的专业理论素质和应用实践能力，培养出一大批高水平、高素质的经济管理人才，越来越成为提升我国经济竞争力、保证国民经济持续健康发展的重要前提。这就要求高等财经教育要更加注重依据国内外社会经济条件的变化，适时变革和调整教育目标和教学内容；要求经济管理学科专业更加注重应用、注重实践、注重规范、注重国际交流；要求经济管理学科专业与其他学科专业相互交融与协调发展；要求高等财经教育培养的人才具有更加丰富的社会知识和较强的人文素质及创新精神。要完成上述任务，各所高等院校需要进行深入的教学改革和创新，特别是要搞好有较高质量的教材的编写和创新工作。

出版社的领导和编辑通过对国内大学经济管理学科教材实际情况的调研，在与众多专家学者讨论的基础上，决定编写和出版一套面向经济管理学科专业的应用型系列教材，这是一项有利于促进高校教学改革发展的重要措施。

本系列教材是按照高等学校经济类和管理类学科本科专业规范、培养方案，以及课程教学大纲的要求，合理定位，由长期在教学第一线从事教学工作的教师编写，立足于 21 世纪经济管理类学科发展的需要，深入分析经济管理类专业本科学生现状及存在的问题，探索经济管理类专业本科学生综合素质培养的途径，以科学性、先进性、系统性和实用性为目标，其编写的特色主要体现在以下几个方面：

（1）关注经济管理学科发展的大背景，拓宽理论基础和专业知识，着眼于增强教学内容与实际的联系和应用性，突出创造能力和创新意识。

（2）体系完整、严密。系列涵盖经济类、管理类相关专业以及与经管相关的部分法律类课程，并把握相关课程之间的关系，整个系列丛书形成一套完整、严密的知识结构体系。

（3）内容新颖。借鉴国外最新的教材，融会当前有关经济管理学科的最新理论和实践经验，用最新知识充实教材内容。

（4）合作交流的成果。本系列教材是由全国上百所高校教师共同编写而成，在相互进行学术交流、经验借鉴、取长补短、集思广益的基础上，形成编写大纲。最终融合了各地特点，具有较强的适应性。

（5）案例教学。教材融入了大量案例研究分析内容，让学生在学习过程中理论联系实际，特别列举了我国经济管理工作中的大量实际案例，这可大大增强学生的实际操作能力。

（6）注重能力培养。力求做到不断强化自我学习能力、思维能力、创造性解决问题的能力以及不断自我更新知识的能力，促进学生向着富有鲜明个性的方向发展。

作为高要求，经济管理类教材应在基本理论上做到以马克思主义为指导，结合我国财经工作的新实践，充分汲取中华民族优秀文化和西方科学管理思想，形成具有中国特色的创新教材。这一目标不可能一蹴而就，需要作者通过长期艰苦的学术劳动和不断地进行教材内容的更新才能达成。我希望这一系列教材的编写，将是我国拥有较高质量的高校财经管理学科应用型教材建设工程的新尝试和新起点。

我要感谢参加本系列教材编写和审稿的各位老师所付出的大量卓有成效的辛勤劳动。由于编写时间紧、相互协调难度大等原因，本系列教材肯定还存在一些不足和错漏。我相信，在各位老师的关心和帮助下，本系列教材一定能不断地改进和完善，并在我国大学经济管理类学科专业的教学改革和课程体系建设中起到应有的促进作用。

刘诗白

刘诗白 现任西南财经大学名誉校长、教授，博士生导师，四川省社会科学联合会主席，《经济学家》杂志主编，全国高等财经院校《资本论》研究会会长，学术团体"新知研究院"院长。

第 3 版前言

2013 年 6 月，在教育部指导下，应用技术大学(学院)联盟成立，定位于应用技术型人才培养。2014 年 2 月，国务院总理李克强主持召开国务院常务会议，部署加快发展现代职业教育，"引导一批普通本科高校向应用型技术型高校转型"。2014 年伊始，财政部就出台了一系列准则，发布了五项会计准则、一项准则解释和两项征求意见稿，这是继 2012 年会计准则修订后的又一次大规模修订。

《会计学原理》第 2 版于 2010 年 12 月由北京大学出版社出版，并很快得到广大师生的认可，为了适应国家财税制度的变化和应用型人才培养的要求，我们以第 2 版的框架及内容为基础，对全书进行全面的梳理、补充和完善，以便更好地满足教学需要。

本次修订仍坚持前版的编写原则，对体系结构进行了适当调整，对内容进行了适当增减，修订后在内容上呈现如下特点。

(1) 紧跟时代发展脚步，适应社会主义市场经济发展需要，全面反映企业会计准则体系最新变化趋势，特别是"公允价值准则"这个亮点。

(2) 教材理论与实践相结合，定位应用型人才培养目标，打造理实一体课程。

(3) 各章新增了综合性较强的"课堂测试"内容，更有利于了解学生对知识的把握情况，进一步提高教学质量。

(4) 对原有不足之处进行了重新编写，并对部分章节的内容进行了删除和增补，使教材内容更加系统、完整、新颖。

本次修订由上海建桥学院刘爱香、石启辉担任主编，全面负责拟订修改大纲、设计体系、确定内容及各章节具体内容的修改。

由于编者水平所限，书中疏漏之处在所难免，敬请广大读者批评指正。

编　者
2015 年 5 月

目　录

第1章　总论 … 1
1.1　会计的产生与发展 … 2
1.2　会计的含义与特点 … 4
1.3　会计信息使用者 … 6
1.4　会计的基本职能 … 7
1.5　会计方法及会计核算方法 … 9
本章小结 … 11
课堂测试 … 12

第2章　会计的基本概念 … 13
2.1　会计基本假设 … 14
2.2　会计目标 … 15
2.3　会计信息的质量要求 … 17
2.4　会计要素 … 19
2.5　会计等式 … 28
本章小结 … 36
课堂测试 … 37

第3章　会计科目与复式记账法 … 40
3.1　会计科目 … 41
3.2　会计账户 … 45
3.3　复式记账 … 51
本章小结 … 58
课堂测试 … 58

第4章　借贷记账法的具体运用 … 60
4.1　制造企业主要经济业务概述 … 61
4.2　资金筹集核算 … 62
4.3　供应过程核算 … 68
4.4　生产过程核算 … 76
4.5　收入和利润核算 … 85
4.6　资金退出核算 … 95
本章小结 … 97
课堂测试 … 97

第5章　会计凭证 … 99
5.1　会计凭证概述 … 100
5.2　原始凭证 … 101
5.3　记账凭证 … 110
5.4　会计凭证的传递和保管 … 118

本章小结 … 120
课堂测试 … 120

第6章　会计账簿 … 125
6.1　会计账簿概述 … 126
6.2　会计账簿的设置和登记 … 131
6.3　日记账 … 133
6.4　分类账 … 136
6.5　对账、结账与错账更正法 … 139
6.6　会计账簿的更换与保管 … 144
本章小结 … 147
课堂测试 … 147

第7章　财产清查 … 150
7.1　财产清查概述 … 151
7.2　财产清查的内容和方法 … 154
7.3　财产清查结果的处理 … 159
本章小结 … 162
课堂测试 … 163

第8章　账务处理程序 … 164
8.1　账务处理程序概述 … 165
8.2　记账凭证账务处理程序 … 167
8.3　汇总记账凭证账务处理程序 … 168
8.4　科目汇总表账务处理程序 … 170
8.5　账务处理程序运用举例 … 174
本章小结 … 181
课堂测试 … 182

第9章　财务报告 … 185
9.1　财务报告概述 … 186
9.2　资产负债表 … 190
9.3　利润表 … 197
9.4　现金流量表 … 200
9.5　所有者权益变动表 … 204
9.6　会计报表附注 … 208
9.7　财务报告的报送和审批 … 208
本章小结 … 212
课堂测试 … 213

第10章　会计工作的组织与管理 …… 216
- 10.1　会计工作概述 …… 217
- 10.2　会计法规体系 …… 219
- 10.3　会计机构和会计人员 …… 223
- 10.4　会计职业道德规范 …… 228
- 10.5　会计档案 …… 230
- 本章小结 …… 236
- 课堂测试 …… 237

参考文献 …… 238

第1章 总论

教学目标

- 了解会计的产生和发展
- 掌握会计的定义和特点
- 明确会计信息的使用者
- 理解会计的职能
- 熟悉会计核算方法体系

教学要求

知识要点	能力要求	相关知识
会计的产生与发展	(1) 能够熟知会计产生与发展的历史 (2) 理解经济越发展、会计越重要的道理	(1) 会计的产生 (2) 会计的发展
会计的定义	能够阐述会计的定义与特点	(1) 会计的定义 (2) 会计核算的基本特点
会计信息使用者	(1) 了解不同会计信息使用者的要求 (2) 掌握不同会计信息使用者对企业财务信息的使用方法	(1) 政府部门 (2) 投资者 (3) 债权人 (4) 社会公众
会计的职能	能够对会计的职能进行恰当的解释	(1) 会计的核算职能 (2) 会计的监督职能 (3) 会计的预测、决策、分析职能
会计核算方法	能够正确地阐述会计核算的方法体系	(1) 会计方法的定义与内容 (2) 会计核算方法

中华人民共和国财政部于 2006 年 2 月 15 日发布《企业会计准则》，自 2007 年 1 月 1 日起施行，《企业会计准则》对加强和规范企业会计行为，提高企业经营管理水平和会计规范处理，促进企业可持续发展起到指导作用。

《小企业会计准则》于 2011 年 10 月 18 日由中华人民共和国财政部以财会〔2011〕17 号印发，该《准则》分总则、资产、负债、所有者权益、收入、费用、利润及利润分配、外币业务、财务报表、附则 10 章 90 条，自 2013 年 1 月 1 日起施行。财政部 2004 年发布的《小企业会计制度》（财会〔2004〕2 号）予以废止。

请问中华人民共和国财政部为何发布《企业会计准则》和《小企业会计准则》呢？准则的发布会对会计的学习起到了什么样的作用呢？

会计是人们日常生活中经常遇到的一个名词，也是各行各业都离不开的一个职业。那么到底什么是会计？会计有什么作用？会计核算有哪些方法呢？本章将从会计的产生开始，系统地阐述会计的产生与发展，介绍会计的概念、职能、会计信息使用者以及会计的基本方法。

1.1 会计的产生与发展

1.1.1 会计的产生

会计是社会和经济管理发展到一定阶段而产生的，并随着经济关系和经济管理活动的日趋复杂而得以不断发展和进步。

会计起源于社会生产实践即物质资料的生产。人类要生存，社会要发展，就必须有物质资料的生产，而生产过程中必定要发生一定的生产耗费。在人类历史的早期，人们通过生产和生活实践，就意识到在进行物质生产的同时有必要把生产过程的内容进行记录和计算，这就产生了早期的会计。开始时，人们单凭头脑的记忆。随着生产活动和劳动成果的增多，单凭记忆已不能满足需要，人们又创造出利用简单符号记录，如我国古代的"刻石记事"和"结绳记事"、古巴比伦的泥板、埃及的刻石等，都是最原始的经济计算和记录活动，这些成为会计的雏形。

在相当长的历史期间，会计始终属于生产职能的一部分。在人们生产活动之中，附带抽出一部分时间对生产的耗费、成果和分配进行记录和计算。原始社会末期，生产力有了发展，剩余产品出现了，劳动过程中需要计量和记录的内容多起来。但生产者忙于生产，无暇兼顾会计工作。随着社会生产力的提高和生产规模的扩大，会计"从生产职能中分离出来，成为特殊的、专门委托的当事人的独立的职能"。马克思在对印度古代历史的研究中发现，原始社会末期在印度的共同体里农业领域已经有了记账员，主要是为了记录共同体内共同劳动的过程和结果，这说明当时会计已成为一项独立的活动，标志着会计的诞生。

1.1.2 会计的发展

古代会计经历了漫长的发展过程。在我国,远在奴隶社会的西周时期就设立了专司朝廷钱粮收支的官吏——"司会",进行"月计岁会",把每月零星计算称为"计",把年终总合计算称为"会";在封建社会的宋朝初期出现了"四柱清册",包括反映钱粮的"旧管"、"新收"、"开除"、"实在",分别相当于现代会计的"期初结存"、"本期收入"、"本期支出"和"期末结存";在明朝时期,随着商品经济的发展,开始用货币计量各种收入和支出;在清朝时期又出现了龙门账,将账目划分为进、缴、存、核,年终通过进与缴对比,存与核对比,确定盈亏,称为"合龙门"。

在西方,会计的发展也经历了几次变革,从原始计量记录时代进展到单式簿记运用时代,随着资本主义经济的产生,又演进到复式簿记运用时代。早在 12、13 世纪,意大利的热那亚、威尼斯等城市专做贷金业的经纪人所用的银行账簿记录就采用借贷复式记账法记账,称为"威尼斯簿记法"。1494 年意大利数学家卢卡·伯乔利著《算术、几何、比与比例概要》一书,其中包括他著名的"簿记论",比较系统地介绍了"威尼斯簿记法",并结合数学原理从理论上加以概括,被公认为复式簿记最早形成文字的记载,也是会计发展史上的一个重要里程碑,标志着近代会计的最终形成。随后,借贷复式记账法便相继传至世界各国,并在实践中不断发展和完善,直至今日仍为世界绝大多数国家所采用。

从英国产业革命完成到第二次世界大战前,随着自由资本主义向垄断资本主义的过渡,社会化大生产和劳动分工、专业化的不断发展,导致企业组织的大联合,资本趋向集中,已超过独资或合资的范围,股份公司代替了原来独资、合伙等组织形式。股份公司的出现,使得企业经营权和所有权发生了分离。公司的股东一般不直接参与或控制企业的生产经营活动,而是推选董事会作为代表,由董事会聘请经理人员来管理企业。这样,企业的经营者就有责任向股东、债权人、证券交易机构、政府管理机构、潜在投资人等提供真实、准确的财务报告,反映公司经营状况,公开说明自身的经济实力。为了使外界阅读人能够看懂财务报表,报表的编制原则、所应用的会计术语和会计方法就必须是社会通行的、为一般人所接受的,传统会计中那种各行其是的做法已无法适应需要了。为此,会计界逐渐形成了一套有关财务报表的规范和准则,称为"公认会计原则"。此外,要使报表阅读人能够信任企业的财务报表,则要求由与公司管理当局没有利益关系的第三方来验证企业的财务报表是否确实遵循了公认会计原则。为了适应这种需要,1854 年在英国爱丁堡首创了执业会计师制度,这样使会计工作从只服务于某一会计主体,扩展到可以为所有的会计主体和所有的报表阅读人服务。"公认会计原则"和"执业会计师制度"是现代会计的最基本的特征,奠定了现代会计理论的基础。随后世界上许多国家都制定了本国的会计准则,规范了本国的会计行为。但从 20 世纪以来,跨国公司和国际资本市场迅速发展,各国的会计准则有统一协调的必要。1973 年 6 月,由美国、澳大利亚、加拿大、法国等国的会计职业团体发起并组成了会计准则的国际组织——国际会计准则委员会,形成了会计国际化的大趋势。

从会计产生到 19 世纪中期,在漫长的岁月里,对会计的基本要求,仍然是记账、算账,反映和控制过去与现在的财务收支事项,以及为企业管理当局提供信息。长期以来,人们往往把会计单纯地看作是一种经济管理的工具。20 世纪前后,各主要资本主义国家经济迅速发展，生产规模随着市场的开拓不断扩大，卖方市场向买方市场转化，企业面临竞争，经营稍有考虑不周，就有被淘汰的危险。在这种情况下，为了提高经济效益，加强对经济活动过程的控制，企业管理当局对会计提出了更高的要求，不仅要求会计事后记账、算账，更重要的是进行事前的预测、决策，以实现对经营过程的全面控制。与此相适应，现代化的管理方法和技术渗透到会计领域，传统的会计分化为财务会计和管理会计，丰富发展了会计的内容、职能和技术方法，把会计理论和会计方法推进到一个崭新的阶段。

20 世纪 50 年代后，由于信息论、控制论、系统论、行为科学和电子计算机等引入会计领域，使会计控制成为会计工作的重要内容。会计控制主要通过建立健全自己的信息系统，完成计量、记录和分类编报经济信息的任务，并以法律制度为准绳对经济信息进行审核、分析和评价，提出修改决策方案的意见及改进工作的具体措施。要适应这一需要又必须实现计量、记录、分类及编报的电算化和预测、分析、决策的电控化。随着现代社会经济的发展，传统财务会计已逐渐暴露出它的不足。于是，现代会计就在传统财务会计的基础上，通过变革而逐步形成了。

19 世纪中叶，"西式会计"随着资本主义经济的扩张而传入我国，改革了以单式记账为主的中式簿记，推行了近代会计，成为我国近代会计史上的第一次变革。新中国建立后又全面照搬苏联的会计模式，建立了适应高度计划经济体制的会计制度，成为我国近代会计史上的第二次变革。1978 年后我国实行改革开放政策，现代会计的新的理论与方法也被引进和利用。1981 年我国建立了"注册会计师制度"，1985 年颁布《中华人民共和国会计法》，我国会计工作从此进入法治阶段。为了适应我国社会主义市场经济发展的需要，1993 年 7 月 1 日我国又实施了《企业会计准则》，突破了原有的会计核算模式，建立了接近国际惯例的而又具有我国特色的新的会计管理体系，开始了我国近代会计史上的第三次变革，从此我国会计进入了一个崭新的发展时期。进入 21 世纪，我国对《企业会计准则》做了进一步的改革与完善，中华人民共和国财政部于 2006 年 2 月颁布了新的《企业会计准则》，并于 2007 年 1 月 1 日在上市公司率先实行，并逐步扩大实施范围，形成了较为完善的会计核算体系。

中外会计发展的历史表明，会计是随着人类社会生产力的发展和经济管理的需要而产生、发展并不断完善的。经济越发展，会计越重要。

1.2　会计的含义与特点

1.2.1　会计的含义

在现代经济生活中，会计是人们日常生活中经常遇到的一个名词，也是各行各业都离不开的一个职业。从会计的产生和发展过程可以看出，会计的产生和发展离不开生产的发展，生产越发展会计越重要，会计正是在为社会经济发展服务中不断完善，并成为独立的学科。作为一门正在发展的学科，人们对会计的含义有一些不同的认识。

(1) 会计是一项以货币量度进行计量的技术。会计离不开计量，总是以货币数量来表述经济过程。会计是用货币量度来计量经济过程中占用的财产物资，记录财产物资的增减变化；用货币量度来计量经济过程的劳动耗费和劳动成果，评价经济上的得失。

（2）会计是一个以提供财务信息为主的经济信息系统。会计是以货币计量对一个会计主体的经济活动过程的数据进行记录、加工、整理，揭示该会计主体的财务状况与经营成果，以供与该会计主体有关的人员了解和管理之用。

（3）会计是一种管理活动。会计虽然主要用货币量度对一个会计主体的经济活动过程所占的财产物资、发生的劳动耗费和劳动成果进行全面、系统、连续的计量、记录，并进行分析和检查，提供财务信息。但计量、记录、分析、检查以及提供财务信息并不是会计的最终目的，而是会计所用的手段。会计的目的是通过这些手段和提供的财务信息达到从一个特定的侧面管好一个企业的生产和经营，或是管好一个事业、机关、团体的业务，以最少的耗费取得最大的经济效益。因此，从会计所能发挥的作用和要求达到的目的看，其是企业经济管理活动的重要组成部分。

根据以上的分析，可以将会计定义为：会计是以货币作为主要计量单位，运用一系列专门方法，核算与监督一个单位经济活动的一种经济管理工作。

1.2.2 会计的特点

1. 以货币为主要计量单位

货币是特殊的商品，具有价值尺度的功能。在商品经济条件下，任何经济活动都同时表现为价值的运动，会计只有采用货币计量，才能对经济活动的各个方面进行综合的核算与监督，以取得反映经济活动情况的全面的会计信息资料。在会计核算中，也经常运用实物计量和劳动计量，但因实物计量缺乏综合反映的功能，而劳动量度虽然具有综合性，不过由于商品货币经济的存在，价值规律依然发生作用，劳动耗费还无法广泛利用劳动量度进行计量。因此，在会计核算中，实物计量和劳动计量仅作为货币计量的辅助记录，这也是会计核算区别于统计核算和业务核算的特点。

2. 以真实合法的会计凭证为依据

会计所收集的经济信息必须真实可靠，这样通过信息处理后形成的财务信息才能客观地反映经济活动。因此会计所采集的经济信息是有根有据的，要取得或填制凭证，依据会计准则和定额、预算对凭证的合法性和合理性进行严格审核无误后，才能据以编制记账凭证，登记账簿，进行加工处理，这一特征也是其他经济管理活动所不具备的。

3. 对经济活动进行综合、连续、系统、完整地核算和监督

综合性表现在由于主要以货币计量，所以能够提供总括反映各项经济活动情况的价值指标；连续性表现在对各种经济活动能按其发生的时间先后顺序不间断地进行记录；系统性表现在对各项经济活动既要进行相互联系的记录，又要进行必要的、科学的分类，只有这样才能取得管理所需要的各种不同的信息资料；完整性表现在对各项经济活动的来龙去脉都必须进行全面记录、计量，不能有所遗漏。会计利用货币计量，既能反映各项经济活动的经济内容，又能自始至终地反映每一项经济活动在各个阶段的变化过程和结果，构成了一个完整的会计核算网络，这是区别于统计核算和业务核算的又一特征。

1.3 会计信息使用者

在市场经济条件下，企业处于错综复杂的经济关系之中，根据会计信息进行有关经济决策的组织或个人，就是会计信息使用者。

按照信息使用者与企业的关系，可分为企业内部使用者和企业外部使用者。内部使用者是指企业内部的经营管理人员；外部使用者包括投资者、债权人、政府、中介机构、供应商、顾客等。不同的信息使用者，需求信息的种类和内容不同，下面仅从投资者、债权人、政府部门、社会公众、供应商、企业内部管理者的角度来谈对会计信息的需求。

1. 投资者

企业的投资者包括现在的投资者和潜在的投资者。投资者一旦将资本投入到企业，他就与企业经营成败与否有着最直接的利益关系。企业经营成功，投资者就会分得利润；企业经营亏损，投资者就收不到利润；企业经营失败，最终破产、倒闭，投资者投入的资本就难以收回。在所有权和经营权相分离的情况下，投资者不直接参与企业的经营管理，企业的投资者为了保护自身的利益，他们需要通过会计和其他信息了解企业情况，以便做出相应决策。投资者需要了解全面的财务信息，包括投入的资本是否安全、完整，能否保值；企业盈利能力如何，资产增值多少；企业现在的资金运转情况怎样，能否及时、稳定的分配利润；根据这些会计信息，投资者决定是否追加投资、转让或收回投资。对于潜在的投资者，则根据上述信息做出是否对企业投资的决策。

2. 债权人

企业的债权人包括为企业提供信贷资本和其他资金的金融机构、债券购买者等。债权人将资本借给企业，与企业之间就存在直接的经济利益关系。债权人出于自身债权安全的考虑，主要关注以下会计信息：企业是否有充裕的财力，能否及时偿还债务；企业有无支付利息的能力；如果企业的货币资金不足以支付到期债务，企业其他资产的变现能力如何；影响企业资产变现的因素有哪些以及这些因素的作用方式和作用程度等。根据这些会计信息，债权人对企业的偿债能力和债权投资风险作出判断，决定是否向企业提供更多的贷款或是否收回贷款。

3. 政府部门

政府及其有关部门需要会计信息来监管企业的经济活动、制定税收政策、进行税收征管和国民经济统计等。在社会主义市场经济条件下，政府仍需要通过一定的宏观调控和管理措施对国民经济运行情况进行调节，需要通过对企业会计归集整理的会计信息进行汇总分析，了解和掌握国民经济整体运行情况，以对国民经济运行状况做出准确判断，以制定实施正确合理有效的调控和管理措施，避免对国民经济实施不当的调控，促进国民经济健康协调有序发展。如税收是国家财政收入的主要来源，国家在制定税法、进行税收征管时，一般都要以会计信息为依据，在会计信息的基础上进行必要的调整。

4. 社会公众

随着我国资本市场的日益壮大和发展，越来越多的社会公众成为上市公司的投资者，上市公司的相关会计信息越来越受到公众的关注和使用。社会公众需要相关企业发展前景、盈利能力、经营状况等方面的信息。

5. 供应商

除极少数企业外，绝大多数企业所从事的生产或经营活动都只是"社会再生产总链条"上的一环。一般而言，它的前一环是原材料供应商，后一环是成品销售商。对原材料供应商来说，如果他所供应材料的常年客户因经营不善突然停产，或因其他原因而短期内不再采购他所生产的材料，且这个客户所采购材料的比重相对较大，那么，这种突然中止采购的行为极有可能导致其生产活动的瘫痪，进而有可能将其推向破产的境地。同时，企业往往有很多的原材料、产成品或可供销售的商品采取赊销方式，如果客户商业信用不强，可能会给企业带来风险和损失。因此，供应商需要通过会计信息了解客户的有关经营稳定性、商业信用状况以及支付能力，以评价经营风险，进行商业决策。

6. 企业内部管理者

企业内部经营管理的好坏，直接影响到企业的经济效益，影响到企业在市场上的竞争力，甚至可以说关系到企业的前途和命运。会计首先是企业内部的重要信息系统，会计提供准确可靠的信息，有助于决策者进行合理的决策，有助于强化内部管理。如企业融资战略、技术创新、市场营销等在内的发展战略的研究和制定，企业加强财务、成本、资金、人才、质量等各方面的管理工作，信用风险的防范和化解等，都要以会计信息为依据。可以说，企业的每一项决策都离不开会计信息。

1.4　会计的基本职能

会计职能是指会计在经济管理中所具有的功能或能够发挥的作用，是会计的固有功能。尽管会计的职能随着社会的发展而发展，但会计的基本职能是进行会计核算和会计监督。

1.4.1　会计核算

《中华人民共和国会计法》第九条规定："各单位必须根据实际发生的经济业务事项进行会计核算，填制会计凭证，登记会计账簿，编制财务会计报告。"

会计核算职能是指以货币为主要计量单位，通过确认、计量、记录、报告等环节，对特定主体的经济活动进行记账、算账、报账，为各有关方面提供会计信息的功能。会计核算职能是会计最基本的职能，具有以下三个方面的特点。

（1）会计核算主要是利用货币计量单位对经济活动的数量方面进行核算。由于经济活动的复杂性，人们不可能简单地将不同类型的经济业务事项加以计量、汇总，只有以货币作为主要计量单位，并通过一定的程序进行加工处理生成以价值表现的会计数据才能反映经济活动的全过程及其结果。虽然会计从数量上反映经济活动，可以采用劳动量度、实物量度和货币量度作为计量单位,但会计反映是以货币作为主要计量单位,能够综合反映种类繁多的经济活动的过程和结果。

(2) 会计核算主要是对已经发生的经济活动进行事中、事后的核算,同时也为未来预测提供信息。会计核算通过记录、计算、分析提供会计信息,反映经济单位的历史情况和现时情况,同时,还要分析经济活动、预测经济前景,为经营决策提供经济信息,满足会计信息使用者的需要。

(3) 会计核算具有是完整性、连续性和系统性。会计反映的全面性又称完整性,是指对作为会计对象的经济活动进行完整记录、计算和报告,不能有任何遗漏;会计反映的系统性是指要运用科学的方法对繁多的经济活动进行归类和综合处理,以形成完整的会计指标体系;会计反映的连续性是指会计记录、计量和报告应当连续进行,从时间上或空间上应是连续不断的。

1.4.2 会计监督

《中华人民共和国会计法》第二十七条规定:"各单位应当建立、健全本单位内部会计监督制度。"

会计监督职能是指会计人员在进行会计核算时,对特定主体的经济活动的真实性、合法性和合理性进行审查,以促使经济活动按规定的要求运行,达到预期的效果。会计监督具有以下两个特点。

(1) 会计监督主要是通过价值指标进行监督。会计核算利用货币计量形成价值指标来综合反映经济活动过程及结果,会计监督主要是依据这些价值指标全面、及时、有效地控制单位的经济活动。

(2) 会计监督要对单位经济活动的全过程进行监督。会计工作是一项程序性很强的经济工作,任何单位进行会计工作都应遵循国家颁布的有关会计法规。会计准则就是进行会计工作的基本规范,也是评价会计工作的准绳。为了有条不紊地进行会计工作,各单位必须依据会计准则和经济活动的特点制定出本单位的内部会计制度,在会计确认、计量、记录和报告时都必须严格遵循会计准则,严格执行会计制度,从而保证各项经济活动的合规性、合法性。对已经发生或已经完成的经济业务进行合规性、合法性检查是会计监督的基本内容,也是会计的事后监督。此外,会计监督还体现在经济业务发生过程之中,以及尚未发生之前,即会计的事中监督和事前监督。例如,对会计的原始凭证、记账凭证进行审核就是事后监督;在预算执行过程中进行分析和控制就是事中监督;对于预算、计划的审定就是事前监督。

1.4.3 会计核算与会计监督的关系

会计核算与会计监督职能相辅相成。会计核算是会计监督的基础,没有会计核算所提供的信息,会计监督就失去了依据;而会计监督又是会计核算的质量保证,如果没有会计监督就难以保证核算所提供信息的真实性和完整性。

随着社会经济的发展以及大量的科学管理方法和电子技术引入会计领域,会计的职能在不断地发生变化,派生出许多新的职能。如利用相关数据分析,预测经济前景;参与制定企业经营决策;利用作业成本法等责任会计手段,控制企业经营活动的全过程;利用会计核算资料对经济活动结果进行评价。

1.5 会计方法及会计核算方法

1.5.1 会计方法

会计作为核算和监督经济活动的一项管理活动,需要运用各种业务技术方法。会计方法是指用来核算和监督会计内容,完成会计任务的手段。会计方法包括会计核算方法、会计分析方法、会计预测方法、会计决策方法和会计检查方法等。其中会计核算是会计的最基本环节,会计分析、会计预测、会计决策都是在会计核算基础上,利用会计核算提供的资料进行的,它们是会计核算方法的继续和发展。本课程主要介绍会计核算方法,其他会计方法将在后续的财务管理、管理会计、审计等课程中介绍。

1.5.2 会计核算方法

会计核算方法是指将经济信息加工成会计信息的方法,即进行会计确认、计量、记录、计算、分类汇总和对外报告,以提供全面、连续、系统、综合的会计信息的业务技术方法。会计核算方法主要包括设置账户、复式记账、填制和审核会计凭证、设置和登记账簿、成本计算、财产清查和编制会计报表七种等。

1. 设置账户

设置账户是为了科学、系统地对会计对象的具体内容进行分门别类的反映和监督而采用的一种会计专门方法。会计对象的具体内容复杂繁多,如果不进行分类记录,势必影响会计信息的有用性。因此,会计记录需要设置账户。利用账户,分类地反映各项经济业务,有利于提供管理需要的会计信息。账户是对会计对象的具体内容所做的分类,可以反映会计对象各个具体内容的增减变化情况及其结果。

2. 复式记账

复式记账是为了科学、全面地反映每一项经济业务的来龙去脉而采用的一种会计专门方法。复式记账法是相对于单式记账法而言的,它要求对任何一项经济业务都要以相等的金额在两个或两个以上的账户中相互联系地进行登记,从而可以完整地反映经济业务的全貌,了解经济业务的来龙去脉,并可通过账户的平衡关系,检查账簿记录的正确与否。

3. 填制和审核凭证

填制和审核凭证是为了保证会计记录真实、可靠,检查经济业务是否合理合法而采用的一种会计专门方法。它既是会计核算的一种方法,也是会计检查的一种方法。会计离不开记账,记账必须有根据,会计凭证就是证明经济业务已经完成,并是可明确经济责任的书面证明,是记账的依据。对于发生的任何一笔经济业务,都必须先填制凭证,填制的会计凭证都需经过会计部门和有关部门审核,以检查经济业务的合理性和合法性。只有经过审核无误的会计凭证才能作为记账的依据。填制和审核凭证是保证会计核算质量的重要手段,也是实行会计监督的重要方面。

4. 设置和登记账簿

账簿是反映经济业务的载体。登记账簿就是为了连续、完整、科学地记录和反映经济业务而采用的一种会计专门方法。登记账簿要以会计凭证为依据，利用账户和复式记账的方法，将发生的经济业务分门别类而又相互联系地在账簿中加以全面反映，以便提供完整而又系统的会计信息。账簿记录是编制会计报表的主要依据。

5. 成本计算

成本计算是为了加强对企业生产经营过程中各项费用、成本的分析与控制，正确地计量资产和计算盈亏而采用的一种会计专门方法。成本计算是对企业生产经营过程中发生的各种费用，按照一定的成本计算对象，采用一定的计算方法，进行分配归集，以确定各成本计算对象的总成本和单位成本。通过成本计算可以对企业资产进行正确计价，并确定盈亏；同时也可以考核企业成本水平的变化情况，分析成本升降原因，以便寻求降低成本、提高经济效益的途径。

6. 财产清查

财产清查是为了保证账簿记录和会计报表提供会计信息的客观性而采用的一种会计专门方法。由于种种原因，财产物资的账面记录往往与实际结存情况不尽一致，这就需要定期或不定期地盘点实物、核对账目，进行财产清查。在财产清查中如发现实物与账面记录不符，应进一步查明原因，并及时调整账面记录，以保持账实相符。同时，通过财产清查可以明确经济责任，挖掘财产物资的潜力，加强对财产物资的管理，加速资金周转，以保证会计报表提供会计信息的真实性。

7. 编制会计报表

编制会计报表是为了总括地反映一个特定单位的财务状况和经营成果，提供财务信息而采用的一种会计专门方法。会计报表是以账簿记录为依据，经加工整理而产生的一套完整指标体系。会计报表是会计核算的最终成果，可以为会计信息使用者提供全面反映经济活动所需要的有用信息，实现会计的目标。

会计核算的各种方法相互联系，密切配合，共同构成了一个完整的会计核算方法体系，缺一不可。这种相互联系表现为：为了对会计对象进行反映和监督，在会计工作开始之前，必须把作为会计对象的会计要素进行科学具体的分类，设置会计科目，并依据会计科目设置账户，同时，应当选择在账户上相互联系的、反映经济活动来龙去脉的复式记账方法。在会计工作开始后，首先应填制或取得原始凭证，并运用会计科目和账户以及复式记账方法填制记账凭证；然后根据记账凭证或记账凭证汇总表等登记账簿，并在有关成本计算类账户上进行成本计算；在每个会计期末，应对财产物资及资金进行清查盘点，以保证账实相符和会计信息的准确性，在账实相符、账账相符的基础上编制会计报表，向有关方面提供会计信息。以上方法的具体内容将在本书以后章节中详细介绍。会计核算方法体系如图1.1所示。

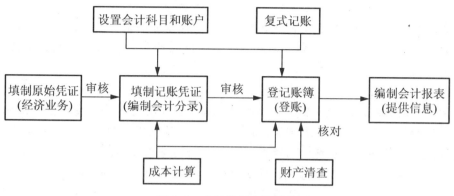

图 1.1 会计核算方法体系

 关键术语

会计 会计目标 会计职能 会计核算 会计监督 会计信息使用者 会计方法 会计核算方法

 知识链接

我国会计界对会计定义有着不同的理解,主要观点有以下三种。

(1) 会计工具论——会计是管理经济的一种工具。这种观点强调会计就是记账、算账和报账,它本身不具有管理的职能,只能为管理服务,从而埋没了会计在经济活动中的地位、职能和作用。

(2) 会计信息论——会计是一个信息系统。会计信息论认为会计的主要作用在于向企业内外部信息使用者提供反映企业财务状况、经营成果的有用信息,以便信息使用者制定各种经济决策时使用。

(3) 会计管理论——会计是一种管理活动,是经济管理的重要组成部分。这种理论强调了会计的重要职能。

本 章 小 结

本章主要介绍了会计的产生与发展、会计的定义、会计信息使用者、会计的职能以及会计核算的方法等内容。

会计是适应社会生产的发展和经济管理的需要而产生和发展起来的,从会计的产生到会计形成一个较为完整的体系,经历了漫长的过程。经济越发展,会计就越显得重要。

会计是以货币为主要计量单位,通过一系列专门方法,对企业、行政事业单位的经济活动进行连续、系统、全面、综合地核算和监督,并在此基础上对经济活动进行分析、考核和检查,以提高经济效益的一项管理活动。

会计职能是指会计在经济管理中所具有的功能或能够发挥的作用,是会计的固有功能。核算与监督构成了会计的基本职能,随着会计的发展,预测、决策、控制、分析也成为会计的重要职能。

会计方法是指用来核算和监督会计内容,实现会计目标的手段。会计方法包括会计核算方法、会计分析方法、会计预测方法、会计决策方法和会计检查方法等。其中会计核算是会计的最基本环节,会计分析、会计预测、会计决策都是在会计核算基础上,利用会计核算提供的资料进行的,它们是会计核算方法的继续和发展。会计核算方法主要包括设置账户、复式记账、填制和审核凭证、设置和登记账簿、成本计算、财产清查和编制会计报表等。

课 堂 测 试

一、多项选择题

1. 会计核算环节包括(　　)。
   A. 确认　　　　　B. 计量　　　　　C. 记录　　　　　D. 报告
2. 会计的基本特征有(　　)。
   A. 以货币作为主要计量单位　　　　B. 拥有一系列专门方法
   C. 具有核算监督的基本职能　　　　D. 本质是管理活动
3. 关于会计核算职能,下列说法中正确的有(　　)。
   A. 是会计最基本的职能　　　　　　B. 具有完整性、连续性和系统性
   C. 以货币为主要计量单位　　　　　D. 包括事前、事中和事后核算
4. 关于会计监督职能,下列说法中正确的有(　　)。
   A. 是会计核算的基础　　　　　　　B. 包括事后、事中和事前监督
   C. 是会计核算的质量保证　　　　　D. 主要通过价值指标进行监督
5. 下列各项中,属于会计核算方法的有(　　)。
   A. 设置账户　　　　　　　　　　　B. 复式记账
   C. 货币计量　　　　　　　　　　　D. 财产清查

二、判断题

1. 会计核算必须而且只能采用货币计量单位对经济活动的数量方面进行核算。(　　)
2. 会计监督是会计工作的基础,会计核算是会计工作的质量保证。(　　)
3. 会计的核算职能与监督职能是相辅相成、辩证统一的。(　　)
4. 会计方法就是指会计核算的方法。(　　)
5. 企业应当对其本身发生的交易或事项进行会计确认、计量和报告,反映企业本身所从事的各项生产经营活动。(　　)

第 2 章 会计的基本概念

教学目标

- 理解会计假设
- 明确会计目标
- 熟悉会计信息质量要求
- 掌握会计要素
- 掌握会计等式

教学要求

知识要点	能力要求	相关知识
会计假设	(1) 能够记住各会计假设的名称 (2) 能够使用会计假设	(1) 会计假设的概念 (2) 设置会计假设的意义 (3) 会计假设的分类
会计目标	(1) 掌握会计的基本目标 (2) 明确会计的具体目标	(1) 会计目标的概念 (2) 会计基本目标与具体目标的内容
会计信息质量要求	(1) 掌握会计信息质量要求的总体内容 (2) 了解各项要求的含义	(1) 会计信息质量的8项要求 (2) 每项要求所包含的内容
会计要素	(1) 能够记住会计要素各个定义 (2) 掌握各会计要素的特征 (3) 掌握各会计要素的分类	(1) 会计要素定义 (2) 各会计要素特征 (3) 各会计要素分类
会计等式	(1) 掌握会计等式的要领 (2) 掌握经济业务与会计等式之间变化的4种类型、9种情况	(1) 会计等式的意义 (2) 会计等式的分类 (3) 会计等式与经济业务的关系

A 公司 201×年 8 月 2 日，以 18 元/股的价格（假设含交易税费）购入 C 公司的股票 10 000 股。201×年 8 月 31 日，该股票的收盘价为 20 元/股；201×年 9 月 30 日，该股票的收盘价为 16 元/股。

在 A 公司 201×年 8 月和 9 月的财务会计报告中，对这项投资你认为应分别按多少金额列报比较恰当？为什么？

会计核算需要确定一定的假设条件与基础，在一定前提条件下进行的会计核算具有一定的目标，即为会计信息使用者提供可靠的信息，方便信息使用者做出正确的经济决策。会计信息主要是通过会计要素反映会计主体的财务状况、经营成果、现金流量等相关内容。会计各要素之间的关系是通过不同的会计等式反映出来的。

2.1 会计基本假设

会计基本假设是会计确认、计量和报告的前提，是对会计核算所处的时间、空间环境及计量尺度等所做的合理设定，是全部会计工作的基础。会计核算对象的确定、会计方法的选择、会计数据的收集都要以一系列的前提为依据。关于会计核算基本前提的具体内容，人们的认识迄今尚未取得共识，按照我国《企业会计准则——基本准则》的规定，会计基本假设包括会计主体、持续经营、会计分期和货币计量。

2.1.1 会计主体

会计主体是指会计核算和监督的特定单位或组织，是会计确认、计量和报告的空间范围。一般来讲，符合以下条件的就可确定为会计主体：①独立核算的经济实体；②需要独立反映经营成果；③编制独立的会计报表。

会计主体假设的提出，为会计工作明确了空间范围和界限，解决了会计为谁核算的问题，为准确地提供会计信息奠定了基础。会计的各种要素都是与特定的经济实体相联系的概念范畴，一切会计核算工作都是站在特定会计主体立场上进行的。如果没有一个明确的主体范围，资产和负债就难以确定，收入和费用就无法衡量，各种会计核算方法也无法应用。"会计主体"概念的提出，就要求在会计核算时，必须明确本主体的经济业务。会计核算的对象只限于自身的财务活动，不包括主体所有者、经营者本人及其他经济实体的财务活动。这样，有利于正确反映一个经济实体的财务状况和经营成果。

2.1.2 持续经营

持续经营是指在可预见的将来，会计主体会按当前的规定和状态持续经营下去，不会面临破产清算。

企业会计确认、计量和报告应当以企业持续经营为前提，不考虑破产、清算的因素。

只有这样企业拥有的各项资产才可以在正常的生产经营过程中耗用、出售或转换，承担的债务也可以在正常的生产经营过程中清偿。

持续经营只是一个假定，任何企业在经营中都存在破产、清算等不能持续经营的风险。

2.1.3 会计分期

会计分期就是将特定主体持续不断的生产经营活动人为地划分为一个个连续的、长度相同的期间，是对会计工作时间的具体划分。

企业的经营活动，一般来讲，自开业以后在时间上是持续不断的，但会计为了确定损益和编制财务会计报告，定期为使用者提供信息，就必须将持续不断的经营过程人为地划分成若干相等的期间。会计期间划分的长短会影响损益的确定，一般来说，会计期间划分的越短，反映经济活动的会计信息质量就愈不可靠。当然，会计期间的划分也不能太长，太长了会影响会计信息使用者及时使用会计信息的需要的满足程度。因此，必须合理地划分会计期间。

会计分期为会计核算确定了时间范围。会计期间分为年度和中期。我国会计实行的是按公历时间划分会计期间，即自每年 1 月 1 日起至该年 12 月 31 日止为一个会计年度。会计中期是指短于一个完整的会计年度的报告期间，包括半年度、季度和月度等。会计中期也按公历起止日期确定。

会计期间的划分，为会计进行分期核算、及时提供会计信息和应收、应付、递延、待摊等会计处理方法提供了前提。有了会计期间这个前提，才有可能比较和分析企业在各会计期间的财务状况、经营成果和现金流量。

2.1.4 货币计量

货币计量是指会计核算应以货币作为统一的主要计量单位，确认、计量和报告会计主体的生产经营活动。

在货币计量假设下，单位的会计核算应当以人民币作为记账本位币。《中华人民共和国会计法》第十二条规定："会计核算以人民币为记账本位币。业务收支以人民币以外的货币为主的单位，可以选定一种货币作为记账本位币，但是编报的财务会计报告应当折算为人民币。在境外设立的中国企业向国内报送的财务会计报告，应当折算为人民币。"

会计采用货币作为计量单位，便于在量上进行汇总、比较，能够全面地反映会计主体的生产经营和业务收支等情况，实现会计的目的。

2.2 会计目标

会计目标是指会计核算和监督所要达到的目的。由于会计总是处于一定的社会经济环境中，会计目标无疑受到社会经济环境的制约。在不同的社会经济环境下，特别是不同的社会制度和经济体制，会对会计提出各异的目标。在现代市场经济条件下，会计目标可以概括为：提供真实、可靠的会计信息给会计信息使用者，以满足各方的决策需求。因而，从本质上来讲，会计目标所要解决的问题是向谁提供会计信息和提供什么样的会计信息。

《企业会计准则——基本准则》第四条规定："企业应当编制财务会计报告（又称财务报告，下同）。财务会计报告的目标是向财务会计报告使用者提供与企业财务状况、经营成果和现金流量等有关的会计信息，反映企业管理层受托责任履行情况，有助于财务会计报告使用者做出经济决策。""财务会计报告使用者包括投资者、债权人、政府及其有关部门和社会公众等。"

根据《企业会计准则》的相关规定，可以将会计目标分为会计基本目标和会计具体目标两部分。

2.2.1 会计基本目标

1. 满足政府及有关部门对国家宏观经济管理的需要

企业作为国民经济的组成部分，其生产经营状况的好坏和经济效益的高低，直接影响整个国民经济。国家的宏观经济管理和调控，需要对企业及各单位的会计信息进行汇总和分析。这是因为，宏观经济决策所需要的大部分信息来源于会计信息。因此，会计应把为国家宏观经济管理和调控提供会计信息作为会计目标。

2. 满足投资人和债权人等有关各方了解企业的财务状况、经营成果和现金流量情况的需要

在市场经济条件下，企业作为独立经营、自负盈亏、自我发展的经济实体，处于错综复杂的经济关系中，要与政府有关部门、投资者、债权人、职工和社会公众发生密切的联系。企业应向投资者提供企业资产的保管、使用情况和使用效益；应向债权人提供企业的运行情况，企业的偿债能力和投资风险；应向政府所属的财政、税收、审计等部门提供所需要的利润分配、税金交纳等方面的会计信息；上市公司还应向潜在的投资者和债权人提供会计信息。

3. 满足企业管理当局加强内部管理的需要

会计作为一种经济管理活动，会计信息是企业内部管理所需信息的重要来源。全面、连续、系统、综合的会计信息，有助于决策者进行合理的经营决策；有助于经营者分析考核企业经营管理方面的成败得失，总结经验，发现问题，提出改进措施；同时也有助于预测企业经营前景，更好地规划未来。

2.2.2 会计具体目标

1. 提供会计信息

提供会计信息包括按照会计核算的要求，根据企业所采用的账务处理程序填制和审核原始凭证；编制记账凭证；登记日记账、明细账和总账；核对账证、账账和账实；编制会计报告。提供会计信息的目的是连续、系统、综合、及时地为国家、社会有关各方和企业内部提供完整的会计信息。

2. 参与经济决策

对初级会计信息资料和其他相关资料进行加工处理，并通过严密的定量、定性分析，会计信息数据就可以成为会计人员直接做出决策或参与企业高层决策的可靠数字依据。

3. 控制经济过程

根据会计信息,按照管理的目标和要求,通过组织、指挥、协调企业的经济活动,对企业的经营全过程进行必要的干预,使其按照预定的轨道有序地进行。其控制内容包括:①编制预算和计划,确定企业财务目标;②组织计划的执行;③在计划执行过程中随时利用会计信息同计划和财务目标相比较,进行评价;④及时反馈并采取措施调整脱离计划的偏差,以实现预定的财务目标。

4. 分析经营成果

根据会计信息所提供的信息,结合计划、统计和其他资料,对会计主体的经济活动结果、财务状况及其预算执行情况进行比较、分析、评价,总结经验,巩固成绩,找出存在的问题,挖掘潜力,改进工作的过程,提出措施,以便进一步提高经济效益。

2.3 会计信息的质量要求

会计信息是会计系统的产品,只有符合特定要求的会计信息才能满足会计信息使用者的要求。会计信息质量要求是对会计主体财务报告中所提供会计信息的基本要求,是使财务报告中所提供的会计信息对投资者等会计信息使用者作决策有用所应具备的基本特征。根据我国《企业会计准则——基本准则》的规定,会计信息质量要求包括可靠性、相关性、可理解性、可比性、实质重于形式、重要性、谨慎性和及时性八个方面。

2.3.1 可靠性

可靠性要求企业应当以实际发生的交易或者事项为依据进行会计确认、计量和报告,如实反映符合确认和计量要求的各项会计要素及其他相关信息,保证会计信息真实可靠、内容完整。

可靠性是对会计信息质量的基本要求。会计工作提供信息的目的是满足会计信息使用者的决策需要。因此,应该做到内容真实、数字准确、资料可靠,不能随意遗漏或者删减应该予以披露的信息。

2.3.2 相关性

相关性要求指企业提供的会计信息应当与财务会计报告使用者的经济决策需要相关,有助于财务会计报告使用者对企业过去、现在或者未来的情况做出评价或者预测。

会计信息是否有用,是否具有价值,关键是看其与使用者的决策需要是否相关,是否有助于决策或者提高决策水平。相关性要求企业在确认、计量和报告会计信息的过程中,充分考虑会计信息使用者的决策模式和信息需要,会计信息应当能够有助于信息使用者评价企业过去的决策、证实或修正过去的有关预测,有助于使用者预测企业未来的财务状况、经营成果和现金流量。

2.3.3 可理解性

可理解性原则指企业提供的会计信息应当清晰明了,便于财务会计报告使用者理解和使用。

企业编制会计报表、提供会计信息的目的在于供使用者使用,而会计信息清晰明了、内涵明确、便于理解,才能提高其有用性。因此,在会计核算中,会计记录应当准确、清晰,填制凭证、登记账簿必须做到依据合法,账户对应关系清楚,文字摘要完整;在编制会计报表时,应当内容完整,项目勾稽关系清楚、数字准确。

2.3.4 可比性

可比性原则指企业提供的会计信息应当具有可比性。可比性要求包括两层含义。

(1) 同一企业不同时期可比或者说纵向可比,即同一企业在不同时期发生的相同或者相似的交易或事项,应当采用一致的会计政策,不得随意变更。必须变更的,应当在附注中说明。这样便于会计信息使用者了解企业财务状况、经营成果和现金流量的变化趋势,比较企业在不同时期的会计信息,全面、客观地评价过去、预测未来,从而做出决策。

(2) 不同企业相同会计期间可比或者说横向可比,即不同企业发生的相同或相似的交易或事项,应当采用规定的会计政策,确保会计信息口径一致、相互可比。这样,便于会计信息使用者分析、评价不同企业的财务状况、经营成果和现金流量。

2.3.5 实质重于形式

实质重于形式原则指企业应当按照交易或者事项的经济实质进行会计确认、计量和报告,不应仅以交易或者事项的法律形式为依据。

它要求企业应当按照交易或事项的经济实质进行会计核算,而不应当仅仅按照它们的法律形式作为会计核算的依据。例如,以融资租赁方式租入的资产,虽然从法律形式来看承租企业并不拥有其所有权,但由于租赁合同中规定的租赁期相当长,接近于该资产的使用寿命;租赁期结束时承租企业有优先购买该资产的选择权;在租赁期内承租企业有权支配资产并从中受益。从其经济实质来看,企业能够控制其创造的未来经济利益,所以,会计核算上将以融资租赁方式租入的资产视为承租企业的资产。如果企业的会计核算仅仅按照交易或事项的法律形式或人为形式进行,而其法律形式或人为形式又未能反映其经济实质和经济现实,那么,会计核算的结果不仅不会有利于会计信息使用者决策,反而会误导会计信息使用者决策。

2.3.6 重要性

重要性原则指企业提供的会计信息应当反映与企业财务状况、经营成果和现金流量等有关的所有重要交易或者事项。

重要性要求企业在会计核算过程中对交易或事项应当区别其重要程度,采用不同的核算方式。对资产、负债、损益等有较大影响,并进而影响财务会计报告使用者据以做出合理判断。对于重要会计事项,必须按照规定的会计方法和程序进行处理,并在财务会计报告中予以充分、准确地披露;对于次要的会计事项,在不影响会计信息真实性和不至于误导财务会计报告使用者做出正确判断的前提下，可适当简化处理。评价具体项目的重要性很大程度上取决于会计人员的职业判断。一般来说，应当从质和量两个方面综合进行分析。从性质来说，当某一事项的数量达到一定规模时就可能对决策产生影响。

2.3.7 谨慎性

谨慎性原则指企业对交易或者事项进行会计确认、计量和报告应当保持应有的谨慎，不应高估资产或者收益、低估负债或者费用。

在市场经济条件下，企业生产经营活动面临许许多多的风险和不确定性。企业在面临不确定因素的情况下做出职业判断时，应保持应有的谨慎，充分估计各种风险和损失，既不高估资产或收益，也不低估负债或费用，对可能发生的费用和损失做出合理估计，但不得计提秘密准备。这样有利于增强会计信息的可靠性。

2.3.8 及时性

及时性原则要求企业对于已经发生的交易或者事项，应当及时进行确认、计量和报告，不得提前或者延后。

会计信息的价值在于帮助使用者做出经济决策，具有时效性。即使是可靠的、相关的会计信息，如不及时提供就失去了时效性，对于信息使用者的效用就会大大降低。因此，及时性是会计信息相关性和可靠性的制约因素，在会计确认、计量和报告中及时收集、处理、传递会计信息，有利于保证会计信息的相关性和可靠性。

2.4 会计要素

会计要素是对会计对象进行的基本分类，是会计对象的具体化。如上所述，会计对象是指社会再生产过程中能够用货币表现的经济活动，也称资金运动或价值运动。资金运动具有显著运动状态和相对静止状态，由资金投入、资金周转和资金退出三部分构成。为了便于核算和分门别类地为信息使用者提供有用的经济信息，有必要对会计对象进行分类。至于划分哪些类别，要受很多因素的制约，目前世界各国都不完全相同。

根据财政部 2006 年 2 月 15 日颁布《企业会计准则——基本准则》的规定，我国企业会计要素有六项，即资产、负债、所有者权益、收入、费用、利润。其中资产、负债、所有者权益是静态的会计要素，构成资产负债表的基本框架，反映企业在某一特定时日的财务状况；收入、费用、利润是动态的会计要素，构成利润表的基本框架，反映企业在一定时期内的财务成果。因而这六大会计要素又被称为会计报表要素。

2.4.1 会计要素的种类

1. 资产

1）资产的定义与特征

资产是指企业过去的交易或者事项形成的、由企业拥有或控制的、预期会给企业带来经济利益经济资源。资产具有如下特征。

(1) 资产是由过去的交易、事项所形成的。在这里,"交易"是指本会计主体与外部主体之间所发生的价值交换行为,如企业销货未收的款项、赊购的存货等;"事项"是指本会计主体内部所发生的价值转移行为,如制造企业生产车间领用材料、产品完工入库等。未来的、尚未发生的交易或事项可能形成的资产不能确认为企业的资产,如企业签订合同订购的设备,这项订购的设备就不能确认为企业的资产。资产的成因是资产存在和计价的基础。

(2) 资产是由企业拥有或控制的。强调权属是会计主体假设的必然要求。在这里"拥有"是指所有权,即指某项资产的法定所有权属于本会计主体,本会计主体在法律规定的范围内对该项资产具有占有、使用、收益及处置的权力;这里"控制"是一个会计概念,是指虽然本会计主体在法律形式上并不拥有资产的所有权,但该项资产上的收益和风险已经由本会计主体所承担,本会计主体对该项资产具有占有、收益和使用的权力,但不具有处置的权力。如当一个企业以融资租赁方式(如合同规定每月支付 2 000 元租金,共 60 个月,款项付清时汽车的所有权转归租入方)租入一辆汽车时,从法律意义上讲企业可能不拥有这辆汽车,因为只有在最后一期款项付清时汽车的所有权才能让渡给购买者,虽然这样,如果企业有责任为汽车进行保养和购买保险,那么就可以认为该汽车完全由该企业所控制并且是企业的一项资产。但占有和临时控制并不足以使一个项目成为资产,如按年租入的办公场所和在较短时期内租入的设备等。

(3) 资产是预期能给企业带来经济利益的资源。资产的本质是一种经济资源,并且该资源预期会给企业带来经济利益,这是与耗费的根本区别。就是说,资产作为一种经济资源,能够独立或与其他资源结合在一起,通过有效使用,在未来时期内,为企业带来经济利益。如果一项经济资源不能够为企业带来经济利益,就不应当确认为企业的资产。如一辆汽车,如果它能够为企业所用,就认为是企业的资产;如果该辆汽车已报废,就不应再作为资产,而应作为费用处理。

2) 资产的确认

某项资源被确认为资产,该项资源首先应当符合资产的定义,其次还应当同时满足以下两个确认条件。

(1) 与资源有关的经济利益很可能流入企业。
(2) 该项资源的成本或者价值能可靠地计量。

之所以提出资产确认的条件,一方面是因为"能够带来经济利益"是资产的一个本质特征,而由于经济环境的复杂多变,给予资源有关的经济利益能否流入企业以及能够流入多少带有一定的不确定性。这就要求企业对资产的确认应当与经济利益流入企业的不确定性程度结合起来进行判断,如果与资源有关的经济利益很可能流入企业,则应当将其作为资产予以确认。另一方面是因为可计量性是所有会计要素确认的重要前提,企业取得的资产通常会发生一定的实际成本,而且应当可靠地计量。

3) 资产的分类

资产要素是六大会计要素的核心要素,更是企业存在的基础。大多数企业的资产范围都很广,形态各异,可以具有实物形态,如房屋、机器设备、商品等,也可以不具备实物形态,如以债权形态出现的各种应收和预付款项,以特殊权利形态出现的专利权、商标权等无形资产。

企业的资产按其流动性可分为流动资产和非流动资产两大类。

（1）流动资产。流动资产是指预计在一年或者超过一年的一个营业周期或一个会计年度内变现、出售或耗用的资产、现金及现金等价物，主要包括货币资金、交易性金融资产、应收及预付款项和存货等。

① 货币资金是指以货币形态存放于企业、银行或其他金融机构的款项，包括库存现金、银行存款和其他货币资金。货币资金是最具流动性的资产。

② 交易性金融资产是指企业为了近期出售而持有的金融资产，包括企业以赚取差价为目的的从二级市场购入的股票、债券或基金等。

③ 应收及预付款项（也称结算债权）是指企业在日常生产经营过程中发生的各种债权，主要包括应收账款、应收票据、其他应收款和预付账款等。

④ 存货是指企业在日常生产经营过程中持有以备出售，或者仍然处在生产过程，或者在生产或提供劳务过程中将消耗的材料或物料等，主要包括各类材料、商品、在产品、半成品、产成品等。

（2）非流动资产。非流动资产是指流动资产以外的资产，主要包括长期股权投资、固定资产、无形资产、投资性房地产、持有至到期投资、可供出售金融资产和长期待摊费用等。

① 长期股权投资是指企业为了实现控制其他企业，维护集团整体利益等目的，通过企业合并或者其他方式取得其他单位股权并准备长期持有的投资。如企业以控股合并方式取得其他单位的普通股股票等。

② 固定资产是指企业为生产商品、提供劳务、出租或经营管理而持有的使用寿命超过一个会计年度的有形资产。固定资产是企业的主要劳动资料，使用期限长，能够连续参与若干生产经营过程，并在长期的使用过程中保持原有的实物形态基本不变。其价值随着生产经营活动的进行逐渐的、部分的磨损，通过折旧的形式转移到成本、费用中去，并逐步从销售收入中得到补偿；而流动资产只能一次性参加企业生产经营活动，并在使用中改变原有的实物形态，其价值一次性转移到产品成本、费用中去，并从销售收入中得到补偿。

③ 无形资产是企业拥有或控制的，没有实物形态的可辨认的非货币性资产，包括专利权、非专利技术、商标权、著作权、土地使用权等。

④ 投资性房地产是指企业为赚取租金或资本增值，或两者兼有而持有的房地产。如企业拥有并已出租的建筑物和土地使用权等。

⑤ 持有至到期投资是指到期日固定、回收金额固定或可确定，且企业有明确意图和能力持有至到期的非衍生金融资产。如企业从二级市场上购入的固定利率国债、浮动利率公司债券等，符合持有至到期投资条件的，可以划分为持有至到期投资。

⑥ 可供出售金融资产是指交易性金融资产、持有至到期投资、贷款和应收款项以外的金融资产。如企业购入的在活跃市场上有报价的股票、债券、基金等。

⑦ 长期待摊费用是指企业已经发生但应由本期和以后各期负担的，分摊期在1年以上（不含1年）的各项费用，包括以经营租赁方式租入的固定资产发生的改良支出等。

2. 负债

1）负债的定义与特征

负债是指企业过去的交易或事项形成的、预期会导致经济利益流出的现时义务。现时义务是指企业在现行条件下已承担的义务。未来发生的交易或事项形成的义务，不属于现时义务，不应当确认为负债。负债应具有如下特征。

(1) 负债义务是作为过去交易或事项的结果而存在的，是企业实实在在承担的偿还义务。潜在的义务、预期在将来要发生的交易或事项可能产生的债务不能确认为负债。如企业职工从5月15日工作到5月31日，则在5月31日还没有支付给该职工的工资就形成了企业的负债，但该职工6月份才能获得的工资就不构成企业5月份的负债。

(2) 清偿负债会导致经济利益流出企业。清偿负债可以用现金资产，也可以用商品(产品)或其他资产，还可以通过提供劳务进行清偿，或通过举借新债偿还旧债，但无论以何种方式偿还债务，最终都会导致经济利益流出企业。

(3) 负债的清偿一定要有确切的金额。清偿债务会导致经济利益的流出，且未来经济利益的流出能够可靠地计量，如资产的减少量是多少，应提供的劳务量是多少等。

2) 负债的确认

某项义务确认为负债，该义务首先应当符合负债的定义，其次还应当同时满足下列两个条件。

(1) 与该义务有关的经济利益很可能流出企业。

(2) 未来流出的经济利益的金额能够可靠地计量。

之所以提出负债确认的条件，一方面是因为"预期会导致经济利益流出"是负债的一个本质特征，而企业履行义务所需流出的经济利益具有一定的不确定性，尤其是与推定义务相关的经济利益通常需要信赖于较多的估计。这就要求企业确认负债时，应当考虑经济利益流出的不确定性程度，如果与现时义务有关的经济利益很可能流出则应当确认为负债。另一方面则是负债的确认应当符合可计量的要求。

3) 负债的分类

企业的负债按其流动性可分为流动负债和非流动负债两大类。

(1) 流动负债。流动负债是指预计在一个正常营业周期中清偿或者自资产负债表日起1年(含1年)内到期应予以清偿的债务，以及企业无权自主地将清偿推迟至资产负债表日后1年以上的债务。流动负债包括短期借款、应付票据、应付账款、预收账款、应付职工薪酬、应付股利、应交税费、其他暂收应付款项等。

① 短期借款是指企业为维持正常生产经营周转所需而向银行或其他金融机构借入的偿还期限在1年以下(含1年)的各种借款。

② 应付票据是指企业采用商业汇票支付方式购买货物时应偿付给持票人的债务。

③ 应付账款是指企业因购买材料、商品或接受劳务等而发生的债务。

④ 预收账款是买卖双方根据协议的规定，由购买方预先支付一部分货款给供应方而产生的一种负债。

⑤ 应付职工薪酬是指企业为获得职工提供的服务而给予各种形式的报酬以及其他相关支出。职工薪酬包括：职工工资、奖金、津贴和补贴，职工福利费。

⑥ 应付股利是指企业分配给投资者的现金股利或者利润在未付之前所形成的一项负债。

⑦ 应交税费是指企业按照税法规定计算应交纳的各种税费，包括增值税、消费税、营业税、所得税、资源税、土地增值税、城市维护建设税、房产税、土地使用税、车船使用税、教育费附加等。

(2) 非流动负债。非流动负债是指流动负债以外的负债。非流动负债的偿还期通常在1年以上或超过1年的一个营业周期以上，包括长期借款、应付债券、长期应付款等。

① 长期借款是指企业向银行或其他金融机构借入的，期限在1年以上的各种借款。

② 应付债券是指企业为筹集长期资金而发行债券形成的债务。

③ 长期应付款主要包括应付补偿贸易引进设备款、应付融资租赁款等长期债务。

3. 所有者权益

1) 所有者权益的定义与特征

所有者权益是企业资产扣除负债后由所有者享有的剩余权益。公司的所有者权益又称为股东权益。所有者权益具有如下特征。

(1) 所有者权益表明企业的产权关系，即企业归谁所有。所有者对企业投资，形成了企业资产的主要来源，从而为企业的生产经营提供了资金方面的保证。同时因为投资者拥有所有权，说明企业是归投资者所有的，由此派生出投资者参与或委托管理权以及利润的分配等相应的权益。所有者权益只是在整体上和抽象的意义上与企业资产保持数量关系，它与企业特定的具体资产并无直接关系，也不与企业特定的具体资产项目发生相对应的关系。

(2) 在正常经营情况下，企业不需要偿还所有者权益。所有者权益的增减变动受所有者增资或减资以及留存收益多少等的影响。

(3) 所有者仅对企业的净资产享有所有权，净资产是资产减去负债后的余额。当企业清算时，企业在清偿全部债务后，剩余财产才能够用于偿还所有者。

(4) 所有者权益不是一个独立的要素，其非独立性表现在所有者权益金额的确认、计量需要依赖于资产和负债。

2) 所有者权益的分类

所有者权益按其来源可分为所有者投入的资本、直接计入所有者权益的利得和损失、留存收益三部分。

(1) 所有者投入的资本。所有者投入的资本是指由投资者根据相关法律或公司章程等要求，以货币资金、存货、固定资产和无形资产等资产向企业投入的资本。投资者投入的资本应按规定在有关部门进行登记并形成企业的实收资本（或股本）。所有者投入资本所发生的溢价，属于所有者权益，但应计入资本公积。

(2) 直接计入所有者权益的利得或损失。直接计入所有者权益的利得或损失是指不应当计入当期损益、会导致所有者权益发生增减变动的、与所有者投入资本或者向所有者分配利润无关的利得或损失，如可供出售金融资产的公允价值变动应直接计入资本公积。

利得是指企业非日常活动形成的、会导致所有者权益增加的、与所有者投入资本无关的经济利益的流入。

损失是指企业非日常活动形成的、会导致所有者权益减少的、与向所有者分配利润无关的经济利益的流出。

(3) 留存收益。留存收益是指企业从历年实现的利润中提取或形成的留存于企业内部的积累，包括盈余公积和未分配利润两部分。其中，盈余公积是指企业从净利润中提取的公积金，包括法定盈余公积、任意盈余公积和法定公益金。未分配利润是指企业留待以后年度分配的利润。未分配利润在数量上应是企业净利润扣除提取的盈余公积、公益金和分配给投资者的利润后的余额。

4. 收入

1) 收入的定义与特征

收入是指企业在日常活动中形成的、会导致所有者权益增加的、与所有者投入资本无关的经济利益的总流入。收入具有如下特征。

(1) 收入是从企业日常活动中产生的，而不是从偶发的交易或事项中产生的。所谓日常活动是指企业正常的、经常的活动，如制造企业制造和销售产品、商品流通企业从事购销活动，等等。有些活动在企业不经常发生，但与日常活动有关，如制造企业销售原材料所取得的经济利益，也作为收入确认。有些偶然发生的交易或事项也能为企业带来经济利益，但不属于企业日常活动，其流入的经济利益是利得，就应作为营业外收入，而不能作为收入确认。如企业出售不使用的生产设备而取得的收益就不作为收入，而作为营业外收入。这是因为，生产设备是为使用而不是为了出售而购入的，出售生产设备不是企业的经营目标，也不属于企业的日常活动。

(2) 收入可能表现为企业资产的增加，也可能表现为企业负债的减少，还可以表现为两者兼而有之。如企业销售产品取得银行存款，就表现为资产的增加；企业销售预收货款的商品，就表现为负债的减少；企业销售商品，部分抵债，部分收回款项，就表现为资产的增加和负债的减少。

(3) 收入能导致企业所有者权益增加。由于收入能使企业资产增加或负债减少或两者兼而有之，所有者权益的数量是由资产减负债的余额确定的，因此，收入最终会导致企业所有者权益增加。

(4) 收入只包括本企业经济利益的流入，不包括为第三方或客户代收的款项。如企业销售商品时代收的增值税，银行代客户收取的水电费等，不属于本企业的经济利益，因此，不能作为本企业的收入。

2) 收入的确认

收入的确认直接影响到企业的利润，为了如实地反映企业的经营成果，企业不得随意地调节收入的确认时间和金额。根据有关规定，收入通常是在经济利益很可能流入企业而且流入金额能够可靠地计量时予以确认，企业收入的可分为商品销售收入、提供劳务收入、让渡资产使用权收入等。不同的收入其确认的具体条件也有所不同。凡符合收入定义和收入确认条件的项目，均应当列入企业的利润表。

3) 收入的分类

企业取得的收入包括销售商品收入、提供劳务收入、利息收入、租金收入等，但通常，我们谈起收入时，并不包括利息收入，利息收入项目在我国的会计核算及利润表中是以财务费用核算的。这样，我们所说的收入实际上就是企业的营业收入。营业收入按照企业经营业务的主次关系，可以分为主营业务收入和其他业务收入。

(1) 主营业务收入。主营业务收入也称基本业务收入，是指企业的主要经营活动带来的收入。不同行业的主营业务收入所包括的内容各不相同，如制造企业的主营业务收入主要包括销售产成品、半成品和提供工业性劳务作业等的收入；商品流通企业的主营业务收入主要包括销售商品所取得的收入；旅游服务企业的主营业务收入主要包括门票收入、客房收入、餐饮收入等。

(2) 其他业务收入。其他业务收入是指企业非经常性的、兼营的业务所产生的收入。如工业企业销售原材料、出租包装物等取得的收入。

5. 费用

1) 费用的定义与特征

费用是指企业在日常活动中发生的、会导致所有者权益减少的、与向所有者分配利润无关的经济利益的总流出。费用具有如下特征。

(1) 费用是企业日常经营活动中产生的，而不是在偶然的交易或事项中产生的。如制造企业生产中消耗的材料费用、支付的工资，商品流通企业销售商品时发生的运输费等都属于费用。有些偶然发生的交易或事项，虽然也引起经济利益流出企业，但不属于费用，而是作为损失入账。如自然灾害损失、企业违约支付的罚款、对外捐赠资产等。

(2) 费用的发生可能表现为企业资产的减少，也可能表现为企业负债的增加，或者同时引起企业资产的减少和负债的增加。

(3) 费用最终会减少企业的所有者权益。

2) 费用的确认

费用的确认会直接影响到企业的利润，为了如实反映企业的经营成果，企业不得随意调节费用的确认时间和金额。根据有关规定，费用的确认除了应当符合费用的定义外，还应符合以下三个条件。

(1) 与费用相关的经济利益很可能流出企业。

(2) 经济利益流出企业的结果会导致资产的减少或者负债的增加。

(3) 经济利益的流出能够可靠地计量。

3) 费用的分类

费用按照其功能可分为营业成本和期间费用两部分。

(1) 营业成本。营业成本是企业本期已实现销售的商品产品成本和已对外提供劳务的成本。商品产品成本和劳务成本是企业为生产商品或提供劳务等所发生的应计入商品产品成本或劳务成本的各项费用，包括直接材料、直接人工和制造费用等。企业为生产产品、提供劳务等发生的可归属于产品成本、劳务成本的费用，应当在确认产品销售收入、劳务收入等时，将已销售产品、已提供劳务的成本等计入当期损益。

(2) 期间费用。期间费用是指企业为组织管理企业生产经营，筹集生产经营所需资金以及销售商品等而发生的各项费用。期间费用应在发生当期直接计入损益，并在利润表中分项目列示，包括管理费用、财务费用和销售费用。其中，管理费用是指企业行政管理部门为组织和管理生产经营活动所发生的各项费用。财务费用是指企业为筹集资金而发生的各项费用。销售费用是指企业在销售商品、产品或提供劳务过程中所发生的各项费用。

6. 利润

1) 利润的定义与特征

利润是企业在一定会计期间的经营成果。利润包括收入减去费用后的净额，直接计入当期利润的利得或损失等。利润具有如下特征。

(1) 利润的形成主要依赖于收入和费用的发生，因而利润不属于一项独立的会计要素，但利润项目应当列入企业的利润报表。

（2）由于企业会计的确认基础为权责发生制，所以实现利润并不完全等同于取得货币资金。

（3）利润的本质属于企业的所有者权益。

（4）利润应当予以分配，如为亏损则应当予以弥补。

2）利润的分类

利润按其来源及确定程序，可以分为以下三类。

（1）营业利润。营业利润是指企业在一定会计期间的营业收入减去营业成本、营业税金及附加、销售费用、管理费用、财务费用和资产减值损失，再加上公允价值变动收益和投资收益后的差额。

（2）利润总额。利润总额是营业利润加上营业外收入，减去营业外支出的金额。其中，营业外收入是企业发生的应直接计入当期利润的利得，包括非流动资产处置利得、非货币性资产交换利得、债务重组利得、政府补助利得、盘盈利得、捐赠利得等；营业外支出是企业发生的应直接计入当期利润的损失，包括非流动资产处置损失、非货币性资产交换损失、债务重组损失、非常损失、公益性捐赠支出、盘亏损失等。

（3）净利润。净利润是指企业最终财务成果。净利润等于利润总额减去所得税费用后的差额。

2.4.2 会计要素的计量

明确了会计要素的定义和特征，就解决了会计确认的问题，也就是解决了一项交易或事项能否入账的问题，或者说是解决了会计的定性问题。但是，要进一步对交易或事项进行会计处理，还必须解决定量问题，这就需要明确会计的计量属性，所以，会计计量是为了将符合确认条件的会计要素登记入账，并列报于财务报表而确定其金额的过程。企业应当按照规定的计量属性进行计量，确定相关金额。会计计量属性主要包括历史成本、重置成本、可变现净值、现值和公允价值。

1. 历史成本

历史成本又称为实际成本，就是取得或制造某项财产物资时所实际支付的现金或其等价物。在历史成本计量下，资产按照购置时支付的现金或者现金等价物的金额，或者购置资产时所付出的对价的公允价值计量；负债按照因承担现时义务而实际收到的款项或者资产的金额，或者承担现时义务的合同金额，或者按照日常活动中为偿还负债预期需要支付的现金或者现金等价物的金额计量。

历史成本计量，要求对企业资产、负债和所有者权益等项目的计量，应当基于经济业务的实际交易成本，而不考虑随后市场价格变动的影响。例如，在企业外购固定资产的计量中，外购固定资产的成本包括购买价款、进口关税等相关税费以及使固定资产达到预定可使用状态前发生的可归属于该项资产的包装费、运输费、装卸费、安装费等。假定某企业购买不需要安装的设备一台，价款100万元，增值税17万元，另支付运输费0.3万元（不考虑增值税因素），包装费0.1万元，款项以银行存款支付，则该固定资产按历史成本计价，其金额应为100.4万元。

2. 重置成本

重置成本又称现行成本,是指按照当前市场条件,重新取得同样一项资产要素所需支付的现金或者现金等价物金额。在重置成本计量下,资产按照现在购买相同或者相似资产所需支付的现金或者现金等价物的金额计量;负债按照现在偿付该项债务所需支付的现金或者现金等价物的金额计量。

重置成本是现在时点的成本,它强调站在企业主体角度,以投入到某项资产上的价值作为重置资本。在实务中,重置成本多应用于盘盈固定资产的计量等。例如,企业在年末财产清查中,发现全新的未入账设备一台,其同类固定资产的市场价格为5万元,则企业对这台设备应按重置成本计价为5万元。

3. 可变现净值

可变现净值是指在正常生产经营过程中,以预计售价减去进一步加工成本和预计销售费用以及相关税费后的净值。在可变现净值计量下,资产按照其正常对外销售所能收到的现金或者现金等价物金额扣减该资产至完工时估计将要发生的成本、估计的销售费用以及相关税费后的金额计量。

可变现净值是在不考虑资金时间价值的情况下,计量资产在正常生产经营过程中可带来的预期净现金流入或流出。可变现净值通常应用于存货资产在减值情况下的后续计量。不同资产的可变现净值确定方法有所不同。以库存商品为例,假设期末某企业A商品的账面价值为200万元,该批商品市场售价为185万元(不含增值税),估计销售A产品需要发生的销售费用等相关税费10万元(不含增值税),则A商品按可变现净值计价为175万元(175 = 185−10)。

4. 现值

现值是指对未来现金流量以恰当的折现率进行折现后的价值。在现值计量下,资产按照预计从其持续使用和最终处置中所产生的未来净现金流入量的折现金额计量;负债按照预计期限内需要偿还的未来净现金流出量的折现金额计量。

在会计计量中使用现值的目的是为了尽可能地捕捉和反映各种不同类型的未来现金流量之间的经济差异。在不使用现值计量的情况下,很难看出今天的100元现金流量和十年后的100元现金流量之间的差别,若用现值计量就很容易区分出10年后的100元现金流量肯定小于今天的100元现金流量。所以,与未折现的现金流量相比,以未来预计现金流量的现值为基础的会计计量能够提供与决策更相关的信息。现值计量通常用于非流动资产可收回金额和以摊余成本计量的金融资产价值的确定等。

5. 公允价值

公允价值是指市场参与者在计量日发生的有序交易中,出售一项资产所能收到或者转移一项负债所需要支付的价格。有序交易,是指在计量日前一段时期内相关资产或负债具有惯常市场活动交易。

公允价值主要应用于交易性金融资产、交易性金融负债、可供出售金融资产、采用公允价值模式计量的投资性房地产等的计量。例如,201×年10月8日,甲公司从二级市场购入A公司股票5万股作为交易性金融资产,201×年12月31日,该股票的收盘价为每股4元。该资产在201×年12月31日按公允价值计价，金额为20万元。

企业在对会计要素进行计量时，一般应当采用历史成本。采用重置成本、可变现净值、现值、公允价值计量的，应当保证所确定的会计要素金额能够持续取得并可靠计量。

2.5 会计等式

会计等式是指运用数学方程的原理来描述会计要素之间相互关系的一种表达式。它是设置账户、复式记账、试算平衡和编制会计报表的理论基础。

2.5.1 静态会计等式

任何企业要进行生产经营活动，都必须拥有一定数量和质量的能给企业带来经济利益的经济资源，如房屋、设备、现金等，这些经济资源在会计上称为"资产"。企业的这些资产不可能凭空形成，必有其提供者。企业最初资产的提供者不外乎两个方面：一是由企业债权人提供，即借入；二是由企业所有者提供，即投资人投入。债权人和所有者将其拥有的资金提供给企业使用，就应该相应地对企业的资产享有一种要求权，这种对资产的要求权在会计上称为"权益"。资产表明企业拥有什么经济资源和拥有多少经济资源，权益表明经济资源的来源渠道，即谁提供了这些经济资源。可见，资产与权益是同一事物的两个不同侧面，两者相互依存、不可分割，没有无资产的权益，也没有无权益的资产。因此，资产和权益两者在数量上必然相等，资产和权益这种在数量上的相等关系，用数学表达式可表示为

$$资产＝权益$$

企业的资产主要来源于企业的债权人和所有者，所以，权益又分为债权人权益和所有者权益，在会计上称债权人权益为负债，这样，上述等式就可变换为

$$资产＝债权人权益＋所有者权益$$
$$资产＝负债＋所有者权益$$

"资产＝负债＋所有者权益"是会计的基本等式，它反映了某一特定时期企业资产、负债和所有者权益三者的平衡关系，所以，我们称之为静态会计等式，它是编制资产负债表的基础。

在理解上述公式时应该注意，负债加所有者权益与资产的具体项目并无一一对应的直接关系，而是在整体上与企业资产保持数量上的关系，即是一种总量上的相等，不能机械地认为等式双方包括的每一个具体项目都存在等量关系。

例如，张先生、李先生、王先生三人经过市场调研后，于201×年10月1日注册了一家名称为"星光食品有限责任公司"的企业。其中，张先生投入房屋一套，作价180 000元，库存商品20 000元；李先生投入款项一笔200 000元，已存入该公司银行账户；王先生投入货车一辆，价值120 000元，另有专利权一项，价值80 000元。该公司除了接受上述投资以外，还向银行借入了偿还期限在10个月内的借款40 000元，偿还期限为5年的借款160 000元，借入的款项均已存入该公司银行账户。该公司的资产、负债和所有者权益之间的平衡关系见表2-1。

从表2-1可以看出，该公司的资产总额(800 000元)＝负债总额(200 000元)＋所有者权益总额(600 000元)，而表中左方的资产具体项目和右方的负债及所有者权益具体项目并无直接的一一对应关系。

表 2-1　资产负债表

201×年 10 月 1 日　　　　　　　　　　　　　　　　　　　　　　　　　　　　单位：元

资　　产	金　　额	负债和所有者权益	金　　额
流动资产：		负债：	
银行存款	400 000	短期借款	40 000
库存商品	20 000	长期借款	160 000
固定资产：		所有者权益：	
房屋	180 000	实收资本	600 000
货车	120 000		
无形资产：			
专利权	80 000		
合　　计	800 000	合　　计	800 000

2.5.2　动态会计等式

任何企业进行生产经营活动都是以盈利为目的的。企业要取得利润就应运用债权人和所有者提供的资产，经过生产经营而获得收入。企业为了取得收入必然要发生各种耗费，发生耗费的目的是为了取得收入，因而收入和费用是相关联的两个概念，将一定会计期间的收入和费用进行对比就可确定企业的盈亏。如果收入大于费用，则企业为盈利；如果收入小于费用，则企业为亏损，将收入与费用对比的结果关系用数学表达式可表示为

$$收入－费用＝利润（或亏损）$$

这一等式反映了收入、费用和利润三个要素之间的关系，是从某个会计期间考察企业的最终财务成果而形成的关系。它表明，企业某一期间的利润，是已实现的收入减去费用后的差额。因此，我们称之为动态会计等式，它是编制利润表的基础。

2.5.3　扩展的会计等式

随着企业生产经营活动的进行，在会计期间，不断地实现收入，发生费用。而从前述收入和费用的特征我们可知，凡是收入，都可能使资产增加或负债减少，最终会增加所有者权益；凡是费用，都可能使资产减少或负债增加，最终会减少所有者权益。对于因收入、费用而发生的所有者权益的增减变化，应先在收入、费用两大会计要素中进行记载，然后在特定的结账日，将收入与费用对比的结果，即利润（或亏损），最终转化为所有者权益。因此，将收入、费用引起资产、负债和所有者权益的变化过程的关系用数学表达式可表示为

期初资产＋本期收入导致增加的资产－本期费用导致减少的资产＝期初负债＋本期费用导致增加的负债－本期收入导致减少的负债＋期初所有者权益＋本期收入－本期费用

在所有者没有增加资本和减少资本的情况下，将上述增加、减少的资产与资产汇总，将增加、减少的负债与负债汇总，可将等式变换为

$$期末资产＝期末负债＋期初所有者权益＋本期收入－本期费用$$

或者：

期末资产+本期费用=期末负债+期初所有者权益+本期收入

到会计期末时,将收入和费用对比,确定利润后,可将等式变换为

期末资产=期末负债+期初所有者权益+本期利润(减亏损)

待期末结账后,将一部分利润分给投资者,退出企业(减少利润的同时会相应增加企业的负债);一部分形成企业的留存收益,归入所有者权益项目,则上述等式转换为

期末资产=期末负债+期末所有者权益

即又恢复到期初的基本形式:

资产=负债+所有者权益

从上述分析可以看出,企业通过负债和所有者权益两个渠道取得资产,资产用于生产经营过程而逐渐转化为费用,收入扣除费用后为利润,利润通过利润分配转化为所有者权益。资产、负债、所有者权益、收入、费用和利润无论如何转化,最终都要回到资产、负债和所有者权益之间的平衡关系上来。因此,会计等式最基本表达式是指"资产=负债+所有者权益"这一等式,它既是企业资金运动的起点,又是企业资金运动在一定期间后的终点。

2.5.4 经济业务与会计等式

经济业务,通常是指企业在进行生产经营活动过程中发生的,能引起会计要素发生增减变化的事项,也称会计事项或交易事项。企业在生产经营过程中,发生的经济业务是纷繁复杂、多种多样的,即有主体内部的经济业务,如生产领用材料、固定资产折旧、计提资产减值准备等;也有涉及主体外部的经济业务,如购买材料、销售产品、向银行借款、接受投资等。但无论经济业务多么复杂,引起会计要素发生怎样的变化,都不会破坏会计等式的数量平衡关系。下面通过示例来进行分析验证。

表2-1列示了星光食品有限责任公司201×年10月1日的资产、负债、所有者权益的状况,即资产总额(800 000元)=负债总额(200 000元)+所有者权益总额(600 000元),该公司10月份发生下列经济业务。

【例2-1】 公司从银行提取现金2 000元备用。

这项经济业务的发生,一方面使企业的银行存款减少了2 000元,另一方面使企业的现金增加了2 000元。银行存款和现金都是资产要素项目,两者此增彼减,增减金额相等,资产总额不变。由于该项经济业务发生只涉及资产要素项目之间的转换,而不涉及负债和所有者权益要素项目,所以负债和所有者权益总额不变,会计等式仍然保持平衡。

资产(800 000)=负债(200 000)+所有者权益(600 000)

+库存现金(2 000)

−银行存款(2 000)

变动后的数额:800 000=200 000+600 000

【例2-2】 公司购买材料50 000元,货款暂欠。

这项经济业务的发生,一方面使企业的原材料增加了50 000元,另一方面使企业的应付账款增加了50 000元。原材料是资产要素项目,应付账款是负债要素项目,从而使会计等式两边同时增加了50 000元,会计等式仍然保持平衡。

资产(800 000)=负债(200 000)+所有者权益(600 000)

＋原材料(50 000)

＋应付账款(50 000)

变动后的数额：850 000＝250 000＋600 000

【例2－3】 公司以银行存款20 000元偿还银行短期借款。

这项经济业务的发生，一方面使企业银行存款减少了20 000元，另一方面使企业银行短期借款减少了20 000元。银行存款是资产要素项目，短期借款是负债要素项目，从而使会计等式两边同时减少了20 000元，会计等式仍然保持平衡。

资产(850 000)＝负债(250 000)＋所有者权益(600 000)

－银行存款(20 000)

－短期借款(20 000)

变动后的数额：830 000＝230 000＋600 000

【例2－4】 公司接受某人捐赠新设备一台，价值24 000元。

这项经济业务的发生，一方面使企业的固定资产增加了24 000元，另一方面使企业的资本公积增加了24 000元。固定资产是资产要素项目，资本公积是所有者权益要素项目，从而使会计等式两边同时增加了24 000元，会计等式仍然保持平衡。

资产(830 000)＝负债(230 000)＋所有者权益(600 000)

＋固定资产(24 000)

＋资本公积(24 000)

变动后的数额：854 000＝230 000＋624 000

【例2－5】 公司签发并承兑无息商业汇票一张，面额为50 000元，以抵偿所欠购料款。

商业汇票是一种期票，指由出票人签发的，委托付款人在指定日期无条件支付确定金额给收款人或者持票人的票据。按其承兑人不同有商业承兑汇票和银行承兑汇票两种。

这项经济业务的发生，一方面使企业的应付账款减少了50 000元，另一方面使企业的应付票据增加了50 000元。应付账款和应付票据都是企业的负债要素项目，两者此增彼减，增减金额相等，负债总额不变。由于这项经济业务不涉及资产要素和所有者权益要素项目，资产总额和所有者权益总额不变，会计等式仍然保持平衡。

资产(854 000)＝负债(230 000)＋所有者权益(624 000)

－应付账款(50 000)

＋应付票据(50 000)

变动后的数额：854 000＝230 000＋624 000

【例2－6】 公司因经营状况不佳，决定缩减规模，经申请批准减资。公司以银行存款18 000元返还投资人李先生。

这项经济业务的发生，一方面使企业的银行存款减少了18 000元，另一方面使企业的实收资本减少了18 000元。银行存款是资产要素项目，实收资本是所有者权益要素项目，从而使会计等式两边同时减少了18 000元，会计等式仍然保持平衡。

资产(854 000)＝负债(230 000)＋所有者权益(624 000)

－银行存款(18 000)

－实收资本(18 000)

变动后的数额：836 000＝230 000＋606 000

【例 2-7】 公司销售商品一批，售价 5 000 元，货款未收。

这项经济业务的发生，一方面使企业的应收账款增加了 5 000 元，另一方面使企业的主营业务收入增加了 5 000 元。应收账款是资产要素项目，主营业务收入是收入要素项目，而收入的增加最终会导致所有者权益的增加，所以该项经济业务的发生，使会计等式两边同时增加了 5 000 元，会计等式仍然保持平衡。

　　　　　　资产(836 000)＝负债(230 000)＋所有者权益(606 000)
　　　　　　＋应收账款(5 000)
　　　　　　　　　　　　　　　　　　　　　　　　　＋主营业务收入(5 000)

变动后的数额：841 000＝230 000＋611 000

【例 2-8】 公司以现金支付销售产品运费 200 元。

这项经济业务的发生，一方面使企业的现金减少了 200 元，另一方面使企业的营业费用增加了 200 元。现金是资产要素项目，营业费用是费用要素项目，而费用的增加最终会导致所有者权益的减少，所以该项经济业务的发生，使会计等式两边同时减少了 200 元，会计等式仍然保持平衡。

　　　　　　资产(841 000)＝负债(230 000)＋所有者权益(611 000)
　　　　　　－库存现金(200)
　　　　　　　　　　　　　　　　　　　　　　　　　＋销售费用(200)

变动后的数额：840 800＝230 000＋610 800

【例 2-9】 期末，按权责发生制原则预提公司本期应负担的短期借款利息 60 元。

这项经济业务的发生，一方面使企业的预提费用增加了 60 元，另一方面使企业应负担的利息费用，即财务费用增加了 60 元。预提费用是负债要素项目，财务费用是费用要素项目，而费用的增加最终会导致所有者权益的减少，所以该项经济业务是负债和所有者权益要素项目之间此增彼减。由于没有涉及资产要素项目，资产总额不变，会计等式仍然保持平衡。

　　　　　　资产(840 800)＝负债(230 000)＋所有者权益(610 800)
　　　　　　　　　　　　　　　＋应付利息(60)
　　　　　　　　　　　　　　　　　　　　　　　　　－财务费用(60)

变动后的数额：840 800＝230 060＋610 740

将上述变化的过程汇总见表 2-2。

通过上述举例，可以得出以下结论。

第一，无论经济业务多么复杂，从会计等式的左右两方来观察，都可归纳为以下四种类型。

(1) 经济业务发生，只引起等式左方内要素各项目之间发生增减变化，即资产类要素内部项目此增彼减的变化，增减金额相等，会计等式保持平衡。

(2) 经济业务发生，只引起等式右方内要素各项目之间发生增减变化，即负债类要素内部项目之间、所有者权益类要素项目之间或负债类要素项目和所有者权益类要素项目之间此增彼减的变化，增减金额相等，会计等式保持平衡。

表2-2 资产负债表

201×年10月31日　　　　　　　　　　　　　　　　　　　　　　　　　　　　　　　单位：元

资产	金额	负债和所有者权益	金额
库存现金	2 000－200＝1 800	短期借款	40 000－20 000＝20 000
银行存款	400 000－2 000－20 000	应付票据	50 000
	－18 000＝360 000	应付账款	50 000－50 000＝0
应收账款	5 000	应付利息	60
原材料	50 000	长期借款	160 000
库存商品	20 000	所有者权益：	
固定资产：		实收资本	600 000－18 000＝582 000
房屋	180 000	资本公积	24 000
货车	120 000	留存收益（收入－费用）	
设备	24 000		5 000－200－60＝4 740
无形资产：			
专利权	80 000		
合　计	840 800	合　计	840 800

（3）经济业务发生引起等式两方要素项目同时等额增加，即资产项目增加，负债或所有者权益项目同时也增加，增加金额相等，会计等式保持平衡。

（4）经济业务发生引起等式两方要素项目同时等额减少，即资产项目减少，负债或所有者权益项目也同时减少，减少金额相等，会计等式保持平衡。

上述四种类型如图2.1所示。

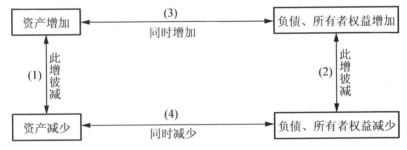

图2.1　经济业务类型

将上述四种类型业务再细分，又表现为九种情况。

（1）资产项目此增彼减，增减金额相等，会计等式保持平衡。

（2）负债项目此增彼减，增减金额相等，会计等式保持平衡。

（3）所有者权益项目此增彼减，增减金额相等，会计等式保持平衡。

（4）负债项目增加，所有者权益项目减少，增减金额相等，会计等式保持平衡。

（5）所有者权益项目增加，负债项目减少，增减金额相等，会计等式保持平衡。

（6）资产增加，负债增加，增加金额相等，会计等式保持平衡。

（7）资产增加，所有者权益增加，增加金额相等，会计等式保持平衡。

（8）资产减少，负债减少，减少金额相等，会计等式保持平衡。

（9）资产减少，所有者权益减少，减少金额相等，会计等式保持平衡。

这九种情况如图 2.2 所示。

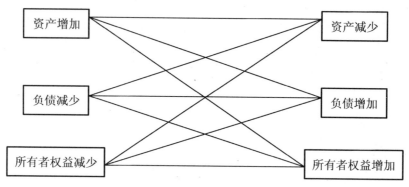

图 2.2 经济业务的九种情况

第二，无论发生什么样的经济业务，都不会影响会计等式的平衡关系、会计等式恒等。

第三，经济业务发生，凡是只涉及会计等式一方要素项目发生增减变动的，不但不会影响双方总额的平衡关系，而且原来的总额也不会发生改变。

第四，经济业务发生，凡是涉及会计等式两方要素发生变动的，会使双方总额发生增加或减少的变动，但变动后的双方总额仍然相等。

上述四项结论见表 2-3。

表 2-3 经济业务的 4 种类型与九种情况

经济业务		资产	＝ 负债	＋ 所有者权益	对会计等式的影响
类型 1	情况 1	＋－			总额不变，平衡关系不变
类型 2	情况 2		＋－		总额不变，平衡关系不变
	情况 3			＋－	总额不变，平衡关系不变
	情况 4		＋	－	总额不变，平衡关系不变
	情况 5		－	＋	总额不变，平衡关系不变
类型 3	情况 6	＋	＋		总额增加，平衡关系不变
	情况 7	＋		＋	总额增加，平衡关系不变
类型 4	情况 8	－	－		总额减少，平衡关系不变
	情况 9	－		－	总额减少，平衡关系不变

会计等式的平衡关系，是贯穿于财务会计始终的一条红线，正确理解和运用这一平衡关系，对于掌握会计核算的基本方法有着相当重要的意义。

 关键术语

会计假设　会计主体　持续经营　会计分期　会计原则　可靠性　相关性　可理解性　可比性　实质重于形式　重要性　谨慎性　及时性　会计要素　资产　负债　所有者权益　收入　费用　利润　会计等式

知识链接

1. 会计要素的内容

1) FASB 的会计要素

FASB 在 1985 年 12 月发表的第 6 号财务会计概念公告(SFAC NO.6)中,将会计核算对象要素划分为 10 个,即资产、负债、权益或净资产、业主投资、派给业主款、收入、费用、利得、损失、全面收益。其中,"业主投资"与"派给业主款"是企业与其作为业主的所有人之间的交易。业主投资表现为企业收到业主投入的各种资产(投入的也可以是劳务,或抵偿、转换了的企业负债),其结果是"增加其在企业中的业主利益或权益",但新业主受让旧业主的交易,不属于"业主投资"的内容;派给业主款则是指企业向业主转交资产或承担负债而"减少企业里的业主利益或权益"的交易。显然,就经济实质而言,业主投资要素和派结业主款要素是对权益要素内容的进一步深化。

FASB 使用了狭义概念的"收入"和"费用"要素。收入仅指正常经营活动和投资活动的收入,依据的是"流转过程收入理论",强调收入实现的完整过程。费用则仅指正常经营费用或支出,依据的是配比性和应计制会计原则,强调费用产生的因果关系和费用责任的合理归属。对于非正常经营收入,FASB 单独设立了"利得"要素加以反映,因为利得实质上是一种"偶发性"、"边缘性"的"净收益"。设立"损失"要素反映非正常经营活动的支出,因为损失实质上是一种"偶发性"、"边缘性"的"净亏损"。利得与损失之间不存在因果关系,无须按配比性原则加以确认。"全面收益"仅仅是将收入、费用、利得和损失定期汇总的结果。

2) IASC 的会计要素

IASC 在 1989 年发布的"关于编制和提供财务报表的框架"中,将会计要素确定为资产、负债、产权、收入和费用 5 个。

IASC 依据收入确认的"流入量理论",选择了广义的"收入"要素概念。IASC 认为,利得与收入一样,都代表"经济利益之增加",它们在性质上没有什么不同,因而不将收入和利得作为不同的会计要素。与广义收入要素相对应的是广义的"费用"要素。按 IASC 的理解,费用既包括在企业日常活动中发生的费用,也包括了损失;并且,由于损失是指经济利益的减少和其他费用在性质上没有差别,因而也不把损失视作独立的会计要素。

IASC 进一步认为,从会计确认与计量方面看,收入和费用的确认和计量也就是利润的确认和计量,因此不必单独设立类似"利润"的会计要素。

3) 我国的会计要素

中国在 1992 年颁布的《企业会计准则》中,首次明确确立了资产、负债、所有者权益、收入、费用和利润 6 大会计要素。按"收入"具体准则的解释,收入是指"企业在销售商品、提供劳务及他人使用本企业资产等日常活动中形成的经济利益总流入。"显然,该收入定义是狭义概念,仅仅包括企业持续的生产经营活动所取得的收入。《企业会计准则》将费用定义为"企业在生产经营过程中发生的各种耗费",意味着费用只包括与企业生产经营活动有关的生产经营费用,而不包括"投资费用"、"营业外支出"等非生产经营费用。中国单独设立了"利润"要素,并规定其包括"营业利润""投资净收益"和"营业外收支净额"等内容。该利润要素,既包括其他要素的汇总结果,又含有自身的特定内容,与 FASB 的"全面收益"尚有区别。

2. 会计假设的起源与发展

会计主体假设起源于经营主体的概念,其形成与经济组织的独立发展有直接联系。在商品经济发展到一定阶段时,出现了大量以盈利为目的的经营组织——独资或合伙企业,如意大利文艺复兴时期的康美达合营公司、15 世纪英国从事海外贸易的冒险性公司都是合伙组织,它们客观上要求会计将企业视为独立于业主之外的经济实体,将业主个人的经济活动与企业分开。因为在法律上,独资和合伙企业不是独立法人，它们的资产和负债仍被视为业主或合伙人的财产和债务，业主、合伙人对此承担无限责任。所以，会计上必须假设企业是一个独立的实体，会计关注的中心是企业而不是业主、合伙人。

持续经营假设即假定每一个企业在可以预见的未来，不会面临破产和清算，因而它所拥有的资产将在正常的经营过程中被耗用或出售，它所承担的债务，也将在同样的过程中被偿还。若企业不能持续经营，就需放弃这一假设，在清算假设下形成破产或重组的会计程序。持续经营假设产生于股份公司的创建。17世纪英国的海外贸易逐渐发展成为连续不断的过程，需要永久性资本，把企业视为持续经营。1600年成立的东印度公司起初每次航行都作为一次独立的冒险活动，发行有限期的股票，结束后进行清算。但是船舶、贸易站和其他长期资产从一次冒险活动结转到下一次非常麻烦。1613年东印度公司开始出售为期四年的认股单，并逐步发展为拥有永久性资本的持续经营公司。可以说，股份公司的出现使持续经营观念具有法律效力。18世纪产业革命的工业生产使这一观念得到发展，到19世纪被制造商们广泛采用后，持续经营就以现代的形式出现了，成为构建会计理论的一大假设。

会计分期假设是由持续经营假设产生的。15世纪商业是一系列不相关的冒险活动，会计报表只在一个主要项目结束后才加以编制，一般不需要会计报告期间，当企业的生命经过多次冒险活动而连续存在下来时，到清算期再编制报表就不实际了。特别是18世纪产业革命带来的会计信息及时性要求，企业出现了趋势：在较短的间隔期内编制报表，最后形成了一种编制年度报表的基础。18世纪70年代就开始采用在每年业务经营的淡期结束的会计年度。因此说，公司的持续经营导致了会计报告的定期性。

货币计量假设规定了会计的计量手段，指出企业的生产经营活动及其成果可以通过货币反映。它暗含了两层意思，即币种的唯一性和币值的不变性。尽管会计产生于货币之前，但自货币出现之后，它就成为会计记录资产和债务的计量工具。古代会计只反映商品的变动，公元前630年，希腊人发明了铸币，开始采用货币作为通用的计算单位，但以实物数量反映实物资产，以货币单位反映货币财产，而且不同城市的货币混记在同一会计账簿中。11~14世纪随着西欧经济的发展，贸易量的不断增加，商业交易开始按货币单位来记账，并延续到今天。

会计假设这个名词，在1922年佩顿《会计理论》一书中即已出现，但在以后未见普遍应用，直到1953年美国注册会计师协会下的会计名词委员会第1号公告中，才再次出现此名词，这时，对会计假设的探讨已成为美国会计学界的主题。时至今日，学术界对会计假设的认识以及它应包括的内容还有许多歧见。比如，国际会计准则委员会1989年7月发布的《关于编制和提供国际会计准则的框架》中提出了两项基础性假设：持续经营和权责发生制；欧共体1978年批准的《指示草案》承认四项基本会计假设：持续经营、一致性、权责发生制和谨慎；美国1965年格雷迪《企业公认会计原则》列举了十项会计假设，1970年会计原则委员会第4号公告将其扩展为十二项，其中第一至第四项假设，即会计主体、持续经营、会计分期、货币计量及币值不变是国际上普遍认同的；又如，台湾大学幸世间的《会计学》将会计假设定为四项：会计主体、持续经营、会计期间、货币价值不变。因此，我国经过会计学界20世纪80年代中期至90年代初期的广泛讨论，在1992年11月财政部颁布的《企业会计准则》中采用了这四项假设，并以会计前提的名义表达了会计假设的基本内容。也就是说，我国把它们作为人们在会计实践中长期奉行、无须证明便为人们接受的会计工作前提。目前，随着知识经济在我国的兴起，这四项传统假设也受到了越来越多的抨击。

本 章 小 结

本章介绍了会计假设、会计目标、会计信息质量要求、会计要素和会计五个方面的内容。

> 会计假设主要包括会计主体、持续经营、会计分期和货币计量四项。
>
> 会计目标指提供真实、可靠的会计信息给使用者(投资者、债权人、政府及有关部门、社会公众等),以满足各方的决策需求。
>
> 会计信息质量要求包括可靠性、相关性、可理解性、可比性、实质重于形式、重要性、谨慎性、及时性。
>
> 会计要素包括资产、负债、所有者权益、收入、费用、利润六大要素。
>
> 会计等式以"资产=负债+所有者权益"和"收入-费用=利润"为基础。
>
> 会计等式把经济业务分为四种类型,具体为九种情况。

课 堂 测 试

1. 资料:天地公司201×年8月31日资产总额为780 000元,负债总额为280 000元,所有者权益总额为500 000元,9月份发生下列经济业务。

(1) 收到甲投资者交来转账支票一张,金额200 000元,作为其追加投资。

(2) 购入设备一批,支付价款130 000元。

(3) 向大众工厂赊购材料一批,价值12 000元。

(4) 收回销货款68 000元存入银行。

(5) 归还银行短期借款10 000元。

(6) 支付给甲投资者应得的现金股利1 000元。

(7) 以银行存款28 000元上缴税金。

(8) 接受捐赠设备一台,价值30 000元。

(9) 经批准,将40 000元盈余公积转增资本。

(10) 销售商品取得收入50 000元存入银行。

要求:分析说明上述经济业务的发生对资产、负债、所有者权益及会计等式的影响并填入表2-4中。

表2-4 资产、负债、所有者权益变化表

经济业务	资 产	负 债	所有者权益	对会计等式的影响
期初				
业务1				
业务2				
业务3				
业务4				
业务5				
业务6				
业务7				

续表

经济业务	资 产	负 债	所有者权益	对会计等式的影响
业务 8				
业务 9				
业务 10				
结 果				

2. 资料：天地公司201×年11月30日有关资料如下。

(1) 出纳保管的现金 1 500 元。
(2) 存放在银行里的款项 120 000 元。
(3) 向银行借入 3 个月的款项 100 000 元。
(4) 仓库里存放的原材料 519 000 元。
(5) 仓库里存放的已完工产品 194 000 元。
(6) 正在加工中的产品 75 500 元。
(7) 应付外单位货款 150 000 元。
(8) 向银行借入 3 年期以上的借款 180 000 元。
(9) 房屋及建筑物 1 420 000 元。
(10) 所有者投入的资本 3 300 000 元。
(11) 机器设备 2 300 000 元。
(12) 应收外单位货款 250 000 元。
(13) 本年累计实现的利润 420 000 元。
(14) 以前年度实现的未分配利润 550 000 元。
(15) 购买的专利权 350 000 元。
(16) 提取的盈余公积 530 000 元。

要求：判断上述资料中各项目所属的会计要素，并将各项目的金额一并填入表2-5中，计算表内资产总额、负债总额、所有者权益总额是否符合"资产＝负债＋所有者权益"这一基本会计等式。

表2-5 资产、负债、所有者权益金额表

业务顺序号	静态要素及金额		
	资 产	负 债	所有者权益
1			
2			
3			
4			
5			
6			

续表

业务顺序号	静态要素及金额		
	资　产	负　债	所有者权益
7			
8			
9			
10			
11			
12			
13			
14			
15			
16			
合计			

第3章 会计科目与复式记账法

教学目标

- 熟悉会计科目的名称
- 了解会计科目的分类
- 掌握会计账户的结构
- 掌握复式记账的方法

教学要求

知识要点	能力要求	相关知识
会计科目	(1) 能够记住每一个会计科目归属哪一类 (2) 能够准确掌握会计科目的名称 (3) 能够了解常用会计科目的核算内容	(1) 会计科目的概念 (2) 设置会计科目的原则 (3) 会计科目的分类 (4) 会计科目表
账户及账户分类	(1) 掌握账户的基本结构 (2) 了解账户的分类 (3) 掌握账户结构	(1) 账户的概念 (2) 账户基本结构 (3) 账户的设置 (4) 账户的分类
复式记账	(1) 掌握借贷记账法的基本内容 (2) 明确"借"、"贷"的含义 (3) 能够运用借贷记账法编写会计分录	(1) 复式记账法 (2) 借贷记账法的产生、发展 (3) "借"与"贷"的含义 (4) 借贷记账法的记账规则 (5) 借贷记账法下账户的结构 (6) 会计分录

刚从美术学院毕业的小李、小张、小王、小刘决定联合投资创办一家装潢设计公司，共同出资100万元人民币。经过反复商定达成如下协定：每人出资20万元，其中，小刘投入房屋一套，作价20万元；小李投入现金5万元，存款15万元；小张投入全新电脑4台，计价4万元，投入存款16万元；小王投入存款20万元。另向银行申请2年期的贷款15万元，10月期的借款5万元。大家一致推举小王暂时为公司记账。

小王应该如何操作才能将公司创建期间的经济事项登记在账簿中？

企业在生产经营过程中所发生的各项经济业务，必然会引起会计各要素之间的增减变动，为了全面、系统、综合、连续地核算和监督经济业务发生对会计要素各增减变动的影响情况，就必须通过设置会计科目、会计账户和复式记账等一系列会计核算的专门方法进行账务处理。本章将阐明设置会计科目的原则，账户分类的方法；介绍账户的基本结构；借贷记账法；借贷记账法下账户的结构和借贷记账法的运用。

3.1 会计科目

3.1.1 会计科目的概念

任何一个会计主体在其生产经营过程中都会不断地发生各种各样的经济业务，每一项经济业务的发生，都将表现为资产、负债、所有者权益、收入、费用、利润六个会计要素在相关具体项目中的增减变动。企业各会计要素既有共性，又有个性。例如，货币资金、机器厂房设备、各种原材料等都是企业维持正常的生产经营必备的资产，但它们又具有各自不同的特点，在生产经营过程中起着不同的作用。因此，对它们数量的增减变动情况，会计上应分别加以核算和监督。对货币性资产根据其存放地点及方式的不同设置"库存现金""银行存款"和"其他货币资金"科目进行核算和监督；对非货币性资产中的机器厂房设备设置"固定资产"科目进行核算和监督；对生产产品所需的各种材料则根据其存放的地点，设置"在途材料""原材料"科目进行核算和监督。

因此，会计科目是对会计要素的具体内容进行分类核算的项目。

在我国，会计科目由财政部统一制定，统一规定会计科目的名称、核算范围和核算方法。这样不仅为企业设置账户、进行账务处理提供了依据，而且又保证了国家统计、计划指标口径的一致性，同时便于对企业所提供资料进行分类汇总、分析利用，为会计信息的使用者提供一系列具体、全面、准确的财务信息。

3.1.2 设置会计科目的原则

1. **合法性原则**

会计科目的合法性是指会计科目的设置应当符合国家统一会计制度的规定。设置会计科目是为了使会计核算为经济管理提供必要的财务信息，便于编制统一的对外会计报表，以利于全面、系统地反映企业的会计事项。在设置会计科目时，对每一个科目特定核算内容必须严格、明确界定。会计科目的名称应与其核算的内容相一致，并且含义明确，界限清楚，与会计制度保持一致。

2. 相关性原则

会计科目的相关性是指所设置的会计科目应为提供有关各方所需要的会计信息服务，满足对外报告与对内管理的要求。

3. 科学性原则

会计科目作为对会计对象具体内容进行分类核算的项目，其设置应该科学地反映会计对象的具体项目，科学地划分各项资产和权益的内容，以便分门别类地核算和监督各项经济业务，为加强经济管理提供系统的经济信息，不能有任何遗漏。同时，会计科目的设置必须反映会计对象的特点。除设置各行各业的共性会计科目外，还应根据不同企业的行业特点和业务特点设置相应的会计科目。例如，工业企业是制造产品的行业，因而必须设置核算生产耗费、成本计算的"制造费用"、"生产成本"会计科目。商业企业是从事商品流通贸易的行业，不从事产品的生产，所以，不需要设置"制造费用"和"生产成本"会计科目。行政事业单位不从事商品生产和流通，所以，不需要设置成本和财务成果类账户，只需要设置经费收入和经费支出账户。

4. 统一性原则

为了满足宏观经济管理的需要，我国目前的会计科目是由财政部统一制定颁布。企业根据国家统一规定的会计科目，进行具体会计核算，以保证会计核算指标在一个部门乃至全国范围内综合汇总，分析利用。

5. 灵活性原则

由于企业经济业务千差万别，在对会计要素的增减变动进行分类核算时，各单位由于本单位的规模、经济业务特点和内部经营管理对会计信息的要求不同，可以对统一的会计科目作必要的增补和简并。例如，材料按实际成本计价的工业企业，可以不设"材料采购"和"材料成本差异"科目，改在"在途材料"科目核算。又如，在统一规定的会计科目中，设置有"预收账款"和"预付账款"科目，如果企业在生产经营过程中预收、预付款业务不多，可以不单独设"预收账款"和"预付账款"科目，将预收、预付账款合并在"应收账款"和"应付账款"中核算。

6. 稳定性原则

会计科目的设置虽然要适应社会经济环境的变化和本单位业务发展的需要，但为了便于在不同时期比较分析会计核算指标和在一定范围内综合汇总核算指标，会计科目的设置应保持相对的稳定，不能经常变动，尤其是在年度中间一般不要变更会计科目，以使会计核算指标具有可比性。

3.1.3 会计科目的分类

1. 按其所反映的经济内容分类

会计科目按其反映的经济内容不同，可分为资产类、负债类、所有者权益类、成本类和损益类五大类会计科目。

1) 资产类会计科目

资产类会计科目是对资产要素的具体内容进行分类核算的项目。资产类会计科目有"库存现金"、"银行存款"等反映货币资产的科目；有"应收账款"、"短期投资"等反映债权资产的科目；有"原材料"、"库存商品"等反映存货资产的科目。

2) 负债类会计科目

负债类会计科目是对负债要素的具体内容进行分类核算的项目。负债类会计科目有"短期借款"、"应付账款"、"应付职工薪酬"、"应交税费"等反映流动负债的科目；有"长期借款"、"长期应付款"等反映长期负债的科目。

3) 所有者权益类会计科目

反映企业所有者权益类会计科目是对所有者权益要素的具体内容进行分类核算的项目。所有者权益类会计科目有"实收资本"、"资本公积"、"盈余公积"、"未分配利润"等科目。

4) 成本类会计科目

成本类会计科目是对产品、劳务成本的构成内容进行分类核算的项目。反映企业制造成本的科目有"生产成本"、"制造费用"等科目。

5) 损益类会计科目

损益类会计科目是对收入、费用要素的具体内容进行分类核算的项目。反映企业损益类的科目，主要有"主营业务收入"、"主营业务成本"、"营业税金及附加"、"营业费用"、"管理费用"、"财务费用"、"所得税费用"等科目。

2. 按其所提供信息的详细程度分类

会计科目按其所提供信息的详细程度不同可以分为总分类科目和明细分类科目。

1) 总分类科目

总分类科目，也称总账科目或一级科目，是对会计要素的具体内容进行总括分类、提供总括信息的会计科目。如"原材料"、"应收账款"、"应付账款"等。总分类科目反映各种交易或事项的总括性核算指标，这些指标基本上可以满足各有关方面的需要。

2) 明细分类科目

明细分类科目，简称明细科目，是对总分类科目包括的具体内容所做的进一步分类，是用于某一总分类核算内容下对其所属具体项目进行更为明确、详细核算的会计科目。明细分类科目按其提供的更为详细的核算资料，又可为二级会计科目和三级会计科目等。二级会计科目即二级明细分类科目，也称子目，是指在一级科目的基础上，对一级科目所反映的经济内容进行较为详细分类的会计科目。二级会计科目有些是由国家统一规定的，如"应交税费"一级科目下设置的"应交增值税"、"应交营业税"、"应交消费税"等二级科目；有些是由企业根据经营管理需要自行设置的，如在"生产成本"科目下，按成本项目开设"基本生产成本"、"辅助生产成本"二级科目。三级会计科目即三级明细分类科目，也称细目，是指在二级科目的基础上，对二级科目所反映的经济内容进一步详细分类的会计科目。如在"基本生产成本"二级科目下，按产品的名称开设的明细科目。大多数三级会计科目是由企业依据国家统一规定的会计科目和要求，根据经营管理的需要自行设置。

但也有的明细科目是国家统一规定的,如"应交税费"下设的"应交增值税"二级科目下的"进项税额"、"销项税额"等专栏。

会计科目按其提供信息的详细程度不同所做的分类见表3-1。

表3-1 总分类科目、子目和细目关系表

总分类科目	明细分类科目	
(一级科目)	子目(二级科目)	细目(三级科目)
生产成本	基本生产成本	甲产品 乙产品 丙产品 ……
	辅助生产成本	供水车间 供电车间 维修车间

3.1.4 企业会计科目表

在《企业会计准则——应用指南》中,依据会计准则中关于确认和计量的规定,规定了企业的会计科目,其中常用的会计科目见表3-2。

表3-2 企业常用会计科目表

顺序号	编号	名称	顺序号	编号	名称
		(一)资产类			
1	1001	库存现金	13	1402	在途物资
2	1002	银行存款	14	1403	原材料
3	1012	其他货币资金	15	1405	库存商品
4	1101	交易性金融资金资产	16	1407	商品进销差价
5	1121	应收票据	17	1408	委托加工物资
6	1122	应收账款	18	1411	周转材料
7	1123	预付账款	19	1471	存货跌价准备
8	1131	应收股利	20	1501	持有至到期投资
9	1132	应收利息	21	1511	长期股权投资
10	1221	其他应收款	22	1601	固定资产
11	1231	坏账准备	23	1602	累计折旧
12	1401	材料采购	24	1604	在建工程

续表

顺序号	编号	名称	顺序号	编号	名称
25	1605	工程物资	43	4101	盈余公积
26	1606	固定资产清理	44	4103	本年利润
27	1701	无形资产	45	4104	利润分配
28	1702	累计摊销			(五)成本类
29	1801	长期待摊费用	46	5001	生产成本
		(二)负债类	47	5101	制造费用
30	2001	短期借款	48	5201	劳务成本
31	2201	应付票据			(六)损益类
32	2202	应付账款	49	6001	主营业务收入
33	203	预收账款	50	6051	其他业务收入
34	2211	应付职工薪酬	51	6101	公允价值变动损益
35	2221	应交税费	52	6111	投资收益
36	2231	应付利息	53	6301	营业外收入
37	2232	应付股利	54	6401	主营业务成本
38	2241	其他应付款	55	6402	其他业务成本
39	2501	长期借款	56	6403	营业税金及附加
40	2701	长期应付款	57	6601	销售费用
		(三)共同类	58	6602	管理费用
		略	59	6603	财务费用
		(四)所有者权益类	60	6701	资产减值损失
41	4001	实收资本	61	6711	营业外支出
42	4002	资本公积	62	6801	所得税费用

3.2 会 计 账 户

3.2.1 账户的概念

会计科目是对会计对象的具体内容进行分类的项目名称。为了连续、系统、全面、准确地记录由于经济业务的发生而引起的会计要素的增减变动,以便为会计信息的使用者提供所需要的各种会计信息,还必须根据规定的会计科目在账簿中开设账户。

账户是按会计科目开设的,具有一定的格式和结构,用来分类、连续、系统地记录经济业务,反映会计要素增减变化情况和结果的记账载体。设置账户是会计核算重要方法之一。每个账户都有一个科学而简括的名称,反映一定的经济业务,各个账户之间既有严格的界限，又有科学的联系。

会计科目和会计账户是会计学中两个既有联系又有区别的概念。它们的联系表现在：两者所反映的会计对象的具体内容是相同的。会计账户是根据会计科目开设的，会计科目作为会计账户的名称规定了账户记录的内容，账户记录的内容正是会计科目所规定的内容。它们的区别表现在：会计科目只是对会计要素的分类，只表明经济业务的内容，并不能记录经济业务的增减变化情况，不存在结构问题；而会计账户既有名称，又有结构，能够分类、连续、系统地记录和反映经济业务的发生情况及其结果。另外，在我国，会计科目由财政部统一制定，是会计的一项基本制度，账户则是各核算单位根据会计科目的规定和管理的需要自行在账簿中开设的。

3.2.2 账户的基本结构

账户的结构是指账户用来记录交易或事项时所必备的具体格式。由于交易或事项的发生所引起的会计要素具体内容的变化从数量上不外乎增加和减少两种情况，因此，账户的基本结构就包括增加和减少两个部分，相应地分为左、右两方一方登记增加，另一方登记减少。至于在账户的左右两方中，哪一方用来登记增加，哪一方用来登记减少，则取决于所采用的记账方法和所记录的经济业务的内容。

登记本期增加的金额称为本期增加发生额；登记本期减少的金额称为本期减少发生额；增减相抵后的差额为余额。余额按照表示的时间不同，可分为期初余额和期末余额。期初余额、本期增加发生额、本期减少发生额、期末余额称为账户的4个金额要素，其基本关系如下：

期末余额＝期初余额＋本期增加发生额－本期减少发生额

账户的基本结构具体包括：①账户的名称，即会计科目的名称；②日期，记录经济业务的日期；③凭证号数，账户记录的来源和依据；④摘要，简要说明经济业务的内容；⑤金额，标明经济业务的增加、减少及结存额，如图3.1所示。

账户名称：

年		凭证号数	摘 要	左 方	右 方	余 额
月	日					

图3.1 账户的基本结构

账户的左右两方是按相反的方向来记录增加额和减少额的，如果账户的左方用来记录其增加额，那么账户的右方一定是用来记录其减少额，反之亦然。

为了便于教学，在教科书中往往将账户的基本结构用简化格式"T"形式来表示。"T"形账户的形式如图3.2所示。

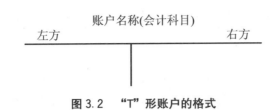

图 3.2 "T" 形账户的格式

3.2.3 账户的设置

由于账户是根据会计科目而设置的,企业确定有什么样的会计科目就应设置什么账户;会计科目是分级设置的,账户也应分级设置为总分类账户和明细分类账户,以分别提供总括核算资料和明细核算资料。

1. 总分类账户与明细分类账户的设置

根据资产、负债、所有者权益、成本、损益五大类总分类科目开设的,总括反映各会计要素具体项目增减变动及其结果的账户,称为总分类账户,例如,"短期借款"、"库存商品"、"原材料"等均为总分类账户。

根据总账科目所属明细分类科目开设的,对总分类账户的经济内容进行明细分类核算,提供详细具体的核算资料的账户,叫明细分类账户。例如,为了详细了解各种材料的收、发、结存情况,在"原材料"总分类账户下,按照材料的品种、规格等分别设置材料明细分类账户,以提供详细而具体的核算资料。

2. 总分类账户与明细分类账户的关系

总分类账户与明细分类账户既有联系又有区别。

总分类账户与明细分类账户的联系主要表现在以下两个方面。

(1) 两者所反映的经济业务内容相同。如"应付账款"总分类账户与其所属的按债权人名称设置的明细分类账户都是用来反映债务结算情况的。

(2) 两者登记账户的原始依据相同。登记总分类账户与所属的明细分类账户所依据的原始凭证是相同的。

总分类账户与明细分类账户的区别主要表现在以下两个方面。

(1) 两者反映经济业务的详细程度不同。总分类账户反映资金变化的总括情况,提供的是总括核算指标。明细分类账户反映资金变化的详细情况,提供的是某一方面的具体指标,明细分类账户除提供货币指标外,还可以提供实物数量和劳动量等指标。

(2) 两者所起的作用不同。总分类账户对所属明细分类账户起着统驭和控制作用;明细分类账户对总分类账户起着从属和辅助作用。

3. 总分类账户与明细分类账户的平行登记

总分类账户和明细分类账户的平行登记,是指对于发生的每一项经济业务,依据原始凭证和记账凭证分别在总分类账户和其所属的明细分类账户进行登记的方法。总分类账户和明细分类账户的平行登记方法可以归纳为以下几点。

1) 依据相同

在将发生的交易或事项记入总分类账户及其所属明细分类账户时,所依据的会计凭证

(特别是指原始凭证)相同。虽然登记总分类账户及其所属明细分类账户的直接依据不一定相同，但原始依据是相同的。

2）方向相同

在将交易或事项记入总分类账和明细分类账时，记账方向必须相同。也就是说，如果总分类账户记入借方，所属明细分类账户也应记入借方；如果总分类账户记入贷方，所属明细分类账户也应记入贷方。

3）期间相同

对每项交易或事项在记入总分类账户和明细分类账户过程中。可以有先有后，但必须在同一会计期间(一般在同一月份)全部登记入账。

4）金额相等

记入总分类账户的金额，应与记入其所属明细分类账户的金额合计数相等。即总分类账户本期借方发生额与其所属明细分类账户本期借方发生额合计数相等；总分类账户本期贷方发生额与其所属明细分类账户本期贷方发生额合计数相等。严格按照上述规则记账，总分类账户期初余额与其所属明细分类账户的期初余额计数相等，总分类账户期末余额与其所属明细分类账户的期末余额会计数也必然相等。

下面以"原材料"和"应付账款"为例，说明总分类账户与明细分类账户的平行登记方法。

【例 3-1】

(1) 三星公司 201×年 3 月 1 日，有关总分类账户和明细分类账户余额如下。

总分类账户期初余额：

①"原材料"账户借方余额 400 000 元。

②"应付账款"账户贷方余额 100 000 元。

明细分类账户期初余额：

①"原材料——A 材料"账户 1 600 千克，单价 150 元，借方余额 240 000 元。

②"原材料——B 材料"账户 400 千克，单价 100 元，借方余额 40 000 元。

③"原材料——C 材料"账户 1 000 千克，单价 120 元，借方余额 120 000 元。

④"应付账款——甲公司"账户贷方余额 60 000 元。

⑤"应付账款——乙公司"账户贷方余额 40 000 元。

(2) 三星公司 201×年 3 月份发生下列部分经济业务(不考虑增值税)。

① 3 月 4 日，以银行存款偿还甲公司前欠的货款 30 000 元。

② 3 月 6 日，购进 A 材料 200 千克，单价 150 元，价款 30 000 元，以银行存款支付，材料入库。

③ 3 月 10 日，生产车间向仓库领用材料一批，其中，A 材料 400 千克，单价 150 元；B 材料 200 千克，单价 100 元；C 材料 500 千克，单价 120 元，共计领用材料金额 140 000 元。

④ 3 月 16 日，以银行存款偿还乙公司前欠货款 20 000 元。

⑤ 3 月 22 日，向甲公司购入 B 材料 200 千克，单价 100 元，材料入库，货款 20 000 元尚未支付。

⑥ 3 月 30 日，向乙公司购入 C 材料 300 千克，单价 120 元，材料入库，货款 36 000

元尚未支付。

（3）根据上述资料登记三星公司"原材料""应付账款"总分类账和明细分类账。

上述业务在账户中平行登记的情况见表3-3～表3-9。

表3-3　原材料总分类账

会计科目：原材料

201×年		凭证		摘要	借方金额	贷方金额	借或贷	余额
月	日	种类	编号					
3	1			月初结余			借	400 000
	6	付		购入A材料	30 000		借	430 000
	10	转		生产领用材料		140 000	借	290 000
	22	转		购入B材料	20 000		借	310 000
	30	转		购入C材料	36 000		借	346 000
	31			本月合计	86 000	140 000		
				月末余额			借	346 000

表3-4　原材料明细账

一级科目：原材料
二级科目：A材料

材料规格　　　　　　计量单位：元/千克　　　　最高储备　　　　最低储备

201×年		凭证		摘要	入库			出库			结存		
月	日	字	号		数量	单价	金额	数量	单价	金额	数量	单价	金额
3	1			月初余额							1 600	150	240 000
	6	付	1	验收入库	200	150	30 000				1 800	150	270 000
	10	转	6	车间领用				400	150	60 000	1 400	150	210 000
				……									
				……									
	31			合计	200		30 000	400		60 000	1 400	150	210 000

表3-5　原材料明细账

一级科目：原材料
二级科目：B材料

材料规格　　　　　　计量单位：元/千克　　　　最高储备　　　　最低储备

201×年		凭证		摘要	入库			出库			结存		
月	日	字	号		数量	单价	金额	数量	单价	金额	数量	单价	金额
3	1			月初余额							400	100	40 000
	10	转	1	生产领用				200	100	20 000	200	100	20 000

续表

201×年		凭证		摘要	入库			出库			结存		
月	日	字	号		数量	单价	金额	数量	单价	金额	数量	单价	金额
	22	转	6	购入材料	200	100	20 000				400	100	40 000
				……									
				……									
	31			合计	200		20 000	200		2 000	400	100	40 000

表 3-6 原材料明细账

一级科目：原材料
二级科目：C 材料

材料规格　　　　　　　　　　　　最高储备　　　　　　　　　　　　最低储备

201×年		凭证		摘要	入库			出库			结存		
月	日	字	号		数量	单价	金额	数量	单价	金额	数量	单价	金额
3	1			月初余额							1 000	120	120 000
	10	转	6	车间领用				500	120	60 000	500	120	60 000
	20	转	17	购入材料	300	120	36 000				800	120	96 000
				……									
	31			合计	300		36 000	500		60 000	800	120	96 000

表 3-7 应付账款总账

会计科目：应付账款

201×年		凭证		摘要	借方	贷方	借或贷	余额
月	日	字	号					
3	1			月初余额			贷	100 000
	4	付	5	支付甲公司货款	30 000		贷	70 000
	16	付	6	支付乙公司货款	20 000		贷	50 000
	22	转	20	向甲公司购入材料款未付		20 000	贷	70 000
	30	转	25	向乙公司购入材料款未付		36 000	贷	106 000
	31			合　计	50 000	56 000	贷	106 000

表 3-8 应付账款明细账

二级科目：甲公司

201×年		凭证		摘要	借方	贷方	借或贷	余额
月	日	字	号					
3	1			月初余额			贷	60 000
	4	付	5	支付甲公司货款	30 000		贷	30 000
	22	转	20	向甲公司购入材料未付款		20 000	贷	50 000
				……				
	31			合　计	30 000	20 000	贷	50 000

表 3-9 应付账款明细账

二级科目：乙公司

201×年		凭证		摘要	借方	贷方	借或贷	余额
月	日	字	号					
3	1			月初余额			贷	40 000
	16	付	6	支付乙公司货款	20 000		贷	20 000
	30	转	25	向乙公司购入材料未付款		36 000	贷	56 000
				……				
	31			合　计	20 000	36 000	贷	56 000

3.3 复 式 记 账

3.3.1 复式记账法概述

1. 复式记账法的概念

记账方法是指对经济业务所引起的会计数据的增减变化在会计账簿中进行登记的方法。记账方法可分为单式记账法和复式记账法。

单式记账法是一种古老的记账方法。单式记账法是对发生的每一项经济业务只在一个账户中进行记录的方法。记录的内容着重于记录现金、银行存款的收付和人欠、欠人等债权和债务情况。例如，用银行存款 5 000 元购入材料，只记录银行存款的减少，不记录材料的增加。单式记账法虽然记账手续简单，但是账户设置不完整，记录经济业务不全面，账户之间不存在平衡关系，因而不便于检查账簿记录是否正确。单式记账法是一种不严密、不科学、不能全面描述经济业务的记账方法，无法适应现代企业的会计核算。

复式记账法是指对发生的每一项经济业务，都要以相等的金额在相互联系的两个或两个以上的账户中进行记录的方法。例如，上述用银行存款购买材料，按照复式记账法的要求，既要在"银行存款"账户登记减少 5 000 元，又要在"原材料"账户中登记增加 5 000 元。

运用复式记账，既可以了解各项经济业务的来龙去脉，又可以通过账户的记录反映会计主体经济活动的过程和结果。

国际上复式记账方法有多种多样，但目前通用的是借贷记账法。我国在长期的会计实践中逐步形成并使用过不同的复式记账法，如增减记账法、收付记账法、借贷记账法。《企业会计准则——基本准则》第十一条明确规定："企业应当采用借贷记账法记账。"

2. 复式记账法的特点

复式记账法相对于单式记账法来说，具有以下三个特点：①每一项经济业务的发生，必须全面地反映在两个或两个以上的相互关联的账户内。②登记时，如果记入两个账户，记入这两个账户的金额必须相等；如果记入两个以上的账户，记入一方账户的金额要与另一方账户的金额相等。③便于查账。复式记账法以会计等式为理论依据，便于对一定时期所做的全部会计记录进行试算平衡，以便根据试算平衡的结果检查账户记录是否不明确。

3.3.2 借贷记账法

1. 借贷记账法的概念

借贷记账法是以"借""贷"作为记账符号，以"有借必有贷，借贷必相等"作为记账规则的一种复式记账方法。

借贷记账法起源于13世纪商品经济比较发达的意大利，并经历了佛罗伦萨式簿记法、热那亚式簿记法和威尼斯簿记法三个发展阶段，到15世纪已逐步形成了比较完备的复式记账法。在13世纪意大利的佛罗伦萨市，有专做贷金业的经纪人——高利贷者，居间借贷，当时的借、贷两字指的是借主、贷主，用来表示债务人与债权人的借贷关系。借贷资本家收进存款时记在贷主的名下，表示债务；付出存款时记在借主的名下，表示债权。这时的借与贷，如实地反映了债权债务关系，但不是一种记账符号。随着商品经济的不断发展和记账方法的改进，记账的对象也越来越复杂了，不仅要在账簿中记录货币的借贷，还要记录各项财产物资的增减变化，这样，"借""贷"两字就逐渐失去其原意，仅仅成为一种记账符号。日本1868年明治维新后从英国学习西式簿记；20世纪初清政府派人赴日本学习，英美式的复式记账法就由日本传入我国。我国最早介绍借贷记账法的书籍是1905年由蔡锡勇所著的《连环账谱》。1907年，由谢霖和孟森在日本东京发行合著的《银行簿记学》，成为我国第二本介绍借贷记账法的著作。

2. 借贷记账法的记账符号

记账符号表示记账的方向，任何一项经济业务都会引起资金的增减变化，必须用不同的符号相互对应地表示资金的增减变化。借贷记账法是以"借""贷"作为记账符号。在这里"借"、"贷"二字已失去原有的含义，成为纯粹的记账符号。其具体内容见表3-10。

3. 借贷记账法下的账户结构

在借贷记账法下，所有账户的基本结构分为左、右两方，其中左方为借方，右方为贷方，以一方记录增加额，另一方记录减少额。究竟哪一方记录增加额，哪一方记录减少额，则取决于账户所反映的经济内容或账户的性质。账户按其经济内容的性质分为资产类、负债类、所有者权益类和损益类。各类账户在借贷记账法下的结构如下所述。

表 3-10 借、贷的含义

账户类别	借	贷
资产类	增加	减少
成本类	增加	减少
损益类（费用支出）	增加	减少
负债类	减少	增加
所有者权益类	减少	增加
损益类（收入收益）	减少	增加

1）资产类、成本类账户的结构

在借贷记账法下，资产类、成本类账户的借方登记增加额；贷方登记减少额；期末余额一般在借方，有些账户可能无余额。其余额计算公式为

期末借方余额＝期初借方余额＋本期借方发生额－本期贷方发生额

资产类及成本类账户的结构如图 3.3 所示。

资产类及成本类账户

借方	贷方
期初余额　××× 本期增加额　×××	本期减少额　×××
本期增(借)方发生额　×××	本期减(贷)方发生额　×××
期末余额　×××	

图 3.3　资产类、成本类账户的结构

2）负债类、所有者权益类账户的结构

在借贷记账法下，负债类、所有者权益类账户的借方登记减少额；贷方登记增加额；期末余额一般在贷方，有些账户可能无余额。其余额计算公式为

期末贷方余额＝期初贷方余额＋本期贷方发生额－本期借方发生额

负债类、所有者权益类账户的结构如图 3.4 所示。

负债及所有者权益类账户

借方	贷方
	期初余额　××× 本期增加额　×××
本期减少额　×××	
本期减(借)方发生额　×××	本期增(贷)方发生额　×××
	期末余额　×××

图 3.4　负债及所有者权益类账户结构

3) 损益类账户的结构

（1）损益类（收入收益）账户的结构。

在借贷记账法下，损益类中收入收益账户的借方登记减少额和转销额；贷方登记增加额；期末结转后一般无余额。损益类（收入收益）账户的结构如图3.5所示。

损益类（收入收益）账户

借方		贷方	
本期减少额	×××	本期增加额	×××
本期结转额	×××		
本期减（借）方发生额 ×××		本期增（贷）方发生额 ×××	

图3.5　损益类（收入收益）账户的结构

（2）损益类（费用支出）账户的结构。

在借贷记账法下，损益类中费用支出账户的借方登记增加额；贷方登记减少额和转销额；期末结转后一般无余额。损益类（费用支出）账户的结构如图3.6所示。

损益类（费用支出）账户

借方		贷方	
本期增加额	×××	本期减少额	×××
		本期结转额	×××
本期增（借）方发生额 ×××		本期减（贷）方发生额 ×××	

图3.6　损益类（费用支出）账户的结构

综上所述，将全部账户借方和贷方所记录的经济内容加以归纳，如图3.7所示。

账户名称（会计科目）

借方	贷方
资产的增加	负债的增加
成本的增加	所有者权益的增加
费用支出的增加	收入的增加
负债的减少	资产的减少
所有者权益的减少	成本的减少
收入的转销	费用支出的转销
期末余额：资产或成本余额	期末余额：负债或所有者权益余额

图3.7　账户的借方和贷方所反映的经济业务的内容

4. 借贷记账法的记账规则

记账规则是指采用某种记账方法登记具体经济业务时应遵循的规律。借贷记账法的记账规则是"有借必有贷，借贷必相等"。

按照这一记账规则，任何经济业务的发生，都必须同时登记在两个或两个以上的相关账户中，一方记入借方，另一方必须记入贷方；反之亦然。同时，记入借方账户金额的合计必须等于记入贷方账户金额的合计。

在企业的生产经营过程中，每天会发生大量的经济业务，这些业务虽然千差万别，但归纳起来，经济业务引起资金的变化如图3.8所示。

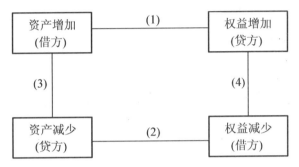

图3.8 经济业务引起资金的变化

现以4种类型的经济业务为例，说明借贷记账法的记账规则。

【例3-2】 企业收到某投资者投入货币资金400 000元，存入银行。

该项经济业务的发生，一方面使企业资产中银行存款增加，根据资产类账户的结构，应借记"银行存款"400 000元；另一方面由于企业接受投资引起所有者权益中的实收资本增加，根据所有者权益类账户的结构，应贷记"实收资本"400 000元。

实收资本		银行存款	
借方	贷方	借方	贷方
	400 000 ————	400 000	

【例3-3】 企业以银行存款200 000元归还银行短期借款。

该项经济业务的发生，一方面使企业资产中的银行存款减少了200 000元，应贷记"银行存款"；另一方面使企业负债中的短期借款减少了200 000元，应借记"短期借款"。

银行存款		短期借款	
借方	贷方	借方	贷方
	200 000 ————	200 000	

【例3-4】 企业从银行存款提取现金6 000元备用。

该项经济业务的发生,一方面使企业资产中的库存现金增加6 000元,应借记"库存现金";另一方面使资产中的银行存款减少6 000元,应贷记"银行存款"。

银行存款		库存现金	
借方	贷方	借方	贷方
	6 000 ———	——— 6 000	

【例3-5】 企业向银行借入短期借款50 000元,直接偿还前欠A公司货款。

该项经济业务的发生,一方面使企业负债中的短期借款增加50 000元,应贷记"短期借款";另一方面使企业负债中的应付账款减少50 000元,应借记"应付账款"。

短期借款		应付账款	
借方	贷方	借方	贷方
	50 000 ———	——— 50 000	

5. 账户对应关系和会计分录

1) 账户的对应关系

账户的对应关系,是指运用复式记账法处理经济业务时,有关账户之间形成的相互关系,在借贷记账法下就是应借应贷的关系。存在对应关系的账户就是对应账户。通过账户的对应关系,既可以了解经济业务基本内容和来龙去脉,又可以检查对经济业务的账务处理是否正确。例如,用银行存款200 000元购入固定资产,这项业务的发生,使"固定资产"和"银行存款"发生了应借应贷的关系,表明企业固定资产的增加,导致了银行存款的减少。"固定资产"和"银行存款"构成了这项经济业务的一对对应账户。

2) 会计分录

会计分录,是指根据复式记账的原理,指明经济业务应记账户的名称、方向及其金额的一种记录。会计分录在实际工作中是在记账凭证中反映的,它是登记会计账簿的依据。

运用借贷记账法编制会计分录,一般按以下步骤进行:①根据经济业务的内容,确定所涉及的会计账户;②根据会计账户的性质,确定会计账户应借应贷的方向;③根据借贷记账法的记账规则,确定应记入每个账户的金额。现用借贷记账法对上述四项经济业务编制如下会计分录。

例3-2:借:银行存款　　　　　　　　　　　　　　　　400 000
　　　　　贷:实收资本　　　　　　　　　　　　　　　400 000
例3-3:借:短期借款　　　　　　　　　　　　　　　　200 000
　　　　　贷:银行存款　　　　　　　　　　　　　　　200 000

例 3-4：借：库存现金　　　　　　　　　　　　　　　　　6 000
　　　　　贷：银行存款　　　　　　　　　　　　　　　　　　　6 000
例 3-5：借：应付账款　　　　　　　　　　　　　　　　　50 000
　　　　　贷：短期借款　　　　　　　　　　　　　　　　　　　50 000

　　会计分录按其对应账户的复杂程度分为简单会计分录和复合会计分录两种。简单会计分录是指每一项经济业务只涉及两个对应账户的分录，即一借一贷的会计分录。复合会计分录是指一项经济业务涉及两个或两个以上有对应关系账户的分录，即一借多贷、一贷多借或多借多贷的会计分录。上述四笔会计分录均属于简单会计分录，复合会计分录将会在下一章中出现。

关键术语

会计科目　总分类科目　明细分类科目　会计账户　总分类账户　明细分类账户
平行登记　记账方法　复式记账法　单式记账法　借贷记账法　会计分录

知识链接

1. 最新会计科目表的内容

修订后的《企业会计准则》已于 2006 年 2 月 15 日公布，并于 2007 年 1 月 1 日起在上市公司范围内施行。本章所列示的"会计科目"是由财政部根据企业会计准则中确认和计量的规定制定的，涵盖了各类企业的交易或者事项。企业在不违反会计准则中确认、计量和报告的前提下，可根据本单位的实际情况自行增设、分拆、合并会计科目。企业不存在的交易或事项，可不设会计科目。对于明细科目，企业可以按相关规定自行设置。会计科目编号供企业填制会计凭证，登记会计账簿，查阅会计账目，采用会计软件系统参考，企业可根据实际情况自行确定会计科目编号。

2. 《小企业会计准则》

《小企业会计准则》于 2011 年 10 月 18 日由中华人民共和国财政部以财会〔2011〕17 号印发，该《准则》分总则、资产、负债、所有者权益、收入、费用、利润及利润分配、外币业务、财务报表、附则 10 章 90 条，自 2013 年 1 月 1 日起施行。

《小企业会计准则》的出台在很大程度上改变了《小企业会计制度》的内容，其在制定方式上借鉴了《企业会计准则》，在核算方法上又兼具小企业自身的特色，尤其在税收规范上，采取了和税法更为趋同的计量规则，大大简化了会计准则与税法的协调。在利税影响因素方面，相对于《企业会计准则》也有了具体的改进。

3. 我国使用过的复式记账法

我国会计核算过程中曾使用的复式记账方法主要有：收付记账法、增减记账法和借贷记账法。

收付记账法是我国一种传统的记账方法，新中国成立后曾使用过"现金收付记账法"、"财产收付记账法"和"资金收付记账法"。产生于 20 世纪 60 年代初的"现金收付记账法"被广泛应用到银行和行政事业单位，一直沿用了 30 多年，直到 1997 年发布《事业单位会计准则》后才废除。

增减记账法是一种以"增""减"为记账符号，以"资金占用＝资金来源"为理论基础，直接反映经济业务所引起的会计要素增减变化的一种复式记账法。它产生于我国 20 世纪 60 年代中期，是我国会计实务中实行的一种特有的记账方法。该法经过试行，于 1996 年开始在我国商业系统全面推行，工业企业和其他行业也有采用这种记账方法的。1993 年 7 月 1 日《企业会计准则》实施后，增减记账法改为借贷记账法。

借贷记账法起源于 13 世纪的意大利，到 15 世纪末已逐步成为比较完备的复式记账法。20 世纪初开始传入我国。

2006年,财政部颁布《企业会计准则》,基本准则第十一条明确规定:"企业应当采用借贷记账法记账。"

本 章 小 结

　　会计科目是对会计要素对象的具体内容进行分类的项目。设置会计科目必须遵循合法性、相关性、统一性、灵活性、稳定性等原则。

　　会计科目按经济内容分为:资产、负债、所有者权益、成本、损益5大类;按其提供信息的详细程度分为:总分类科目和明细分类科目。

　　会计账户是按会计科目设置并具有一定的格式,用来分类记录经济业务,反映会计要素增减变化情况及结果的记账实体。账户按经济内容可分为:资产类、负债类、所有者权益类、成本类和损益类五大类;按其用途和结构可分为:盘存账户、结算账户、资本账户、跨期摊提账户、调整账户、集合分配账户、成本计算账户、损益类账户、财务成果账户九类。

　　借贷记账法是以"借""贷"作为记账符号,"有借必有贷,借贷必相等"作为记账规则的一种复式记账的方法。

　　不同类别的账户结构不同,账户的"借方"或"贷方"是用来记录其增加还是减少,取决于账户的经济内容或账户的性质。

课 堂 测 试

1. 根据表3-11中所列项目,确定各栏应填入的内容。

表3-11

序号	项　　目	会计科目	按经济内容分属哪一类账户(资产类、负债类、所有者权益、成本类、损益类)
1	从银行取得6个月的借款		
2	应收A公司的销货款		
3	应付C公司的购货款		
4	投资者投入的资本		
5	销售产品的收入		
6	购入的尚未入库的材料		
7	生产完工的商品		
8	应交未交的税金		
9	尚未完工的产品		
10	职工预借的差旅费		

2. 运用借贷记账法，对下列经济业务编制会计分录。
(1) 将现金 30 000 元存入银行。
(2) 购入原材料 50 000 元，货款尚未支付。(不考虑增值税，下同)
(3) 销售产品一批，计价 90 000 元，货款尚未收回。
(4) 向银行借入为期 5 个月的借款 100 000 元。
(5) 收回 B 公司前欠的货款 30 000 元存入银行。
(6) 用银行存款购入专利技术一项，计价 80 000 元。
(7) 用银行存款支付前欠的货款 70 000 元。
(8) 收到投资者投入的固定资产一套，价值 300 000 元。
(9) 以银行存款 50 000 元归还短期借款。
(10) 甲产品完工，验收入库 400 000 元。

第4章 借贷记账法的具体运用

教学目标

- 了解企业经济活动的主要内容
- 掌握会计核算的主要账户
- 掌握借贷记账法在企业业务核算中的具体运用

教学要求

知识要点	能力要求	相关知识
资金筹集核算	(1) 能够记住设置会计账户的名称 (2) 掌握设置会计账户的性质、用途和结构 (3) 掌握资金筹集业务的会计处理	(1) 经济业务的内容 (2) 设置会计科目的名称、性质、用途和结构 (3) 经济业务的会计处理
供应过程核算	(1) 能够记住设置会计账户的名称 (2) 掌握设置会计账户的性质、用途和结构 (3) 掌握供应过程业务的会计处理	(1) 经济业务的内容 (2) 设置会计科目的名称、性质、用途和结构 (3) 经济业务的会计处理
生产过程核算	(1) 能够记住设置会计账户的名称 (2) 掌握设置会计账户的性质、用途和结构 (3) 掌握生产过程业务的会计处理	(1) 经济业务的内容 (2) 设置会计科目的名称、性质、用途和结构 (3) 经济业务的会计处理
收入和利润核算	(1) 能够记住设置会计账户的名称 (2) 掌握设置会计账户的性质、用途和结构 (3) 掌握收入和利润业务的会计处理	(1) 经济业务的内容 (2) 设置会计科目的名称、性质、用途和结构 (3) 经济业务的会计处理
资金退出核算	(1) 能够记住设置会计账户的名称 (2) 掌握设置会计账户的性质、用途和结构 (3) 掌握资金退出业务的会计处理	(1) 经济业务的内容 (2) 设置会计科目的名称、性质、用途和结构 (3) 经济业务的会计处理

第4章 借贷记账法的具体运用

某工厂为一般纳税人企业，某月初计划当月生产 10 000 件 C 产品，C 产品的计划毛利率为 30%。当月购进生产 C 产品的原材料一批，该批材料买价 500 000 元，增值税税率为 17%，采购过程中发生采购费用 20 000 元（不考虑增值税）；材料全部投入生产，生产过程中发生制造费用共计 30 000 元；月末，C 产品全部完工并如数验收入库准备出售。某工厂要达到预期的毛利率水平，应将 C 产品的售价定为多少？

制造企业的一般经济活动包括筹资、供应、生产、销售、资金收回及资金退出等，企业资金的运动形态通常经历这样一个过程：货币资金、储备资金、生产资金、成品资金再回到货币资金。本章将运用借贷记账法对制造企业资金运动的全过程进行核算。介绍制造企业的主要经济业务、会计核算中需要设置的主要核算账户及主要业务的会计处理方法。

4.1 制造企业主要经济业务概述

制造企业是市场经济中实行独立核算、自主经营、自负盈亏、自我约束、自我发展的经济实体。其基本任务就是生产符合市场需要的产品或服务，取得利润，从而为国家提供更多的财政收入，为投资者提供更多的投资收益。企业从事生产经营活动，必须拥有一定数量的资金。这些资金主要是所有者投入的和债权人提供的，随着生产经营活动的进行，不断地被运用出去，其形态也相应地从货币资金变成生产资金，最后再变成货币资金。这种变化周而复始不断进行，形成了资金的循环和周转。制造业的生产经营过程一般可以分为三个阶段：供应过程、生产过程和销售过程。

企业从各种渠道筹集的资金，首先表现为货币资金。企业以货币资金建造或购买厂房、建筑物、机器设备和各种材料物资，为进行产品生产准备必要的劳动资料，这时资金就从货币资金形态转化为固定资金形态和储备资金形态。在生产过程中，劳动者借助于劳动资料对劳动对象进行加工，制造出各种为社会所需要的产品。在产品生产过程中发生的各种材料费用、固定资产折旧费用、工资费用等生产费用的总和构成了产品成本。这时资金从固定资金、储备资金和货币资金形态转化为生产资金形态。随着产品的完工和验收入库，资金又从生产资金形态转化为成品资金形态。在销售过程中，企业将产品销售出去，收回货币资金，这时资金从成品资金形态转化为货币资金形态。为了及时总结一个企业在一定时期内的财务成果，需将企业一定会计期间所取得的全部收入与全部费用支出相抵，计算所得的利润或发生的亏损。如果实现利润，还应按照有关规定进行利润分配；如果发生亏损，还要进行弥补。通过分配，一部分资金退出企业，一部分要重新投入生产周转。制造企业资金运动过程图如图 4.1 所示。

综上所述，可根据制造企业在生产经营过程中各环节的业务特点，将其主要经济业务分为资金筹集业务、购进业务、生产业务、销售业务、利润形成及分配业务等。本章将以

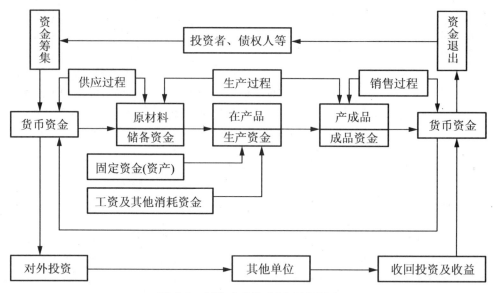

图 4.1 制造企业资金运动过程图

这些业务环节的主要内容为例,说明会计账户和借贷记账法的具体应用。

4.2 资金筹集核算

4.2.1 自有资金业务的核算

1. 自有资金

我国有关法律法规规定,企业申请开业,必须具备符合国家规定并与其生产经营和服务规模相应的资金数额。因此,企业要进行生产经营活动,必须要有一定的"本钱",即设立企业必须有法定的资本金。为此,企业就通过发行股票、吸收直接投资等方式来筹集资金,通过这种方式筹集到的资金一般不用偿还,因而称其为自有资金。

所有者向企业投入资本就形成了企业的资本金。资本金是企业从事生产经营活动的基本条件,是企业独立承担民事责任的资金保证,在数量上应等于企业在工商部门登记的注册资金总额。在经营期内投资者除依法转让外,不得以任何方式抽回投资。资本金按其投资主体不同,分为国家资本金、法人资本金、个人资本金和外商资本金。投资者可以以库存现金资产、实物资产及无形资产等方式向企业投资。

2. 投入资本的计价

我国《企业会计准则》规定,企业收到投资者的投资,应按实际投资数额入账。不同的投资方式其实际投资数额的确定并不完全相同。其中,投资者以库存现金投入的资本,应按实际收到或存入企业开户银行的金额作为实收资本入账,实际收到或存入企业开户银行的金额超过其在该企业注册资本中所占份额的部分,计入资本公积;以非库存现金资产投入的资本,应按投资各方确认的价值作为实收资本入账。企业在生产经营过程中所取得的收入和收益,所发生的费用和损失,不得直接增减投入资本。

3. 投入资本核算应设置的账户

1)"实收资本"账户

核算内容：企业接受投资者投入的实收资本。股份有限公司本科目为"股本"。

账户性质：属所有者权益类账户。

明细账户：可按投资者进行设置。

账户结构：贷方登记企业实际收到所有者投入的资本；由于所有者的投资是一项永久性资本，借方一般没有发生额，如果投资者按法定程序收回投资或减少资本数，则借方登记投入资本的减少数；期末余额在贷方，表示企业实际拥有的资本（股本）数额。

2)"银行存款"账户

核算内容：企业存入银行或其他金融机构的各种款项。

账户性质：属资产类账户。

账户结构：借方登记银行存款的增加；贷方登记银行存款的减少；期末余额在借方，表示企业期末银行存款的实有数。

3)"固定资产"账户

核算内容：企业固定资产的原价。

账户性质：属资产类账户。

明细账户：可按固定资产的类别或项目设置。

账户结构：借方登记固定资产取得时的成本，即按历史成本反映的固定资产原价；贷方登记减少的固定资产的原价；期末余额一般在借方，表示企业期末固定资产的原价。

4)"无形资产"账户

核算内容：企业持有的无形资产的成本，包括专利权、非专利技术、商标权、著作权、土地使用权等。

账户性质：属资产类账户。

账户结构：借方登记企业购入、自行研发或其他途径取得的无形资产成本；贷方登记企业处置无形资产的成本；期末余额在借方，表示企业期末持有的无形资产的成本。

4. 投入资本业务的会计处理

【例4-1】 某企业收到国家500 000元的货币资金投资，款项已存入银行。

该项经济业务的发生，一方面是款项已存入银行，使得企业的银行存款增加500 000元；另一方面是企业收到国家投资，使企业的资本金增加500 000元。因此，该项经济业务涉及"银行存款"和"实收资本"两个账户。银行存款的增加是企业资产的增加，应记入"银行存款"账户的借方；资本金的增加是所有者权益的增加，应记入"实收资本"账户的贷方。该项经济业务编制会计分录如下。

借：银行存款　　　　　　　　　　　　　　　　　　　　　　　　500 000
　　贷：实收资本——国家资本　　　　　　　　　　　　　　　　　　500 000

【例4-2】 某企业收到丰顺公司投入的新设备2台，价值160 000元。

该项经济业务的发生，一方面使企业的固定资产增加160 000元；另一方面是企业收到法人单位的投资，使企业资本金增加160 000元。因此，该项经济业务涉及"固定资产"和"实收资本"两个账户。固定资产的增加是企业资产的增加，应记入"固定资产"账户的借方;资本金的增加是所有者权益的增加,应记入"实收资本"账户的贷方。该项经济业务编制会计分录如下。

借:固定资产　　　　　　　　　　　　　　　　　　　　　　　160 000
　　贷:实收资本——丰顺公司　　　　　　　　　　　　　　　　　　160 000

【例4-3】 某企业收到王辉一项专利权投资,经评估确认价值为58 000元。

该项经济业务的发生,一方面使企业无形资产增加58 000元;另一方面企业收到个人投资者的无形资产投资,使企业资本金增加58 000元。因此,该项经济业务涉及"无形资产"和"实收资本"两个账户。无形资产的增加是企业资产的增加,应记入"无形资产"账户的借方;资本金的增加是所有者权益的增加,应记入"实收资本"账户的贷方。该项经济业务编制会计分录如下。

借:无形资产　　　　　　　　　　　　　　　　　　　　　　　58 000
　　贷:实收资本——王辉　　　　　　　　　　　　　　　　　　　　58 000

【例4-4】 某企业收到求实公司投资的甲材料一批,价值为100 000元。

该项经济业务的发生,一方面使企业原材料增加100 000元;另一方面企业收到一项原材料投资,使企业资本金增加100 000元。因此,该项经济业务涉及"原材料"和"实收资本"两个账户。原材料的增加是企业资产的增加,应记入"原材料"账户的借方;资本金的增加是所有者权益的增加,应记入"实收资本"账户的贷方。该项经济业务编制会计分录如下。

借:原材料——甲材料　　　　　　　　　　　　　　　　　　　100 000
　　贷:实收资本——求实公司　　　　　　　　　　　　　　　　　　100 000

以上投入资本业务的总分类核算如图4.2所示。

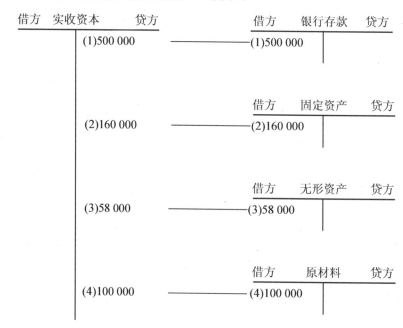

图4.2 投入资本业务的总分类核算

4.2.2 借入资金业务的核算

企业借入的资金主要是向银行或其他金融机构借入，按偿还期限不同分为短期借款和长期借款。短期借款是指企业向银行或其他金融机构借入的偿还期限在1年以下（含1年）的各种借款，主要是满足日常经营周转需要。长期借款是指企业向银行或其他金融机构借入的偿还期限在1年以上（不含1年）的各种借款，这类借款主要是用于固定资产购建、改建和扩建等。无论是短期借款，还是长期借款，企业除了按期归还本金以外，还应承担利息费用。借入资金业务核算的主要内容包括取得借款本金、承担的利息、归还本金及利息等。

1. 借入资金业务核算应设置的账户

1)"短期借款"账户

核算内容：企业向银行或其他金融机构等借入的期限在1年以下（含1年）的各种借款。

账户性质：属负债类账户。

明细账户：可按借款种类、贷款人和币种进行设置。

账户结构：贷方登记企业借入的各种短期借款本金数额；借方登记企业归还的短期借款本金数额；期末余额在贷方，表示企业尚未偿还的短期借款本金数额。

2)"长期借款"账户

核算内容：企业向银行或其他金融机构等借入的期限在1年以上（不含1年）的各种借款。

账户性质：属负债类账户。

明细账户：可按贷款单位和贷款种类，分别"本金"、"利息调整"等进行设置。

账户结构：贷方登记企业借入的各种长期借款的本金和发生的利息数额，借方登记各种长期借款本金和利息的归还数额；期末余额贷方，表示企业尚未偿还的各种长期借款本金和利息数额。

3)"财务费用"账户

核算内容：企业为筹集生产经营所需要资金等而发生的筹资费用，包括利息支出（减利息收入）、汇兑损益以及相关的手续费、企业发生的现金折扣或收到的现金折扣等。

账户性质：属损益类（费用）账户。

明细账户：可按费用项目进行设置。

账户结构：借方登记企业发生的各项财务费用，包括借款利息、借款手续费、债券发行成本、汇兑损失等；贷方登记发生的应冲减财务费用的利息收入、汇兑收益和结转到"本年利润"账户的财务费用；月末结转后该账户无余额。

4)"应付利息"账户

核算内容：企业按合同约定应支付的利息，包括吸收存款、分期付息到期还本的长期借款、企业债券等应支付的利息。

账户性质：属负债类账户。

明细账户：可按存款人或债权人进行设置。

账户结构：借方登记实际支付的利息；贷方登记应付未付的利息；期末余额在贷方，反映企业应付未付的利息。

5)"在建工程"账户

核算内容：企业基建、更新改造等在建工程发生的支出。

账户性质：属资产类账户。

明细账户：可按"建筑工程"、"安装工程"等进行设置。

账户结构：借方登记在建工程发生的各项费用；贷方登记工程完工结转固定资产的成本；期末余额在贷方，反映企业尚未完工的工程成本。

2. 借入资金业务核算的会计处理

1) 取得借款时的核算

【例4-5】 某企业201×年2月1日取得一项期限为3个月，年利率为3%，到期还本付息的银行借款80 000元，所得款项存入银行。

该项经济业务的发生，一方面使企业银行存款增加80 000元；另一方面使企业短期借款增加80 000元。因此，该项经济业务涉及"银行存款"和"短期借款"两个账户。银行存款的增加是企业资产的增加，应记入"银行存款"账户的借方；短期借款的增加是负债的增加，应记入"短期借款"账户的贷方。该项经济业务编制会计分录如下。

借：银行存款　　　　　　　　　　　　　　　　　　　　　　　80 000
　　贷：短期借款　　　　　　　　　　　　　　　　　　　　　　80 000

【例4-6】 某企业201×年1月1日向银行借入3年期，年利率为6%，到期一次还本付息的款项1 200 000元，已存入企业结算存款户。企业用该借款建造厂房，工程第二年年末完工，达到可使用状态。

该项经济业务的发生，一方面使企业银行存款增加1 200 000元；另一方面使企业长期借款增加1 200 000元。因此，该项经济业务涉及"银行存款"和"长期借款"两个账户。银行存款的增加是企业资产的增加，应记入"银行存款"账户的借方；长期借款的增加是负债的增加，应记入"长期借款"账户的贷方。该项经济业务编制会计分录如下。

借：银行存款　　　　　　　　　　　　　　　　　　　　　　　1 200 000
　　贷：长期借款　　　　　　　　　　　　　　　　　　　　　　1 200 000

2) 借入资金利息的核算

短期借款必须按期归还本金并按期支付利息。由于短期借款利息的支付方式和支付时间不同，会计处理方法也有一定的区别。如果银行按月计收利息或在借款到期时回收本金时一并收回利息，但利息数额不大，企业可在收到银行计息通知或在实际支付利息时，直接将发生的利息费用计入当期"财务费用"，即借记"财务费用"科目，贷记"银行存款"科目。如果银行对企业的短期借款利息采取按季或半年等较长期间计收利息，为了合理地计算各期的收益额，企业通常按权责发生制核算基础的要求，采取预提的方法按月计提利息，即计提利息时，借记"财务费用"，贷记"应付利息"；支付利息时，借记"应付利息"，贷记"银行存款"。

企业借入长期借款的利息支出应区别不同情况处理：①为购建固定资产发生的长期借款利息，在固定资产达到可使用状态前发生的，计入固定资产价值，借记"在建工程"账户，贷记"应付利息"账户；在固定资产达到可使用状态后发生的，计入当期损益，借记"财务费用"账户，贷记"应付利息"账户；②不是为购建固定资产发生的长期借款利息，在生产经营期间发生的，计入当期财务费用。

【例 4-7】 承例 4-5，201×年 2 月末某企业计提本月短期借款利息 200 元。

该项经济业务的发生，一方面使企业承担的利息费用增加 200 元；另一方面使企业的资产减少 200 元。利息费用增加计入"财务费用"账户借方；应付短期借款利息计入"应付利息"账户贷方。该项经济业务编制会计分录如下。

借：财务费用　　　　　　　　　　　　　　　　　　　　　　200
　　贷：应付利息　　　　　　　　　　　　　　　　　　　　　　　200

以后两个月每月末预提利息做同样的分录。

【例 4-8】 承例 4-6，某企业第一年年末计算本年应计长期工程借款利息 72 000 元（1 200 000×6%）。

该项经济业务的发生，一方面使企业应由工程负担的利息支出增加 72 000 元；另一方面使企业应付长期借款利息债务增加 72 000 元。工程负担的利息支出计入"在建工程"账户；应付长期借款利息债务计入"长期借款"账户。该项经济业务编制会计分录为如下。

借：在建工程　　　　　　　　　　　　　　　　　　　　　　72 000
　　贷：应付利息　　　　　　　　　　　　　　　　　　　　　　　72 000

第二年应计利息的会计分录与第一年年末相同。

第三年年末应计利息的会计分录应记为：

借：财务费用　　　　　　　　　　　　　　　　　　　　　　72 000
　　贷：应付利息　　　　　　　　　　　　　　　　　　　　　　　72 000

【例 4-9】 承例 4-5、例 4-7，201×年 5 月 1 日某企业归还到期短期借款本金 80 000 元。

该项经济业务的发生，一方面使企业短期借款减少 80 000 元，另一方面使企业银行存款减少 80 000 元。短期借款本金的减少，应计入"短期借款"账户的借方；银行存款的减少应计入"银行存款"账户的贷方。该项经济业务编制会计分录如下。

借：短期借款　　　　　　　　　　　　　　　　　　　　　　80 000
　　贷：银行存款　　　　　　　　　　　　　　　　　　　　　　　80 000

【例 4-10】 承例 4-6、例 4-8，到 201×年 12 月 31 日某企业归还到期长期借款本金 1 200 000 元，利息 216 000 元。

该项经济业务的发生，一方面使企业长期借款减少 1 200 000 元，未付长期利息债务减少了 216 000 元；另一方面使企业银行存款减少 1 416 000 元。长期借款本金及未付利息债务的减少，都应计入"长期借款"账户的借方；银行存款的减少应计入"银行存款"账户的贷方。该项经济业务编制会计分录如下。

借：长期借款　　　　　　　　　　　　　　　　　　　　　　1 200 000
　　应付利息　　　　　　　　　　　　　　　　　　　　　　　216 000
　　贷：银行存款　　　　　　　　　　　　　　　　　　　　　　1 416 000

以上借入资金业务的总分类核算如图 4.3 所示。

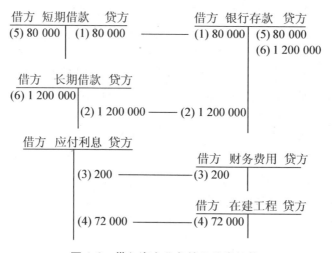

图 4.3 借入资金业务的总分类核算

4.3 供应过程核算

4.3.1 固定资产购进业务的核算

1. 固定资产购进成本的确定

固定资产是指为生产商品、提供劳务、出租或经营管理而持有的，且使用寿命超过一个会计年度的有形资产，如企业生产经营用的房屋、建筑物、机器设备等。固定资产应按其取得时的成本作为入账的价值，取得时的实际成本是指为构建某项固定资产达到预定可使用状态前所发生的一切合理、必要的支出，包括买价、运输费、保险费、包装费、安装费、相关税费等，但不包括允许抵扣的增值税进项税额。

2. 固定资产购进业务核算应设置的账户

固定资产购建的核算除设置如前所述的"固定资产"、"在建工程"账户外，还应设置"应交税费——应交增值税"、"应付职工薪酬"等账户。

1) "应交税费——应交增值税"账户

核算内容：核算企业按照税法规定计算应交纳的增值税。

账户性质：属负债类账户。

明细账户：设"进项税额"、"销项税额"、"出口退税"、"进项税额转出"、"已交税金"等专栏。

账户结构：借方登记企业购进商品或接受劳务时所支付的增值税税额；贷方登记企业销售商品或提供劳务时所收取的增值税税额。期末余额在贷方，反映企业应交的增值税税额；期末余额在借方，表示企业可抵扣的增值税税额。

2) "应付职工薪酬"账户

核算内容：核算企业根据有关规定应付给职工的各种薪酬。

账户性质：属负债类账户。

明细账户：可按"工资"、"职工福利"、"社会保险费"、"住房公积金"、"工会经费"、"职工教育经费"、"非货币性福利"、"辞退福利"等进行设置。

账户结构：贷方登记企业按规定计算出的应付职工薪酬；借方登记企业实际发放的职工薪酬；期末余额在贷方，表示企业应付未付的薪酬；期末余额在借方，表示企业实际支付的金额。

3. 固定资产购进业务的会计处理

1）购入不需安装的固定资产

【例 4-11】 某企业购入不需要安装的机器设备一台，买价 15 000 元，增值税 2 550 元，运杂费 2 000 元，包装费 1 000 元，全部款项已用银行存款支付。

该项经济业务的发生，一方面使企业固定资产增加 18 000 元(15 000＋2 000＋1 000)，应交税费中的增值税进项税额增加 2 550 元；另一方面使企业银行存款减少 18 000 元。因此，该项经济业务涉及"固定资产"、"应交税费——应交增值税（进项税额）"和"银行存款"三个账户。固定资产的增加是企业资产的增加，应记入"固定资产"账户的借方，增值税进项税额增加记借方；应记入"银行存款"账户的贷方。该项经济业务编制会计分录如下。

借：固定资产　　　　　　　　　　　　　　　　　　　　　　　　18 000
　　应交税费——应交增值税（进项税额）　　　　　　　　　　　　 2 550
　贷：银行存款　　　　　　　　　　　　　　　　　　　　　　　　20 550

2）购入需要安装的固定资产

如果购入的是需要安装的固定资产，则应通过"在建工程"账户核算其安装工程成本，安装工程完工交付使用时，应按安装工程的全部支出（即实际成本），从"在建工程"账户的贷方转入"固定资产"账户的借方。

【例 4-12】 某企业购入需要安装的机器设备一台，买价 58 000 元，包装费和运杂费 2 500 元，全部款项以银行存款支付。安装过程中耗用材料 4 200 元，发生安装工人的工资费用 2 300 元。（假设不考虑增值税）

该项经济业务的发生，一方面使企业的在建工程支出增加 67 000(58 000＋2 500＋4 200＋2 300)元；另一方面使企业银行存款减少 60 500 元，库存材料减少 4 200 元，应付职工薪酬增加 2 300 元。因此，该项经济业务涉及"在建工程""银行存款""原材料""应付职工薪酬"四个账户。在建工程支出的增加是固定资产购建成本的增加，应记入"在建工程"账户的借方；银行存款和库存材料的减少是资产的减少，应记入"银行存款"和"原材料"账户的贷方；应付职工薪酬的增加是负债的增加，应记入"应付职工薪酬"账户的贷方。该项经济业务编制会计分录如下。

借：在建工程　　　　　　　　　　　　　　　　　　　　　　　　67 000
　贷：银行存款　　　　　　　　　　　　　　　　　　　　　　　60 500
　　　原材料　　　　　　　　　　　　　　　　　　　　　　　　 4 200
　　　应付职工薪酬　　　　　　　　　　　　　　　　　　　　　 2 300

【例 4-13】 某企业所购设备安装工作完毕，经验收合格交付使用，结转安装工程成本。

安装工程完工交付使用，使企业固定资产增加 67 000 元，应按实际成本记入"固定资产"账户的借方，结转完工工程成本，记入"在建工程"账户的贷方。应编制会计分录如下。

借：固定资产　　　　　　　　　　　　　　　　　　　　　　　　67 000
　　贷：在建工程　　　　　　　　　　　　　　　　　　　　　　　67 000

以上固定资产购进业务的总分类核算如图 4.4 所示。

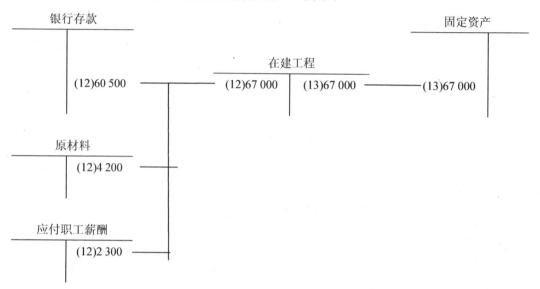

图 4.4　固定资产购进业务的总分类核算

4.3.2　材料购进业务的核算

1. 材料购进业务的主要内容

制造企业要进行正常的生产经营活动，除购建固定资产外，还必须购买和储备一定品种和数量的材料。在企业购进材料的过程中，一方面从供应单位购进各种材料；另一方面要支付采购材料的货款和运输费、装卸费等各种采购费用，并与供应单位及其他有关单位办理款项的结算。材料运达企业后，应由仓库验收并保管，以备生产车间或管理部门领用。采购过程中支付给供应单位的材料货款和发生的各项采购费用，构成材料的采购成本。

由于结算方式的制约，在与供应单位或其他单位办理款项结算时，会出现三种情况。

(1) 购进材料时直接支付货款。企业采用支票等结算方式或直接支付现金时，可以在购进材料的同时支付货款和采购费用。

(2) 购进材料未付款。由于材料款尚未支付，因此形成企业的一项流动负债，这种情况一方面使得企业材料增加，另一方面负债增加，必须在将来按规定的时间偿还。

(3) 预付购货款，后取得材料。企业购进材料过程中有时需预付购货款。企业虽先付款，但没有取得材料，这时不能作为材料增加处理。它实际上相当于企业一笔款项的转移，这项业务并没有使企业的资产发生变化。当收到材料时，再作为材料增加处理，同时冲减预付款项。

综合以上,材料购进业务的核算主要包括核算材料的买价和采购费用,确定材料的采购成本,以及由采购业务引起的与供货单位及其他单位的货款结算。

2. 材料购进业务核算应设置的账户

为了核算材料购进业务,应设置"在途物资"、"原材料"、"应付账款"、"预付账款"、"应付票据"、"应交税费"等账户。

1) "在途物资"账户

核算内容:企业采用实际成本(或进价)进行材料、商品等物资日常核算货款已付尚未入库的在途物资的采购成本。

账户性质:属资产类账户。

明细账户:可按供应单位或物资品种进行设置。

账户结构:借方登记外购材料物资的实际采购成本,包括买价和采购费用;贷方登记已验收入库材料物资的实际成本;期末余额在借方,表示款已付、尚未运达企业或已运到企业但尚未验收入库的在途物资的实际采购成本。

2) "原材料"账户

核算内容:企业各种库存材料的计划或实际成本。

账户性质:属资产类账户。

明细账户:可按材料的存放地点、材料的类别、品种规格进行设置。

账户结构:借方登记已验收入库材料的实际成本;贷方登记领用材料的实际成本;期末余额在借方,表示各种库存材料的实际或计划成本。

3) "应付账款"账户

核算内容:企业因购买材料、商品和接受劳务等经营活动应支付的款项。

账户性质:属负债类账户。

明细账户:可按债权人进行设置。

核算内容:贷方登记因购买材料、商品或接受劳务供应等而发生的尚未支付的款项;借方登记偿还的账款;期末余额在贷方,表示尚未偿还的应付款项。

4) "预付账款"账户

核算内容:企业按照购货合同规定预付给供应单位的款项。

账户性质:属资产类账户。

明细账户:可按收款单位进行名称设置。

账户结构:借方登记按照合同规定预付给供应单位的货款和补付的款项;贷方登记收到所购货物的货款和退回多付的款项;期末余额如在借方,表示企业尚未结算的预付款项;期末余额如在贷方,表示企业尚未补付的款项。预付款项不多的企业,也可以将预付的款项直接记入"应付账款"账户的借方,不设置本账户。

5) "应付票据"账户

核算内容:企业购买材料、商品和接受劳务供应等开出、承兑的商业汇票,包括银行承兑汇票和商业承兑汇票。

账户性质:属负债类账户。

明细账户：可按债权人进行设置。

账户结构：贷方登记企业开出、承兑的商业汇票金额；借方登记已偿还的票款；期末余额在贷方，表示尚未到期的汇票的票面金额。

3. 材料购进业务核算的会计处理

材料购进业务的核算，主要涉及收料和付款两个方面。收料由材料仓库办理收料手续，会计部门根据材料仓库转来的收料单和供应单位开来的发票账单等办理付款并登记入账。

【例4-14】 某企业向华丰工厂购入甲材料，收到华丰工厂开来的专用发票，数量是820千克，单价25元，价款20 500元，增值税3 485元，货款及增值税均以银行存款支付。

该项经济业务的发生，一方面使材料的买价支出增加20 500（820×25）元，增值税进项税额支出增加3 485元；另一方面使企业银行存款减少23 985元。因此，该项经济业务涉及"在途物资"、"应交税费"、"银行存款"三个账户。支出的材料买价构成材料采购成本，应记入"在途物资"账户的借方；增值税进项税额记"应交税费——应交增值税（进项税额）"账户的借方；银行存款的减少是资产的减少，应记入"银行存款"账户的贷方。该项经济业务编制会计分录如下。

借：在途物资——甲材料　　　　　　　　　　　　　　　　　　　20 500
　　应交税费——应交增值税（进项税额）　　　　　　　　　　　　3 485
　　贷：银行存款　　　　　　　　　　　　　　　　　　　　　　　23 985

【例4-15】 某企业用银行存款支付上述购入甲材料的运杂费300元。

该项经济业务的发生，一方面使材料的采购费用支出增加300元；另一方面使企业银行存款减少300元。因此，该项经济业务涉及"在途物资"和"银行存款"两个账户。支出的材料采购费用构成材料采购成本，应记入"在途物资"账户的借方；银行存款的减少是资产的减少，应记入"银行存款"账户的贷方。该项经济业务编制会计分录如下。

借：在途物资——甲材料　　　　　　　　　　　　　　　　　　　300
　　贷：银行存款　　　　　　　　　　　　　　　　　　　　　　　300

【例4-16】 某企业向兴盛工厂购入乙、丙两种材料，收到兴盛工厂开来的专用发票，乙材料2 000千克，单价50元，丙材料1 000千克，单价12元，共计112 000元，增值税19 040元，货款及增值税均未支付。

该项经济业务的发生，一方面使材料的买价支出增加112 000（2 000×50+1 000×12）元，增值税进项税额支出增加19 040元；另一方面使企业应付账款增加131 040元。因此，该项经济业务涉及"在途物资"、"应交税费"、"应付账款"三个账户。支出的材料买价构成材料采购成本，应记入"在途物资"账户的借方；增值税进项税额记"应交税费——应交增值税（进项税额）"账户的借方；应付账款的增加是负债的增加，应记入"应付账款"账户的贷方。该项经济业务编制会计分录如下。

借：在途物资——乙材料　　　　　　　　　　　　　　　　　　　100 000
　　　　　　　——丙材料　　　　　　　　　　　　　　　　　　　12 000
　　应交税费（应交增值税——进项税额）　　　　　　　　　　　　19 040
　　贷：应付账款——兴盛工厂　　　　　　　　　　　　　　　　　131 040

第4章 借贷记账法的具体运用

【例4-17】 某企业以银行存款支付上述乙、丙两种材料的运费600元。

该项经济业务的发生，一方面使材料的采购费用支出增加600元；另一方面使企业银行存款减少600元。因此，该项经济业务涉及"在途物资"和"银行存款"两个账户。支出的材料采购费用构成材料采购成本，应记入"在途物资"账户的借方；银行存款的减少是资产的减少，应记入"银行存款"账户的贷方。该项经济业务编制会计分录如下。

借：在途物资——乙、丙材料   600
  贷：银行存款   600

【例4-18】 某企业以银行存款偿还前欠兴盛工厂货款131 040元。

该项经济业务的发生，一方面使企业应付账款减少131 040元；另一方面使企业银行存款减少131 040元。因此，该项经济业务涉及"应付账款"和"银行存款"两个账户。应付账款的减少是负债的减少，应记入"应付账款"账户的借方；银行存款的减少是资产的减少，应记入"银行存款"账户的贷方。该项经济业务编制会计分录如下。

借：应付账款——兴盛工厂   131 040
  贷：银行存款   131 040

【例4-19】 某企业向华丰工厂购买甲材料，根据合同规定预付款项5 265元，以银行存款支付。

该项经济业务发生，一方面使企业预付账款增加5 265元；另一方面使银行存款减少5 265元。因此，该项经济业务涉及"预付账款"和"银行存款"两个账户。预付账款的增加是资产的增加，应记入"预付账款"账户的借方，银行存款的减少是资产的减少，应记入"银行存款"账户的贷方。该项经济业务编制会计分录如下。

借：预付账款——华丰工厂   5 265
  贷：银行存款   5 265

【例4-20】 某企业收到上述华丰工厂发来的甲材料，专用发票载明数量180千克，单价25元，价款4 500元，增值税765元。

该项经济业务的发生，一方面使材料的买价支出增加4 500(180×25)元，增值税进项税额支出增加765元；另一方面使企业预付账款减少5 265元。因此，该项经济业务涉及"在途物资"、"应交税费"、"预付账款"三个账户。支出的材料买价构成材料采购成本，应记入"在途物资"账户的借方；增值税进项税额记"应交税费——应交增值税(进项税额)"账户的借方；预付账款的减少是资产的减少，应记入"预付账款"账户的贷方。该项经济业务编制会计分录如下。

借：在途物资——甲材料   4 500
  应交税费——应交增值税(进项税额)   765
  贷：预付账款——华丰工厂   5 265

【例4-21】 前述甲、乙、丙3种材料均已验收入库，结转其采购成本。

第一步，计算验收入库材料的采购成本。

购入材料的采购成本，一般由买价和采购费用组成。其计算公式为

材料的采购成本＝买价＋采购费用

买价是指材料供应单位所开发货票上填列的货款，买价可以直接确定为某种材料的成本。采购费用是指企业在采购材料过程中所发生的各项费用，这些费用包括材料的运输

费、装卸费、包装费、保险费、仓储费、运输途中的合理损耗、入库前的挑选整理费用及购入材料应负担的税金(如关税等)和其他费用等。采购费用中有些能分清是某种材料负担的,可以直接记入该种材料的采购成本,如例4-15甲材料的运费就属直接费用,直接记入甲材料的成本;有些不能分清是某种材料负担的,应采用合理的分配标准,如材料的重量、买价等比例,运用一定的方法,分配记入各种材料的采购成本。采购费用的分配,可用以下计算公式。

$$分配率 = \frac{采购费用总额}{材料的总重量(或总买价)}$$

每种材料应分摊的采购费用=该种材料的采购重量(或买价)×分配率

如例4-17由乙、丙两种材料共同负担的运杂费600元,按材料重量比例分配如下。

$$分配率 = \frac{600}{2\,000+1\,000} = 0.2(元/千克)$$

乙材料应分摊的采购费用=2 000×0.2=400(元)
丙材料应分摊的采购费用=1 000×0.2=200(元)

第二步,根据甲、乙、丙三种材料的材料采购明细分类账见表4-1~表4-3,编制入库材料的采购成本计算表,其格式见表4-4。

第三步,结转入库材料的采购成本。

甲、乙、丙三种材料实际采购成本确定以后,应从"在途物资"账户的贷方转入"原材料"账户的借方。根据表4-1编制会计分录如下。

借:原材料——甲材料　　　　　　　　　　　　　　　　　　　25 300
　　　　　　——乙材料　　　　　　　　　　　　　　　　　　　100 400
　　　　　　——丙材料　　　　　　　　　　　　　　　　　　　12 200
　　贷:在途物资——甲材料　　　　　　　　　　　　　　　　　25 300
　　　　　　　　——乙材料　　　　　　　　　　　　　　　　　100 400
　　　　　　　　——丙材料　　　　　　　　　　　　　　　　　12 200

表4-1 在途物资明细分类账(一)

材料名称:甲材料

201×年		凭证号	摘　要	借方			贷方
月	日			买价	运杂费	合计	
		略	略	购入820千克,单价25元	20 500		20 500
				支付运费		300	300
				购入180千克,单价25元	4 500		4 500
				结转1 000千克采购成本				25 300
				本期发生额及余额	25 000	300	25 300	25 300

表4-2 在途物资明细分类账(二)

材料名称：乙材料

201×年		凭证号	摘要	借方			贷方
月	日			买价	运杂费	合计	
	略	略	购入2 000千克，单价50元	100 000		100 000	
			支付运费		400	400	
			结转2 000千克采购成本				100 400
			本期发生额及余额	100 000	400	100 400	100 400

表4-3 在途物资明细分类账(三)

材料名称：丙材料

201×年		凭证号	摘要	借方			贷方
月	日			买价	运杂费	合计	
	略	略	购入1 000千克，单价12元	12 000		12 000	
			支付运费		200	200	
			结转1 000千克采购成本				12 200
			本期发生额及余额	12 000	200	12 200	12 200

表4-4 在途物资成本计算表

201×年12月份

项目	甲材料(1 000千克)		乙材料(2 000千克)		丙材料(1 000千克)		成本合计
	总成本	单位成本	总成本	单位成本	总成本	单位成本	
买价	25 000	25	100 000	50	12 000	12	137 000
采购费用	300	0.3	400	0.2	200	0.2	900
采购成本	25 300	25.3	100 400	50.2	12 200	12.2	137 900

以上在途物资业务的总分类核算如图4.5所示。

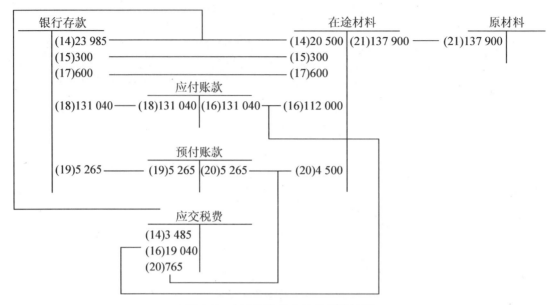

图 4.5 在途物资业务的总分类核算

4.4 生产过程核算

4.4.1 生产业务的主要内容

生产过程是制造企业经营活动的主要过程,是连接购进和销售的中心环节。在这一过程中,劳动者通过利用机器设备等劳动工具对各种材料进行加工,生产出符合社会需要的产品。这就要发生材料、人工和机器设备等固定资产的磨损耗费。产品完工后,随着产成品的验收入库,要正确计算完工产品成本。可以说,企业的生产过程一方面是产品制造的过程;另一方面也是各种耗费发生的过程。因此生产业务核算的主要内容就是归集和分配各项生产费用,确定产品的制造成本。

此外,在生产过程中还会发生为组织和管理生产活动而支付的各项费用,这些费用不构成产品的制造成本,是期间费用的一部分,计入管理费用。

4.4.2 生产业务核算应设置的账户

为了核算企业生产经营过程中所发生的各项生产费用,制造企业一般应设置"生产成本"、"制造费用"、"库存商品"、"累计折旧"、"管理费用"、"应付职工薪酬"等账户。

1."生产成本"账户

核算内容:企业进行工业性生产发生的各项生产成本。
账户性质:属成本类账户。
明细账户:可按基本生产成本和辅助生产成本进行设置。
账户结构:借方登记为制造产品所发生的各项成本费用,包括直接材料、直接人工和制造费用;贷方登记已完工并验收入库产成品的实际成本;期末余额在借方,表示尚未加工完成的各项在产品成本。

2."制造费用"账户

核算内容：企业生产车间(部门)为生产产品和提供劳务而发生的各项间接费用。

账户性质：属成本类账户。

明细账户：可按不同的生产车间、部门和费用项目进行设置。

账户结构：借方登记各项制造费用的发生额，贷方登记有关产品成本的各项制造费用的分配额，期末"制造费用"账户一般无余额。

3."库存商品"账户

核算内容：企业库存的各种商品的实际或计划成本。

账户性质：属资产类账户。

明细账户：可按商品的种类、品种和规格进行设置。

账户结构：借方登记已经完工并验收入库产品的成本；贷方登记发出产品的成本；期末余额在借方，表示库存产品成本。

4."累计折旧"账户

核算内容：企业固定资产的累计折旧。

账户性质：属资产类账户。

明细账户：可按固定资产的类别或项目进行设置。

账户结构：贷方登记固定资产折旧的提取数和调入、盘盈固定资产的已提折旧额，即累计折旧的增加数；借方登记出售、报废、毁损和盘亏固定资产的已提折旧额，即累计折旧的减少数；期末余额在贷方，表示固定资产的累计折旧。

5."管理费用"账户

核算内容：企业为组织和管理生产经营所发生的管理费用，包括企业在筹建期间的开办费、董事会和行政管理部门在企业经营管理中发生的或者应由企业统一负担的公司经费、工会经费、董事会会费、聘请中介机构费、咨询费、诉讼费、业务招待费、房产税、车船使用税、土地使用税、印花税、技术转让费、研究费用、排污费等。

账户性质：属损益类(费用)账户。

明细账户：可按费用项目进行设置。

账户结构：借方登记企业发生的各项管理费用；贷方登记转入"本年利润"账户的管理费用；期末结转后该账户无余额。

4.4.3 生产业务核算的会计处理

1. 材料费用的核算

制造企业在生产经营过程中要发生大量的材料费用。通常，生产部门或其他部门在领用材料时必须填制领料单，仓库部门根据领料单发出材料后，领料单的一联交给会计部门用以记账。会计部门对领料单进行汇总计算，按各部门及不同用途领用材料的数额分别计入有关账户。在实际工作中，材料费用的分配是通过编制"材料费用分配表"进行的。

【例4-22】 某企业月末编制"材料费用分配表"见表4-5。

表4-5 材料费用分配表

201×年×月　　　　　　　　　　　　　　　　　　　　　　单位：元

应借科目		甲材料	乙材料	丙材料	合计
基本生产	A产品耗用	2 000		550	2 550
	B产品耗用		1 000	250	1 250
	小计	2 000	1 000	800	3 800
制造费用	基本生产车间耗用	500		700	1 200
管理费用	行政管理部门耗用		2 000		2 000
合计		2 500	3 000	1 500	7 000

根据"材料费用分配表"可知，本月共发出材料7 000元，其中，直接用于A产品生产的2 500元，用于B产品生产的1 250元，应直接记入"生产成本"账户的借方，基本生产车间一般性耗用材料1 200元，不属于直接材料费用，应记入"制造费用"账户的借方；行政管理部门为组织和管理企业经营耗用的材料不计入产品成本，属于期间费用，应计入"管理费用"账户的借方；同时，仓库发出材料，使库存材料减少7 000元，记入"原材料"账户的贷方。该项经济业务编制会计分录如下。

　　借：生产成本——A产品　　　　　　　　　　　　　　　　　　2 550
　　　　　　　　——B产品　　　　　　　　　　　　　　　　　　1 250
　　　　制造费用　　　　　　　　　　　　　　　　　　　　　　　1 200
　　　　管理费用　　　　　　　　　　　　　　　　　　　　　　　2 000
　　　　贷：原材料　　　　　　　　　　　　　　　　　　　　　　7 000

2. 人工费用的核算

人工费用包括"工资"、"职工福利"、"社会保险费"、"住房公积金"、"工会经费"、"职工教育经费"、"非货币性福利"、"辞退福利"等。在实际工作中，工资及职工福利等费用的分配是通过编制"工资及福利费用分配表"进行的。

【例4-23】 月末，某企业根据工资和考勤记录，计算出应付职工工资总额20 000元，其中制造A产品生产工人工资6 000元，制造B产品生产工人工资8 000元，基本生产车间技术、管理人员工资4 000元，企业行政管理人员工资2 000元。

在生产经营活动中，所发生的工资费用增加，应按工资的用途进行分配。生产工人工资是直接费用，其增加数应记入"生产成本"账户的借方，基本生产车间技术、管理人员的工资属于间接费用，应记入"制造费用"账户的借方，企业行政管理人员的工资属于期间费用，不构成产品成本，应记入"管理费用"账户的借方。同时，由于企业所发生的工资并没有实际支付，因此，形成企业对职工的负债，应记入"应付职工薪酬"账户的贷方。该项经济业务编制会计分录如下。

　　借：生产成本——A产品　　　　　　　　　　　　　　　　　　6 000
　　　　　　　　——B产品　　　　　　　　　　　　　　　　　　8 000

制造费用	4 000
管理费用	2 000
贷：应付职工薪酬——工资	20 000

【例 4-24】 月末，某企业按本月工资总额的 14% 提取职工福利费。本月份提取的职工福利费如下。

生产工人福利费：

制造 A 产品生产工人福利费(6 000×14%)	840
制造 B 产品生产工人福利费(8 000×14%)	1 120
车间技术、管理人员福利费(4 000×14%)	560
企业行政管理人员福利费(2 000×14%)	280
合　　计	2 800

以职工工资总额为基数计提的福利费是企业费用的组成部分，其费用分配与工资分配一样，应记入有关成本和费用的借方，其中：A、B 产品工人的福利费应记入"生产成本"账户借方，车间技术、管理人员的福利费应记入"制造费用"账户的借方，企业行政管理人员的福利费应记入"管理费用"账户的借方。对于提取的福利费用，在未使用未支付之前，应视作企业的一项负债，记入"应付职工薪酬"账户的贷方。该项经济业务编制会计分录如下。

借：生产成本——A 产品	840
——B 产品	1 120
制造费用	560
管理费用	280
贷：应付职工薪酬——职工福利	2 800

3. 制造费用的归集和分配

如前所述，为组织和管理生产活动而发生的各项制造费用，不能直接记入产品的成本。为了正确计算产品的成本，必须将这些费用先记入"制造费用"账户，然后再按照一定的标准，将其分配记入有关产品成本。

【例 4-25】 月末，某企业计提固定资产折旧 4 500 元，其中，生产车间用固定资产折旧费 1 500 元，行政管理部门用固定资产折旧 3 000 元。

该经济业务的发生，一方面企业计提的生产车间用固定资产折旧费使得制造费用增加 1 500 元，记入"制造费用"账户的借方，行政管理部门用固定资产折旧费使得管理费用增加 3 000 元，应记入"管理费用"账户的借方；另一方面固定资产损耗的价值记入累计折旧，使得累计折旧增加 4 500 元，记入"累计折旧"账户的贷方。该项经济业务编制会计分录如下。

借：制造费用	1 500
管理费用	3 000
贷：累计折旧	4 500

【例 4-26】 某企业用银行存款支付生产车间办公费 600 元。

该经济业务的发生，一方面使企业本期的制造费用增加 600 元；另一方面使银行存款减少600元，该项经济业务编制会计分录如下。

  借：制造费用   600
    贷：银行存款   600

【例4-27】 月末，某企业用现金支付管理部门办公设备修理费200元。

该经济业务的发生，一方面使得本月管理费用增加200元，记入"管理费用"账户的借方，另一方面使得库存现金减少200元，记入"库存现金"账户的贷方。该项经济业务编制会计分录如下。

  借：管理费用   200
    贷：库存现金   200

【例4-28】 某企业用银行存款支付生产车间的办公费200元、电话费98元，行政管理部门办公费820元。

该项经济业务的发生，一方面使得制造费用增加298元，记入"制造费用"账户的借方，管理费用增加820元，记入"管理费用"账户借方；另一方面使得银行存款减少1 118元，记入"银行存款"账户的贷方。该项经济业务编制会计分录如下。

  借：制造费用   298
    管理费用   820
    贷：银行存款   1 118

根据上述例4-22至例4-28的资料登记"制造费用"明细账见表4-6。

表4-6 制造费用明细账

车间：基本生产车间   201×年12月   单位：元

摘要	机物料消耗	工资及福利费	折旧费	报刊费	大修理费	办公费	电话费	合计	转出
付款凭证						200	98	298	
材料费用的分配	1 200							1 200	
工资及福利费用的分配		4 560						4 560	
折旧费用的分配			1 500					1 500	
车间的办公费				200				200	
预提的修理费					250			250	
制造费用明细账									8 008
合计	1 200	4 560	1 500	200	250	200	98	8 008	8 008

【例4-29】 月末，某企业按A、B两种产品生产工人工资比例分配制造费用。

制造费用是产品成本的组成部分，平时发生的制造费用应在"制造费用"账户借方进行归集，期末需将制造费用按一定标准进行分配，记入有关产品成本。在实际工作中，制造费用分配的标准有生产工人工资、生产工人工时、机器工时、有关消耗定额等。分配标准确定以后，计算制造费用分配率，其计算公式为

$$\text{分配率} = \frac{\text{本期制造费用总额}}{\text{确定的分配标准总量(生产工人总工资或总工时等)}}$$

每种产品应分摊的制造费用＝该种产品实际耗用的标准量(生产工人实际工资或实际工时等)×分配率

该企业本月制造费用按生产工人工资比例分配如下。

制造费用分配率＝8 008÷14 000＝0.572

A产品应负担的制造费用＝6 000×0.572＝3 432(元)

B产品应负担的制造费用＝8 000×0.572＝4 576(元)

在实际工作中,制造费用的分配是通过编制"制造费用分配表"进行的,编制方法见表4-7。

表4-7 制造费用分配表

201×年12月31日

产品名称	分配标准(工资/元)	分配率	分配金额(元)
A产品	6 000	0.572	3 432
B产品	8 000	0.572	4 576
合计	14 000	—	8 008

制造费用分配后,一方面使有关产品成本增加,应记入"生产成本"账户的借方;另一方面应结转分配的制造费用,应记入"制造费用"账户的贷方。该项经济业务应编制会计分录如下。

借:生产成本——A产品　　　　　　　　　　　　　　　　　　3 432

　　　　——B产品　　　　　　　　　　　　　　　　　　4 576

　　贷:制造费用　　　　　　　　　　　　　　　　　　　　8 008

4. 完工产品生产成本的计算及结转

产品生产成本,又称产品制造成本,是指制造企业为生产一定种类、一定数量的产品所支出的各种生产费用总和。产品生产成本的计算是指将生产过程中发生的,应计入产品成本的生产费用,按照产品品种或类别进行归集和分配计算出各种产品的总成本和单位成本。

产品生产成本计算的一般程序如下。

第一步,确定成本计算对象。

成本计算对象就是归集和分配生产费用的对象,是成本计算所要解决的主要问题。在计算产品成本时,只有确定成本计算对象后,才能把发生的各项生产费用归集、分配到一定产品上去。成本计算对象的确定要适应企业生产特点和管理要求,通常有以下几种成本计算对象。

(1)以产品品种为成本计算对象。

(2)以生产步骤为成本计算对象。

(3)以产品批次为成本计算对象。

成本计算对象确定后，按每个成本计算对象开设生产成本明细账，归集生产费用，计算产品成本。

第二步，确定产品成本项目。

成本项目是指生产费用按经济用途分类的项目。按照制造成本法的要求，产品成本项目包括直接材料费、直接人工费和制造费用。

（1）直接材料费指直接用于产品生产的各种材料费用，包括构成产品实体的原料、主要材料与外购半成品，有助于产品形成的辅助材料、包装物以及便于生产进行的燃料和动力等。

（2）直接人工费指直接参加产品制造过程的生产工人的工资、奖金、津贴、补贴以及按照规定提取的职工福利费。

（3）制造费用指企业内部各个生产单位（分厂、车间）为组织和管理生产所发生的各项费用，包括：生产单位管理人员工资、职工福利、社会保险、生产单位房屋建筑物及机器设备等的折旧费、租赁费（不含融资租赁费）、修理费、机物料消耗、低值易耗品、取暖费、水电费、办公费、差旅费、劳动保护费、季节性或修理期间的停工损失及其他制造费用。

第三步，正确归集和分配生产费用。

成本计算对象确定以后，应根据成本计算的要求，对本期发生的各项费用在各成本计算对象之间进行归集和分配。在生产经营过程中，所发生的计入成本的各项生产费用，如果只为某一种产品所消耗，应直接计入该产品成本，不存在各种产品之间进行分配的问题，但如果是为几种产品所消耗，应按一定标准分配后计入产品成本。

第四步，费用在完工产品和月末在产品之间的分配。

月末计算产品成本时，如果某种产品都已完工，这种产品的各项费用之和，就是这种产品的完工产品成本，如果某种产品都未完工，这种产品的各项生产费用之和，就是这种产品的期末在产品成本；如果某种产品一部分已经完工，另一部分尚未完工，这种产品的各项费用，还应采用适当的分配方法在完工产品与期末在产品之间进行分配，分别计算完工产品成本和期末在产品成本。公式如下。

期初在产品成本＋本期生产费用＝本期完工产品成本＋期末在产品成本

本期完工产品成本＝期初在产品成本＋本期生产费用－期末在产品成本

期末在产品成本＝期初在产品成本＋本期生产费用－本期完工产品成本

第五步，编制成本计算单。

在成本计算过程中，为系统地归集、分配各种应计入成本计算对象的费用，必须按成本计算对象及规定的成本项目分别设置和登记有关费用、成本明细账，然后根据这些费用、成本明细账中有关成本资料，按规定的成本项目编制成本计算单，借以计算确定各种成本计算对象的总成本和单位成本，全面、系统地反映各种成本指标的经济构成和形成情况。

根据前述例4-22至例4-30的资料，登记A、B两种产品生产成本明细账见表4-8和表4-9。

第4章 借贷记账法的具体运用

表 4-8 生产成本明细账

产品品种或类别：A产品　　　　　　　　　　　　　　　　　　　　　　　单位：元

201×年		凭证字号	摘要	借方(成本项目)				贷方	余额
月	日			直接材料	直接人工	制造费用	合计		
		略	期初余额	850	2 400	1 080	4 330		4 330
			生产耗用材料	2 550			2 550		6 880
			生产工人工资		6 000		6 000		12 880
			生产工人福利		840		840		13 720
			分配制造费用			3 432	3 432		17 152
			结转完工产品成本					17 152	0
			本月合计	2 550	6 840	3 432	17 152	17 152	0

表 4-9 生产成本明细账

产品品种或类别：B产品　　　　　　　　　　　　　　　　　　　　　　　单位：元

201×年		凭证字号	摘要	借方(成本项目)				贷方	余额
月	日			直接材料	直接人工	制造费用	合计		
			期初余额	600	3 020	1 142	4 762		4 762
			生产耗用材料	1 250			1 250		6 012
			生产工人工资		8 000		8 000		14 012
			生产工人福利		1 120		1 120		15 132
			分配制造费用			4 576	4 576		19 708
			结转完工产品成本					16 308	3 400
			本月合计	1 250	9 120	4 576	19 708	16 308	3 400

【例 4-30】 某企业本月 A、B 产品投产数量和完工数量见表 4-10，B 产品月末在产品的定额成本资料见表 4-11。

表 4-10 产品投产数量和完工数量　　　　　　　　　　　　　　　　　单位：件

产品名称	投产数量	本月完工数量	月末在产品数量
A产品	40	40	—
B产品	60	50	10

表 4-11 B 产品月末在产品定额成本资料

产品名称	直接材料	直接人工	制造费用	合计
B 产品	30	200	110	340

根据以上资料计算 A、B 产品成本并填制 A、B 产品成本计算单，见表 4-12 和表 4-13。

表 4-12 产品成本计算单

产品：A　　　　　　　　　　201×年 12 月　　　　　　　　完工产量 40 件

成本项目	直接材料	直接人工	制造费用	合计
月初在产品成本	850	2 400	1 080	4 330
本月生产费用	2 550	6 840	3 432	12 822
合计	3 400	9 240	4 512	17 152
完工产品成本	3 400	9 240	4 512	17 152
单位成本	85	231	112.8	428.8

表 4-13 产品成本计算单

产品：B　　　　　　　　　　201×年 12 月　　　　　　　　完工产量 50 件
　　　　　　　　　　　　　　　　　　　　　　　　　　　　月末在产品数量 10 件

成本项目	直接材料	直接人工	制造费用	合计
月初在产品成本	600	3 020	1 142	4 762
本月生产费用	1 250	9 120	4 576	14 946
合计	1 850	12 140	5 718	19 708
月末在产品成本	300	2 000	1 100	3 400
完工产品成本	1 550	10 140	4 618	16 308
单位成本	31	202.8	92.36	326.16

本月完工的 A、B 两种产品已经验收入库，结转本月完工产品成本。

随着本月完工产品的入库，一方面库存商品增加 33 460 元，记入"库存商品"账户的借方；另一方面生产成本减少 33 460 元，记入"生产成本"账户的贷方。该项经济业务编制会计分录如下。

　　借：库存商品——A 产品　　　　　　　　　　　　　　　　　　　17 152
　　　　　　　　——B 产品　　　　　　　　　　　　　　　　　　　16 308
　　　贷：生产成本——A 产品　　　　　　　　　　　　　　　　　　　17 152
　　　　　　　　——B 产品　　　　　　　　　　　　　　　　　　　16 308

以上生产业务的总分类核算如图 4.6 所示。

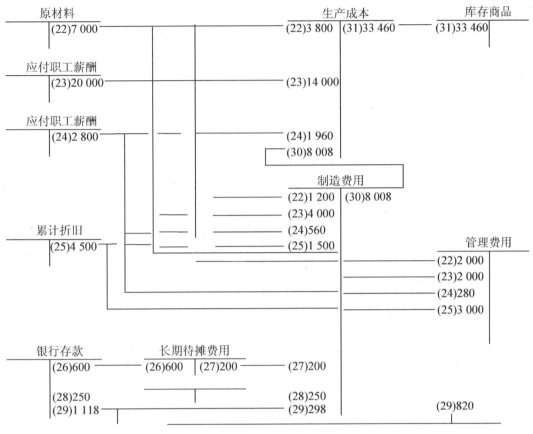

图 4.6 生产业务的总分类核算

4.5 收入和利润核算

4.5.1 收入业务核算的主要内容

　　制造企业的销售过程是生产经营活动的最后阶段,是产品价值的实现过程。在这一过程中,一方面将生产出来的符合标准的产品,按照合同规定的条件发送给定货单位,以满足社会消费的需要;另一方面,按照销售价格和结算制度的规定,向购货方办理结算手续,及时收取货款或形成债权,通常把这种货款或债权称作商品销售收入。在商品销售过程中,企业为取得一定数量的销售收入,必须付出相应数量的产品,为制造这些销售产品而耗费的生产成本,称为商品销售成本。为了将产品销售出去,还会发生各种费用,如广告费、包装费、装卸费和运输费等,称作销售费用。企业在取得销售收入时,应按照国家税法规定,计算缴纳企业生产经营活动应负担的税金,称作商品销售税金及附加。
　　综上所述,销售业务核算的主要内容包括销售产品,办理价款结算,并确认所取得的营业收入;同时按照配比原则,确认并结转营业成本、销售费用、营业税金及附加等。

4.5.2 收入的确认

《企业会计准则——基本准则》规定:"收入是指企业日常活动形成的、会导致所有者权益增加的、与所有者投入资本无关的经济利益的流入,包括销售商品收入、提供劳务收入和让渡资产的使用权收入。"制造企业的收入主要是销售产品而实现的收入,按《企业会计准则——收入》的规定,销售商品同时满足下列是条件的才能确认收入。

(1) 企业已将商品所有权上的主要风险和报酬转移给购货方。

(2) 企业既没有保留通常与所有权相联系的继续管理权,也没有对已售出商品实施控制。

(3) 收入的金额能够可靠地计量。

(4) 与交易相关的经济利益很可能流入企业。

(5) 相关的已发生或将发生的成本能够可靠地计量。

由于结算上的原因,企业销售产品的货款结算可能会出现三种情况:销售产品时直接收到货款;销售产品时未收到货款,待以后再收取;先收取货款后提供产品。企业销售产品时,只要同时满足上述四项标准,就应确认为产品销售收入的实现。

企业销售产品的收入应按企业与购货方签订的合同或协议金额或双方接受的金额确定并登记入账。现金折扣在实际发生时确认为当期财务费用;销售折让在实际发生时直接冲减当期收入。企业已经确认收入的售出产品发生销售退回,应冲减当期收入。

4.5.3 收入业务核算应设置的账户

为了正确反映企业销售产品实现的收入、发生的销售成本、销售税金、销售费用及往来结算情况,在会计核算中应设置"主营业务收入"、"主营业务成本"、"销售费用"、"营业税金及附加"、"应收账款"、"预收账款"、"应收票据"等账户。

1. "主营业务收入"账户

核算内容:企业确认的销售商品、提供劳务等主营业务的收入。

账户性质:属损益类账户。

明细账户:可按主营业务的种类进行设置。

账户结构:贷方登记企业销售商品(包括产成品、自制半成品等)或让渡资产使用权所实现的收入;借方登记发生的销售退回和期末转入"本年利润"账户的收入,期末结转后该账户应无余额。

2. "主营业务成本"账户

核算内容:企业确认销售商品、提供劳务等主营业务收入时应结转的成本。

账户性质:属损益类账户。

明细账户:可按主营业务的种类进行设置。

账户结构:借方登记结转已售商品、提供的各种劳务等的实际成本;贷方登记当月发生销售退回的商品成本(未直接从本月销售成本中扣减的销售退回的成本)和期末转入"本年利润"账户的当期销售产品成本,期末结转后该账户应无余额。

3. "销售费用"账户

核算内容：企业销售商品、提供劳务过程中发生的各种费用，包括运输费、装卸费、包装费、保险费、展览费和广告费，以及为销售本企业商品而专设的销售机构（含销售网点、售后服务网点等）的职工工资、业务费、折旧费等经营费用。

账户性质：属损益类账户。

明细账户：可按费用项目进行设置。

账户结构：借方登记发生的各种销售费用；贷方登记转入"本年利润"账户的销售费用；期末结转后该账户应无余额。

4. "营业税金及附加"账户

核算内容：企业日常活动应负担的税金及附加，包括营业税、消费税、城市维护建设税、资源税、土地增值税和教育费附加等。

账户性质：属损益类账户。

明细账户：可按税种进行设置。

账户结构：借方登记按照规定计算应由主营业务负担的税金及附加；贷方登记企业收到的先征后返的消费税、营业税等原记入本科目的各种税金，以及期末转入"本年利润"账户中的营业税金及附加。期末结转后本账户应无余额。

5. "应收账款"账户

核算内容：企业因销售商品、产品，提供劳务等，应向购货单位或接受劳务单位收取的款项。不单独设置"预收账款"账户的企业，预收的账款也在本账户核算。

账户性质：属资产类账户。

明细账户：可按债务人进行设置。

账户结构：借方登记经营收入发生的应收款项；贷方登记实际收到的应收款项和转作坏账损失的应收账款。月末余额在借方，表示应收但尚未收回的款项；期末如为贷方余额，反映企业预收的账款。

6. "预收账款"账户

核算内容：企业按照合同规定向购货单位预收的款项。预收账款不多的企业可不设本科目，将预收的款项直接记入"应收账款"科目。

账户性质：属负债类账户。

明细账户：可按购货单位进行设置。

账户结构：贷方登记预收购货单位的款项和购货单位补付的款项；借方登记向购货单位发出商品销售实现的货款和退回多付的款项。该账户期末余额一般在贷方，表示预收购货单位的款项。

7. "应收票据"账户

核算内容：企业因销售商品、提供劳务等而收到的商业汇票，包括银行承兑汇票和商业承兑汇票。

账户性质：属资产类账户。

明细账户：可按开出、承兑商业汇票的单位进行设置。

账户结构：借方登记企业收到承兑方签字的商业汇票金额；贷方登记票据到期时收到或未收到的款项。该账户期末余额一般在借方，表示尚未到期的应收票据款项。

4.5.4 收入业务核算的会计处理

1. 销售收入的核算

【例4-31】 某企业销售A产品30件，每件售价1 500元，货款计45 000元，增值税7 650元，款项已存入银行。

该项经济业务发生，一方面使企业银行存款增加52 650元，记入"银行存款"账户的借方；另一方面使企业主营业务收入增加45 000元，记入"主营业务收入"账户的贷方；企业向购货方收取的增值税销项税额增加7 650元，应记入"应交税费——应交增值税（销项税额）"账户的贷方。该项经济业务编制会计分录如下：

借：银行存款　　　　　　　　　　　　　　　　　　　　　　　　52 650
　　贷：主营业务收入——A产品　　　　　　　　　　　　　　　　　45 000
　　　　应交税费——应交增值税（销项税额）　　　　　　　　　　　7 650

【例4-32】 某企业销售B产品30件，每件2 000元，货款计60 000元，增值税10 200元，商品已发出，款项尚未收到。

该项经济业务发生，一方面使企业应收账款增加70 200元，记入"应收账款"账户的借方；另一方面使企业主营业务收入增加60 000元，记入"主营业务收入"账户的贷方；企业向购货方应收取的增值税销项税额增加10 200元，应记入"应交税费——应交增值税（销项税额）"账户的贷方。该项经济业务编制会计分录如下：

借：应收账款　　　　　　　　　　　　　　　　　　　　　　　　70 200
　　贷：主营业务收入——B产品　　　　　　　　　　　　　　　　　60 000
　　　　应交税费——应交增值税（销项税额）　　　　　　　　　　　10 200

【例4-33】 根据合同规定，某企业预收购货单位购买B产品价款46 800元，存入银行。

该项经济业务发生，一方面使企业预收账款增加46 800元，记入"预收账款"账户的贷方；另一方面，银行存款增加46 800元，记入"银行存款"账户的借方。该项经济业务编制会计分录如下：

借：银行存款　　　　　　　　　　　　　　　　　　　　　　　　46 800
　　贷：预收账款　　　　　　　　　　　　　　　　　　　　　　　46 800

【例4-34】 某企业向上述预付货款的购买单位发出B商品20件，单价2 000元，价款40 000元，增值税6 800元。

该项经济业务发生，一方面使企业预收账款减少46 800元，应记入"预收账款"账户的借方；另一方面使企业主营业务收入增加40 000元，记入"主营业务收入"账户的贷方；企业向购货方收取的增值税销项税额增加6 800元，应记入"应交税费——应交增值税（销项税额）"账户的贷方。该项经济业务编制会计分录如下：

借：预收账款 46 800
　　贷：主营业务收入——B产品 40 000
　　　　应交税费——应交增值税(销项税额) 6 800

【例4-35】 某企业接到银行通知，收到前述销售B产品的销货款70 200元。

该经济业务的发生，一方面使企业银行存款增加70 200元，应记入"银行存款"账户的借方；另一方面使企业应收账款减少70 200元，记入"应收账款"账户的贷方。该项经济业务编制会计分录如下。

借：银行存款 70 200
　　贷：应收账款 70 200

2. 销售费用的核算

【例4-36】 某企业以银行存款支付销售产品的广告费1 000元，销货运杂费500元。

该项经济业务的发生，一方面使企业销售费用增加1 500元，应记入"销售费用"账户的借方；另一方面使企业银行存款减少1 500元，应记入"银行存款"账户的贷方。该项经济业务编制会计分录如下。

借：销售费用 1 500
　　贷：银行存款 1 500

3. 营业税金及附加的核算

【例4-37】 某企业按规定计算A、B两种产品本期应交纳的消费税为8 200元。

企业因销售商品应交纳消费税，一方面，消费税增加8 200元，应记入"营业税金及附加"账户的借方；另一方面，消费税税款尚未实际支付，形成企业的一项负债，使得应交税费增加8 200元，记入"应交税费"账户的贷方。该项经济业务编制会计分录如下。

借：营业税金及附加 8 200
　　贷：应交税费——应交消费税 8 200

4. 主营业务成本的结转

【例4-38】 月末，某企业计算并结转已售商品的销售成本，其中A产品的销售成本为12 000元，B产品的销售成本为15 000元。

该经济业务说明，结转A、B产品的销售成本，一方面使主营业务成本增加27 000元，记入"主营业务成本"账户的借方；另一方面，产成品减少27 000元，记入"库存商品"账户的贷方。该项经济业务编制会计分录如下。

借：主营业务成本——A产品 12 000
　　　　　　　　——B产品 15 000
　　贷：库存商品——A产品 12 000
　　　　　　　　——B产品 15 000

以上收入业务的总分类核算如图4.7所示。

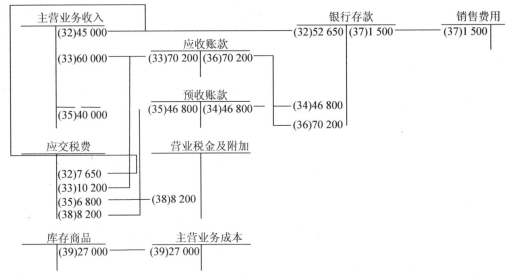

图 4.7 收入业务的总分类核算

4.5.5 利润的核算

1. 利润形成的核算

1) 利润的形成

利润是企业在一定期间生产经营活动的最终成果,即企业在一定会计期间内实现的收入减去成本费用后的净额、直接计入当期利润的利得和损失等。利润有营业利润、利润总额和净利润之分,其构成和它们之间的关系如下。

$$营业利润 = 营业收入 - 营业成本 - 营业税金及附加 - 管理费用$$
$$- 财务费用 - 资产减值损失 + 公允价值变动净收益 + 投资净收益$$
$$利润总额 = 营业利润 + 营业外收入 - 营业外支出$$
$$净利润 = 利润总额 - 所得税费用$$

2) 利润形成核算应设置的账户

企业应设置"主营业务收入"、"其他业务收入"、"主营业务成本"、"财务费用"、"管理费用"、"销售费用"、"营业外收入"、"营业外支出"、"投资收益"、"公允价值变动损益"、"资产减值损失"、"所得税费用"等损益类账户对利润进行核算。

(1) "营业外收入"账户。

核算内容:企业发生的各种营业外收入,主要包括非流动资产处置利得、非货币性资产交换利得、债务重组利得、政府补助、盘盈利得、捐赠利得等。

账户性质:属损益类账户。

明细账户:可按营业外收入项目进行设置。

账户结构:贷方登记企业取得的营业外收入;借方登记转入"本年利润"账户的金额;结转后期末没有余额。

(2) "营业外支出"账户。

核算内容:企业发生的各种营业外支出,主要包括非流动资产处置损失、非货币性资产交换损失、债务重组损失、公益性捐赠支出、非常损失、盘亏损失等。

账户性质：属损益类账户。

明细账户：可按营业外支出项目进行设置。

账户结构：借方登记企业发生的营业外支出；贷方登记转入"本年利润"账户的金额；结转后期末没有余额。

（3）"投资收益"账户。

核算内容：企业投资收益或投资损失。

账户性质：属损益类账户。

明细账户：可按投资项目进行设置。

账户结构：贷方登记企业取得的投资收益；借方登记企业发生的投资损失及转入"本年利润"账户的金额；结转后期末没有余额。

（4）"资产减值损失"账户。

核算内容：企业计提各项资产减值准备所形成的损失。

账户性质：属损益类账户。

明细账户：可按资产减值损失的项目进行设置。

账户结构：借方登记计提的各项资产减值损失；贷方登记在原已计提的减值准备范围内，资产价值恢复增加的金额；期末应将本账户余额结转至"本年利润"账户，结转后本账户没有余额。

（5）"所得税费用"账户。

核算内容：企业确认的应从当期利润总额中扣除的所得税费用。

账户性质：属损益类账户。

明细账户：可按"当期所得税费用"、"递延所得税费用"进行设置。

账户结构：借方登记当期确认的所得税费用；贷方登记转入"本年利润"账户的金额；结转后本账户没有余额。

（6）"本年利润"账户。

核算内容：企业当期实现的净利润（或发生的净亏损）。

账户性质：属所有者权益类账户。

账户结构：贷方登记期末从损益类账户转入的利润增加项目的金额；贷方登记从损益类账户转入的利润减少项目的金额；结转后本账户的贷方余额为当期实现的净利润，借方余额为当期发生的净亏损。年度终了，应将本年实现的利润，从本账户的借方结转至"利润分配"账户的贷方；如为净亏损则作相反的处理。结转后本账户没有余额。

3）利润形成的核算的会计处理

【例 4-39】 某企业收到违约罚款 15 000 元存入银行。

该项经济业务发生，一方面使银行存款增加 15 000 元，记入"银行存款"账户的借方；另一方面使营业外收入增加 15 000 元，记入"营业外收入"账户的贷方。该项经济业务编制会计分录如下。

借：银行存款　　　　　　　　　　　　　　　　　　　　　　　　15 000
　　贷：营业外收入　　　　　　　　　　　　　　　　　　　　　　　　15 000

【例 4-40】 某企业以银行存款 3 000 元支付税款滞纳金。

该项经济业务发生,一方面表明以银行存款支付的滞纳金与正常业务经营无关,使营业外支出增加3 000元,应记入"营业外支出"账户的借方;另一方面使银行存款减少3 000元,记入"银行存款"账户的贷方。该项经济业务编制会计分录如下:

借:营业外支出　　　　　　　　　　　　　　　　　　　　　　　　　3 000
　　贷:银行存款　　　　　　　　　　　　　　　　　　　　　　　　　　　3 000

【例4-41】　某企业收到从其他单位分得的投资利润8 000元,存入银行。

该项经济业务发生,一方面使银行存款增加8 000元,记入"银行存款"账户的借方;另一方面使投资收益增加8 000元,记入"投资收益"账户的贷方。该项经济业务编制会计分录如下:

借:银行存款　　　　　　　　　　　　　　　　　　　　　　　　　　8 000
　　贷:投资收益　　　　　　　　　　　　　　　　　　　　　　　　　　　8 000

【例4-42】　期末,某企业按照25%的所得税费用税率计算本期应交所得税费用。根据本章前述例题,计算本期利润总额得

利润总额=营业利润+投资收益+营业外收入-营业外支出
=100 000+8 000+15 000-3 000=120 000(元)

假设该企业不存在需要调整纳税的所得,按实现的利润总额120 000元计算应纳所得税费用如下。

应纳所得税费用额=120 000×25%=30 000(元)

计算出的企业应纳所得税费用,一方面反映企业所得税费用增加30 000元,记入"所得税费用"账户的借方;另一方面所得税费用在未实际发生支付前形成企业的一项负债,使得企业应交税费增加30 000元,记入"应交税费"账户的贷方。该项经济业务编制会计分录如下:

借:所得税费用　　　　　　　　　　　　　　　　　　　　　　　　　30 000
　　贷:应交税费——应交所得税　　　　　　　　　　　　　　　　　　　　30 000

【例4-43】　某企业以银行存款向税务部门缴纳所得税费用30 000元。

该项经济业务发生,一方面使企业应交税费减少了30 000元,应记入"应交税费"账户的借方;另一方面使银行存款减少30 000元,记入"银行存款"账户的贷方。该项经济业务编制会计分录如下:

借:应交税费——应交所得税　　　　　　　　　　　　　　　　　　　30 000
　　贷:银行存款　　　　　　　　　　　　　　　　　　　　　　　　　　　30 000

【例4-44】　期末,将各项收入账户余额从借方转入"本年利润"账户的贷方。根据前述,"主营业务收入"账户贷方余额145 000元,"投资收益"账户贷方余额8 000元,"营业外收入"账户贷方余额15 000元。编制结转会计分录如下:

借:主营业务收入　　　　　　　　　　　　　　　　　　　　　　　　145 000
　　投资收益　　　　　　　　　　　　　　　　　　　　　　　　　　　8 000
　　营业外收入　　　　　　　　　　　　　　　　　　　　　　　　　　15 000
　　贷:本年利润　　　　　　　　　　　　　　　　　　　　　　　　　　168 000

【例4-45】　期末,将各项成本费用、支出账户余额从贷方转入"本年利润"账户的借方。根据前述,"主营业务成本"账户借方余额27 000元,"业务税金及附加"账户借

方余额 8 200 元,"销售费用"账户借方余额 1 500 元,"管理费用"账户借方余额 8 100 元,"财务费用"账户借方余额 200 元,"营业外支出"账户借方余额 3 000 元,"所得税费用"账户借方余额 30 000 元。编制结转会计分录如下。

```
借：本年利润                                    78 000
    贷：主营业务成本                              27 000
        营业税金及附加                            8 200
        管理费用                                 8 100
        销售费用                                 1 500
        财务费用                                   200
        营业外支出                                3 000
        所得税费用                               30 000
```

以上利润形成的总分类核算如图 4.8 所示。

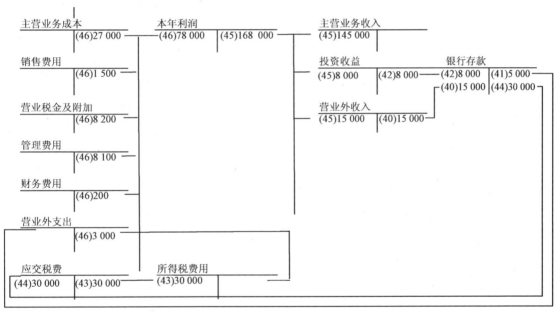

图 4.8 利润形成的总分类核算

2. 利润分配的核算

1) 利润分配的内容及顺序

企业实现的净利润，应当按照公司法的有关规定在企业和投资人之间进行分配。其分配的主要内容和顺序如下。

(1) 提取法定盈余公积。按公司法和财务通则的规定，企业一般应按照当年实现净利润的 10% 的比例提取法定盈余公积金。企业提取的法定盈余公积金累计为其注册资本的 50% 以上的，可以不再提取。企业提取的法定盈余公积金主要用于弥补亏损和转增资本。

(2) 提取任意盈余公积。当企业从净利润中提取了法定盈余公积后剩余的利润较多时，应由公司股东大会、董事会或类似权力机构批准确定是否提取任意盈余公积以及提取的比例。

(3) 向投资者分配利润。企业计提盈余公积后的净利润，加上年初未分配利润为当年可供分配的利润,可在各投资者之间按照投资比例进行分配。可供分配的利润,在经过上述分配后,即为未分配利润,未分配利润可留待以后年度进行分配。

2) 利润分配核算应设置的账户

企业应设置"利润分配"、"盈余公积"、"应付股利"等账户进行利润分配的核算。

(1) "利润分配"账户。

核算内容:企业利润分配(或亏损的弥补)和历年分配(或弥补)后的余额。

账户性质:属所有者权益类账户。

明细账户:可按"提取法定盈余公积"、"提取任意盈余公积"、"应付股利或利润"、"转作股东的股利"、"盈余公积补亏"和"未分配利润"等进行设置。

账户结构:借方登记按规定实际分配的利润数,或年终时从"本年利润"账户的贷方转来的全年亏损总额;贷方登记年终时从"本年利润"账户借方转来的全年实现的净利润额;年终贷方余额表示历年积存的未分配利润,如为借方余额,则表示历年积存的未弥补亏损。

(2) "盈余公积"账户。

核算内容:企业从净利润中提取的盈余公积。

账户性质:属所有者权益类账户。

明细账户:可按"法定盈余公积"、"任意盈余公积"进行设置。

账户结构:贷方登记从净利润中提取的盈余公积的增加数;借方登记以盈余公积金转增资本、弥补亏损的数额;期末余额在贷方,表示企业提取的盈余公积金实际结存数额。

(3) "应付股利"账户。

核算内容:企业分配的现金股利或利润。

账户性质:属负债类账户。

明细账户:可按投资者进行设置。

账户结构:贷方登记根据通过的股利或利润分配方案,应支付的现金股利或利润;借方登记实际支付数。期末余额在贷方,表示企业尚未支付的现金股利或利润。

3) 利润分配核算的会计处理

【例 4-46】 某企业根据规定按净利润的 10% 提取法定盈余公积金(某企业 1~11 月份实现净利润 759 600 元)。

应提取的法定盈余公积金 = (759 600 + 120 000 − 30 000) × 10% = 84 960(元)

该经济业务说明,企业计提法定盈余公积金,属于利润分配的增加,一方面利润分配增加 84 960 元,记入"利润分配"账户的借方;另一方面盈余公积金增加 84 960 元,记入"盈余公积"账户的贷方。编制会计分录如下。

借:利润分配——提取法定盈余公积　　　　　　　　　　　　　　84 960
　　贷:盈余公积——法定盈余公积　　　　　　　　　　　　　　　　　84 960

【例 4-47】 某企业根据批准的利润分配方案,向投资者分配利润 150 000 元。

该经济业务说明,企业向投资者分配利润,表示利润分配的增加,一方面利润分配增加 150 000 元,记入"利润分配"账户的借方;另一方面向投资者分配利润在没有实际支付之前,形成了企业的一项负债,记入"应付股利"账户的贷方。编制会计分录如下。

借:利润分配——应付利润　　　　　　　　　　　　　　　　　150 000
　　贷:应付股利　　　　　　　　　　　　　　　　　　　　　　　　　150 000

【例 4-48】 年终决算时,某企业结转全年实现的净利润 849 600 元(某企业 1～11 月份实现净利润 759 600 元)。

年终决算时,企业应将全年实现的净利润自"本年利润"账户转入"利润分配——未分配利润"账户,结平"本年利润"账户。编制结转会计分录如下。

借:本年利润　　　　　　　　　　　　　　　　　　　　　　　　　849 600
　　贷:利润分配——未分配利润　　　　　　　　　　　　　　　　849 600

【例 4-49】 年终决算时,某企业将"利润分配"账户所属的各明细分类账户的贷方合计数 276 000 元结转到"利润分配——未分配利润"明细分类账户的借方。会计分录如下。

借:利润分配——未分配利润　　　　　　　　　　　　　　　　　　276 000
　　贷:利润分配——提取法定盈余公积　　　　　　　　　　　　　126 000
　　　　　　　——应付利润　　　　　　　　　　　　　　　　　　150 000

以上利润分配业务的总分类核算和明细分类账如图 4.9 所示。

图 4.9　利润分配业务的总分类核算和明细分类账核算

4.6　资金退出核算

在企业资金周转过程中,有些资金会离开周转过程,退出企业,如企业偿还各项债务、上缴各项税金、向所有者支付利润等。这些退出企业资金周转的部分,在退出同时减少了企业的资源和负债及所有者权益。

4.6.1　资金退出企业概述

资金退出企业是资金运动的终点。企业向银行借入的款项,在借款期满时要予以归还;企业采购材料等各项物资暂欠的款项,也要予以归还;企业提取的职工福利费要用于职工的福利,从而形成了资金的退出。同时,企业的资金经过供应过程、生产过程和销售过程的经营活动,获得了增值。增值中的一部分以税金的形式上缴国家,作为国家的财政收入;一部分以应付利润的形式分配给投资者,这也形成了退出企业资金。

4.6.2　资金退出企业核算设置的账户及其运用

为了核算和监督资金退出企业的情况,应设置"短期借款"、"长期借款"、"应付账款"、"应付职工薪酬"、"应交税费"和"应付股利"等账户。

【例 4-50】 某企业以银行存款归还短期借款 50 000 元。

这笔经济业务的发生，减少了短期借款，同时也减少了银行存款，作分录如下。

借：短期借款　　　　　　　　　　　　　　　　　　　　　50 000
　　贷：银行存款　　　　　　　　　　　　　　　　　　　　　　50 000

【例 4-51】 某企业以银行存款偿还前欠光华工厂货款 75 000 元。

这笔经济业务的发生，减少了应付账款，同时也减少了银行存款，作分录如下。

借：应付账款　　　　　　　　　　　　　　　　　　　　　75 000
　　贷：银行存款　　　　　　　　　　　　　　　　　　　　　　75 000

【例 4-52】 某企业职工报销医药费 360 元，以现金付讫。

这笔经济业务的发生，减少了应付职工薪酬，同时也减少了库存现金，作分录如下。

借：应付职工薪酬　　　　　　　　　　　　　　　　　　　　360
　　贷：库存现金　　　　　　　　　　　　　　　　　　　　　　360

【例 4-53】 某企业以银行存款交纳，消费税 6 720 元，所得税 4 620 元。

这笔经济业务的发生，减少了应交税金，同时也减少了银行存款，作分录如下。

借：应交税费——应交消费税　　　　　　　　　　　　　6 720
　　　　　　　——应交所得税　　　　　　　　　　　　　4 620
　　贷：银行存款　　　　　　　　　　　　　　　　　　　　　11 340

【例 4-54】 某企业以银行存款分配给投资者利润 6 566 元。

这笔经济业务的发生，减少了应付利润，同时也减少了银行存款，作分录如下。

借：应付股利　　　　　　　　　　　　　　　　　　　　　6 566
　　贷：银行存款　　　　　　　　　　　　　　　　　　　　　　6 566

关键术语

采购成本　成本计算　制造费用　生产成本　成本项目　营业外收入　营业外支出
管理费用　营业利润　利润总额　所得税费用　净利润

知识链接

1. 什么是企业所得税

《中华人民共和国企业所得税法》于 2007 年 3 月 16 日第十届全国人民代表大会第五次会议通过，自 2008 年 1 月 1 日起施行。1991 年 4 月 9 日第七届全国人民代表大会第四次会议通过的《中华人民共和国外商投资企业和外国企业所得税法》和 1993 年 12 月 13 日国务院发布的《中华人民共和国企业所得税暂行条例》同时废止。这部法律参照国际通行做法，体现了"四个统一"，即内资企业、外资企业适用统一的企业所得税法；统一并适当降低企业所得税税率；统一和规范税前扣除办法和标准；统一税收优惠政策，实行"产业优惠为主、区域优惠为辅"的新税收优惠体系。企业所得税是以企业取得的生产经营所得和其他所得为征税对象所征收的一种税。为了理顺国家与企业的分配关系和内、外资企业税负的公平，促进我国经济的稳定发展，2007 年 3 月 16 日，第十届全国人民代表大会第五次全体会议通过了《中华人民共和国企业所得税法》，合并了内、外资企业所得税法，此法于 2008 年 1 月 1 日起施行。

2. 什么是增值税

增值税是对货物、劳务生产、经营中的新增价值征收的一种流转税。它是在传统的流转税的基础上

第4章 借贷记账法的具体运用

发展起来的,因而保留了传统的流转税普遍征收、道道征税的特点。同时,由于它是按照增值额征收的,因而克服了传统的流转税重复课税的弊端,有利于均衡税负,保证财政收入,促进专业化生产与分工协作,方便出口退税,还具有防止偷逃税的连锁机制,受到了许多国家的重视。从1948年法国首先试行增值税50多年来,世界上已经有130多个国家和地区陆续开征了这种税。在实行增值税的国家,增值税不仅是货物、劳务课税的主体,其收入在税收总额中也占有较大的比重。

1993年12月25日,为了适应建立社会主义市场经济体制和完善税制的需要,国务院批准了国家税务总局报送的《工商税制改革实施方案》,该方案从1994年1月1日起在我国施行。综观二十多年来特别是1994年以来我国增值税制度发展的历程,可以清楚地看到:随着我国经济的发展和改革开放的扩大,我国的增值税制度从无到有,税制逐步建立、完善,征收管理不断加强,收入持续、快速增长(年平均增长率近15.5%),对于保证国家、特别是中央政府的财政收入,促进经济发展,实现我国税制和税收管理的现代化,发挥了非常重要的作用。同时,展望未来,我国完善增值税制度和加强增值税管理的任务依然任重道远。2004年7月1日,经国务院批准,东北、中部等部分地区已先后进行增值税改革试点,取得了成功的经验。2008年11月10日,国务院总理温家宝签署国务院令,公布修订后的《中华人民共和国增值税暂行条例》。新修订的条例于2009年1月1日起施行。

本 章 小 结

制造企业的主要业务包括资金筹集、供应、生产、销售、资金收回和资金退出等。

资金筹集过程的核算主要包括投入资本业务核算和借入资金的核算。

供应过程核算中的固定资产购入、材料采购业务的核算、材料采购成本的确定,"在途物资"账户、"原材料"账户以及往来账户的性质、用途和结构及供应过程主要经济事项的会计处理。

产品生产过程的核算中产品生产成本的确定,"生产成本"、"制造费用"等账户的性质、用途和结构及生产过程主要经济事项的会计处理。

收入业务的核算,与收入业务有关的各个损益类账户的具体运用。

财务成果业务的核算,包括财务成果形成业务和分配业务,"本年利润"和"利润分配"等账户的内容及财务成果形成及分配的会计处理。

资金退出业务的核算。

课 堂 测 试

1. 根据表4-14中所列项目,确定各栏应填入的内容。

2. 天地公司为增值税一般纳税人,适用增值税税率为17%,该公司201×年1月初的资产总额为1 560 000元,负债总额为936 000元。1月份公司发生下列交易或事项。

(1) 采购生产用原材料一批,取得增值税专用发票注明买价为203 000元,增值税为34 560元,运杂费为6 145元(不考虑增值税),材料已验收入库,价税款及运费以银行存款支付134 000元,其余款暂欠。

表 4-14

序号	项目	设置的主要会计账户	主要会计分录
1	资金筹集核算		
2	供应过程核算		
3	生产过程核算		
4	收入和利润核算		
5	资金退出核算		

(2) 销售产品一批,价款(不含税)为 500 000 元,其成本为 325 000 元,产品已发出,价税款已收妥。

(3) 公司以本公司生产的一批产品对另一家公司投资,该批产品的生产成本为 65 000 元,售价和计税价均为 100 000 元,双方协议按该批产品的售价作价(假定协议价是公允的)。

要求:根据上述资料,回答下列问题。

(1) 假定天地公司"应交税费——应交增值税"账户月初无余额,则 201×年 1 月份应交增值税额为多少元?

(2) 上述交易或事项应编制哪些会计分录?(写出应编制的会计分录)

(3) 天地公司 201×年 1 月份的利润为多少元?

(4) 上述交易或事项所引起的资产、负债、所有者权益的金额变化分别是多少?

(5) 天地公司所有者权益的月末余额为多少元?

第5章 会计凭证

教学目标

- 了解会计凭证的概念及分类
- 熟悉会计凭证的基本内容
- 掌握原始凭证的填制与审核方法
- 掌握记账凭证的填制与审核方法
- 熟悉会计凭证的传递和保管

教学要求

知识要点	能力要求	相关知识
会计凭证	(1) 能够理解会计凭证的概念及作用 (2) 能够准确辨别不同类别的会计凭证	(1) 会计凭证的概念 (2) 会计凭证的作用 (3) 会计凭证的分类
原始凭证	(1) 能够理解原始凭证的概念 (2) 能够辨识不同类别的原始凭证 (3) 掌握各类原始凭证的填制与审核方法	(1) 原始凭证的概念及分类 (2) 原始凭证的填制方法 (3) 原始凭证的审核
记账凭证	(1) 能够理解记账凭证的概念 (2) 能够辨识不同类别的记账凭证 (3) 掌握记账凭证的填制与审核方法	(1) 记账凭证的概念及分类 (2) 记账凭证的填制方法 (3) 记账凭证的审核
会计凭证的传递和保管	(1) 能够理解会计凭证传递的意义 (2) 能够理解会计凭证的保管要求	(1) 会计凭证传递 (2) 会计凭证保管

林森是天地公司的采购员,201×年10月16日,因出差需要向财务部门借支差旅费3 000元现金。林森填写了"借款单",经公司负责人审批签字后取得了借款。10月25日,林森出差归来填写了"差旅费报销单",要求报销差旅费5 800元。出纳员林木在审核相关原始凭证时,发现林森所提供的金额为2 000元的住宿票不是正规发票,而是简易的收据,没有签章,也没有单位名称。出纳员林木认为该收据不能作为证明林森住宿行为的原始凭证,拒绝报销该项住宿费用。林森和林木由此发生争执,要求公司财务负责人对此事做出裁定,公司财务负责人应如何处理此事?

在上一章,学习了会计人员是如何运用复式记账原理及将经济业务记入相关账户的具体的借贷记账法。但是,在实际工作中,会计记录的过程并不是从账户记录开始的。经济业务发生时,一般会产生含有财务信息的数据,对于这些数据,首先应当用原始凭证把它记录下来,这样既可将其作为经济业务完成情况的书面证明,又可作为会计确认通过(编制记账凭证分录)进行进一步加工处理的依据。因此,会计人员在获得经济业务发生的原始凭证后,会计记录工作才真正开始。本章将分别对原始凭证及记账凭证等相关内容进行详细阐述。

5.1　会计凭证概述

5.1.1　会计凭证的概念和作用

会计凭证是记录经济业务发生或完成情况、明确经济责任和据以登记账簿的书面证明。会计记录必须如实地反映会计主体的经济活动情况。为此,须在经济业务发生时填制或取得适当的凭证作为证明文件。例如,企业购买商品或用品时要由供货单位开给发票,支付款项时要由收款单位开给收据,商品收进或发出时要有收货单、发货单等。这些都是会计凭证。填制和取得以及审核会计凭证是会计工作的起点和基本环节。

任何单位办理一切经济业务,都要由经办人员或有关部门填制或取得能证明经济业务的内容、数量、金额的凭证,并且签名盖章,所有凭证都必须由会计部门审核,只有经过审核的、合法无误的凭证才能作为记账的依据。

填制和审核会计凭证,是会计核算工作的起点和基本环节,也是登记账簿的前提和依据。认真填制和审核会计凭证,对于实现会计的目标、发挥会计的作用,具有重要的意义。

会计凭证在经济管理中的作用主要表现在以下几个方面。

1. 会计凭证是提供原始资料、传导经济信息的基础工具

会计信息是经济信息的重要组成部分。它一般是通过数据,以凭证、账簿、报表等形式反映出来的。随着生产的发展,及时准确的会计信息在企业管理中的作用越来越重要。任何一项经济业务的发生,都要编制或取得会计凭证。会计凭证是记录经济活动的最原始

资料，是经济信息的原始载体。通过会计凭证的加工、整理和传递，可以直接取得和传导经济信息，既协调了会计主体内部各部门各单位之间的经济活动，保证生产经营各个环节的正常运转，又为会计分析和会计检查提供了基础资料。

2. 会计凭证是登记账簿的依据

任何单位每发生一项经济业务，如现金的收付、商品的进出、往来款项的结算等，都必须通过填制会计凭证，来如实记录经济业务的内容数量和金额，然后经过审核无误，才能登记入账。如果没有合法的凭证作依据，任何经济业务都不能登记到账簿中去。因此，作好会计凭证的填制和审核工作，是保证会计账簿资料真实性、正确性的重要条件。

3. 会计凭证是加强经济责任制的手段

由于会计凭证记录了每项经济业务的内容，并要由有关部门和经办人员签章，这就要求有关部门和有关人员对经济活动的真实性、正确性、合法性负责。这样，无疑会增强有关部门和有关人员的责任感，促使他们严格按照有关政策、法令、制度、计划或预算办事。如有违法乱纪或经济纠纷事件，也可借助于会计凭证确定各经办部门和人员所负的经济责任，并据以进行正确的裁决和处理，从而加强经营管理的岗位负责制。

4. 会计凭证是实行会计监督的必要条件

通过会计凭证的审核，可以查明各项经济业务是否符合法规制度的规定，有无贪污盗窃、铺张浪费和损公肥私行为。从而发挥会计的监督作用，保护各会计主体所拥有资产的安全完整，维护投资者、债权人和有关各方的合法权益。

5.1.2 会计凭证的种类

会计核算与监督涉及范围非常广泛，所反映的经济活动的内容具有复杂性、多样性，因此用于记录经济业务的会计凭证也必然种类繁多，为了便于运用会计凭证，就有必要对会计凭证按一定的标准进行分类。通常，按照其填制程序和用途的不同，会计凭证可分为原始凭证和记账凭证两大类。在两大类下又可划分为诸多小类，详细的内容将在5.2节和5.3节中介绍。

5.2 原 始 凭 证

5.2.1 原始凭证的概念及种类

1. 原始凭证的概念

原始凭证是在经济业务发生或完成时由经办人员直接取得或填制的，用以记录或证明经济业务发生或完成情况，明确经济责任的书面证明，是记账的原始依据，具有法律效力，是会计核算的重要资料。

2. 原始凭证的种类

原始凭证种类繁多、形式多样，为方便使用，通常按其来源、用途、填制手续和格式加以分类。

1) 原始凭证按来源分类

原始凭证按其来源不同可分为外来原始凭证和自制原始凭证。

(1) 外来原始凭证。外来原始凭证指在经济业务发生或完成时,从其他单位或个人直接取得的原始凭证。例如,由供货单位开具的普通发票(5-1)、增值税专用发票(5-2)是外来原始凭证。此外,一些定额发票,如火车票、轮船票,也是外来的原始凭证。

表5-1

上海市工商企业统一发货票
（发票联）

购货单位：　　　　　　　　　年　月　日　　　　　　　　NO：1268955678

货号	品名规格	单位	数量	单价	金额
	合计：人民币（大写）				

开票单位：　　　　　　　　　开票人：

表5-2　　　　　　　　　　　　　　　　　　　　　　　　　　　　　　NO.14521154

上海市增值税专用发票

开票日期：　年　月　日

购货单位	名称：					密码区	
	纳税人识别号：						
	地址、电话：						
	开户行及账号：						
货物及应税劳务的名称	规格型号	单位	数量	单价	金额	税率	税额
合计							
价税合计（大写）					（小写）¥		
销货单位	名称：					备注	
	纳税人识别号：						
	地址、电话：						
	开户行及账号：						

收款人：　　复核：　　开票人：　　销货单位（章）：

(2) 自制原始凭证。自制原始凭证由本单位内部经办业务的部门和人员,在执行或完成某项经济业务时填制的、仅供本单位内部使用的原始凭证。如验收材料的收料单(表5-3)、领用材料的领料单(表5-4)等。

表5-3

收 料 单

供货单位：　　　　　　　　　　　　　　　　　　　　　　　　　　　　　NO：0094
发票编号：0028　　　　　　　　　　年　月　日　　　　　　　　　收料仓库：

材料类别	材料编号	材料名称及规格	计量单位	数　量		金　额			
				应收	实收	单价	买价	运杂费	合计
备注						合计			

主管　　　　会计　　　　　　审核　　　　　　记账　　　　　　收料

表5-4

领 料 单

领料单位：　　　　　　　　　　　　　　　　　　　　　　　　　　凭证编号：2110
用　途：　　　　　　　　　　　　年　月　日　　　　　　　　　发料仓库：

材料类别	材料编号	材料名称及规格	计量单位	数　量		金　额		
				请领	实发	单价	金额	合计
备注						合计		

主管(签章)　　　记账(签章)　　　　发料人(签章)　　　　领料人(签章)

2) 原始凭证按用途分类

原始凭证按其用途不同，可以分为通知凭证、执行凭证和计算凭证。

(1) 通知凭证。通知凭证指要求、指示或命令企业进行某项经济业务的原始凭证，如"罚款通知书"、"付款通知书"。

(2) 执行凭证。执行凭证是证明某项经济业务已经完成的原始凭证，如"销货发票"、"材料验收单"、"领料单"。

(3) 计算凭证。计算凭证指对已发生或完成的经济业务进行计算而编制的原始凭证，如"产品成本计算单"、"制造费用分配表"、"应付职工薪酬计算表"。

3) 原始凭证按填制手续及内容分类

原始凭证按其填制手续及内容不同，可以分为一次凭证、累计凭证和汇总凭证。

(1) 一次凭证。一次凭证指一次填制完成、只记录一笔经济业务的原始凭证。一次凭证是一次有效的凭证，如现金收据、发货票都是一次凭证。外来原始凭证一般都属于一次性凭证。

(2) 累计凭证。累计凭证指在一定时期内多次记录发生的同类型经济业务的原始凭证。其特点是，在一张凭证内可以连续登记相同性质的经济业务，随时结出累计数及结余数，并按照费用限额进行费用控制，期末按实际发生额记账。累计凭证是多次有效的原始凭证，一般为自制原始凭证，如限额领料单(表5-5)。

表 5-5

限额领料单

年　月　　　　　　　　　　　　　　　　　　　　　编　号：2036

领料单位：　　　　　　用　途：　　　　　　　计划产量：
材料编号：　　　　　　名称规格：　　　　　　计量单位：
单　价：　　　　　　　消耗定量：　　　　　　领用限额：

××年		请领		实发				
月	日	数量	领料单位负责人	数量	累计	发料人	领料人	限额结余
累计实发金额(大写)							元	

供应部门负责人(签章)　　　生产计划部门负责人(签章)　　　仓库负责人(签章)

（3）汇总凭证。汇总凭证指对一定时期内反映经济业务内容相同的若干张原始凭证，按照一定标准综合填制的原始凭证。在实际工作中，对发生笔数较多的原始凭证可以进行汇总，编制原始凭证汇总表，如发料凭证汇总表(表 5-6)。

表 5-6

发料凭证汇总表

年　月　日　　　　　　　　　　　　　　　　　单位：元

应借科目	应贷科目：				辅助材料	发料合计
	明细科目：					
	1～10日	11～20日	21～31日	小　计		
合计						

4) 原始凭证按格式分类

原始凭证按其格式的不同，可以分为通用原始凭证和专用原始凭证。

（1）通用原始凭证。通用原始凭证，指由有关部门统一印刷，在一定范围内使用的具有统一格式和使用方法的原始凭证，如全国统一使用的银行承兑汇票、某一地区统一印制的收款收据。

（2）专用原始凭证。专用原始凭证指专门用于某一类经济业务的原始凭证，如增值税专用发票、差旅费报销单。

以上不同类型的原始凭证是相互关联的，如现金收据往往一式数联，一联作为出具收据的自制原始凭证，另一联是接受凭证的外来原始凭证。同时，它既是一次凭证，又是执行凭证，也是专用凭证。

5.2.2 原始凭证的基本内容

由于各项经济业务的内容和经营管理的要求不同，各类记录经济业务的原始凭证的名称、格式和内容也是多种多样的。但是，每一种原始凭证都必须客观地、真实地记录和反映经济业务的发生、完成情况，都必须明确有关单位部门及人员的经济责任。这些共同的要求，决定了每种原始凭证都必须具备以下几方面的基本内容。

(1) 原始凭证的名称。
(2) 原始凭证的日期及编号。
(3) 接受凭证的单位或个人名称。
(4) 经济业务的内容(包括数量、单价和金额等)。
(5) 填制单位的名称或填制人员的姓名。
(6) 经办部门及有关人员的签章。

有些原始凭证除了包括上述基本内容以外，为了满足计划、统计等其他业务工作的需要，还要列入一些补充内容。例如，在有些原始凭证上，还要注明与该笔经济业务有关的计划指标、预算项目和经济合同等。

各会计主体根据会计核算和管理的需要，按照原始凭证应具备的基本内容和补充内容，即可设计和印刷适合本主体需要的各种原始凭证。但是，为了加强宏观管理，强化监督，堵塞偷税、漏税的漏洞，各有关主管部门应当为同类经济业务设计统一的原始凭证格式。例如，由中国人民银行设计统一的银行汇票、本票、支票；由交通部门设计统一的客运、货运单据；由税务部门设计统一的发货票、收款收据等。这样，不但可使反映同类经济业务的原始凭证内容在全国统一，便于加强监督管理，而且也可以节省各会计主体的印刷费用。

5.2.3 原始凭证的填制要求

正确填制原始凭证，是如实反映经济业务的关键。为了正确、完整、清晰地记录各项经济业务，发挥原始凭证应有的作用，原始凭证的填制应当遵循下列要求。

1. 记录真实

记录真实，就是要实事求是地填写经济业务，原始凭证填制日期、业务内容、数量、金额等必须与实际情况相一致。凭证上记载的经济业务，必须与实际情况相符合，绝不允许有任何歪曲或弄虚作假。对于实物的数量、质量和金额，都要经过严格的审核，确保凭证内容真实可靠。从外单位取得的原始凭证如有丢失，应取得原签发单位盖有"财务专用章"的证明，并注明原始凭证的号码、所载金额等内容，由经办单位负责人批准后，可代作原始凭证；对于确实无法取得证明的，如火车票、轮船票、飞机票等，可由当事人写出详细情况，由经办单位负责人批准后，也可代作原始凭证。

2. 内容完整

原始凭证中的基本内容和补充内容都要详尽地填写齐全，不得漏填或省略不填，而且填写手续要完备。例如，文字说明要简明扼要；数字填写清晰，特别是需要同时填写大写金额和小写金额时，大小写金额必须相符；对于购买实物的原始凭证，不仅要有"验收单"、"付款凭证"，还要有收款单位收款附件；对于行政机关批准的经济业务，批准文件应作为原始凭证的附件；对于职工因公借款时，要填写正式借据，作为借款的原始凭证，当收回借款时，要由会计人员另开收据，作为收回借款的原始凭据；对于一式几联的原始凭证，要求必须用双面复写纸复写，并连续编号等。原始凭证的填制应做到准确无误，不能为简化某些内容而造成在内容上的模糊不清。

3. 填制及时

每笔经济业务发生或完成时，经办人员必须及时取得或填制原始凭证，并按照规定的程序及时送交财会部门审核、记账，不能提前也不能事后补办，做到不积压、不误时、不事后补办。

4. 责任明确

原始凭证填制完毕后，经办单位、经办单位负责人以及填制人员均须在原始凭证的下方签名或盖章，从个人取得的原始凭证应写明填制人的姓名。对于外来的原始凭证，还应加盖填制单位的公章，包括业务公章、财务专用章、发票专用章、票据专用章、结算专用章等。不同的行业、单位对原始凭证上的公章要求不同。对于自制原始凭证，由于是由本单位内部的部门和个人填制的，因此不需加盖单位的公章，只需填明责任单位和责任人即可。

5. 书写清楚

填写原始凭证要字迹清晰，易于辨认，大小写金额填写要符合规定，发生差错要按规定的方法更正，不得涂改或刮、擦、挖、改。涉及现金、银行存款收付凭证的原始凭证都有连续编号，应按编号连续使用，这类凭证若有填写错误，应予以作废并重填，并在填错的凭证上加盖"作废"戳记，与存根一起保存，不得任意销毁。

原始凭证的文字和数字的书写要符合规范。原始凭证上的文字、数字的填写应按《会计基础工作规范》的要求填写。具体要求包括以下几个方面。

（1）阿拉伯数字不得连笔书写，单位对外和外来的原始凭证，阿拉伯数字金额前应当书写货币币种符号，如人民币"￥"字符号（用外币计价、结算的凭证，金额前要加注外币符号，如"HK＄"、"US＄"等），币种符号与阿拉伯数字金额之间不得留有空白。

（2）所有以人民币元为单位（或其他币种的基本单位，以下主要以人民币为单位说明）的阿拉伯数字，除表示单价等情况外，一律填写到角分；无角分的，角位和分位可写"00"，或者"—"；有角无分的，分位应当写"0"，不能用"—"代替。

（3）汉字大写数字金额如零、壹、贰、叁、肆、伍、陆、柒、捌、玖、拾、佰、仟、万、亿等，一律用正楷或者行书体书写，不得用〇、一、二、三、四、五、六、七、八、九、十等简化字代替，更不得任意自造简化字。

(4) 凡原始凭证上预印有"万仟佰拾元角分"金额数字位数的，应按预印的空格填写，实有大写金额的前一空位用"￥"(或其他币种符号)注销不需用的空格。凡原始凭证上未预印有"万仟佰拾元角分"金额数字位数的，应在"人民币"(或其他币种名称)之后书写大写金额。大写数字到元或角为止的，分字后面不写"整"字。若大写金额数字前未印有"人民币大写"字样(或其他货币名称)的，应加填相关币种的字样。货币名称与大写金额之间不得留有空白。

(5) 阿拉伯数字金额中间有"0"时，汉字大写金额应写有"零"字；阿拉伯数字金额中间连续有几个"0"时，汉字大写金额中可以只写一个"零"字。例如"3 006.59 元"可以写成"人民币叁仟零陆元伍角玖分"。阿拉伯数字金额元位是"0"或者数字中间连续有几个"0"，元位也是"0"，但角位不是"0"时，汉字大写金额可以只写一个"零"字，也可以不写"零"字，如"5 000.38 元"汉字大写金额应写成"人民币伍仟元零叁角捌分"或"人民币伍仟元叁角捌分"。

(6) 票据的出票日期必须使用中文大写。为防止篡改票据的出票日期，在填写月、日时，月为壹、贰和壹拾的，日为壹至玖和壹拾、贰拾和叁拾的，应在其前加"零"，日为拾壹至拾玖的，应在其前加"壹"。如 2 月 16 日，应写成"零贰月壹拾陆日"，10 月 30 日应写成"零拾月零叁拾日"。票据出票日期使用小写的，银行不予受理。

原始凭证的填制，除了上述基本的要求外，还必须结合经济业务的具体特征，及原始凭证的具体内容，认真准确地填写，下面以"普通发货票"、"增值税专用发票"、"银行进账单"及"支票"为例具体说明原始凭证的填制方法。

【例 5-1】 红光保温杯有限公司，企业地址：天津市南开区华宁道 119 号。公司税号：121011270089324，电话：86690241，开户银行：工商银行黄河大道分理处，账号：1003652741883。公司 2010 年 9 月份部分经济业务如下。

(1) 9 月 6 日，填开普通发票一张，销售给新华书店保温杯 29 个，单价 30 元，现金结算。要求：填制该业务的普通发票(表 5-7)。

表 5-7

天津市工业销售专用发票

购货单位：新华书店　　　　　　　　　　　　　2010 年 9 月 6 日

产品名称	规格	件数	单位	数量	单价	金额
保温杯			个	29	30	870
合计				29		870
人民币(大写)捌佰柒拾元整					(小写)￥870.00	
经算方式	现金	合同	支 4 659	提货地点		
备注						

记账联

企业盖章：　　　　　会计：　　　　　复核：　　　　　制单：李明

(注：本发票一式四联，其他联次从略。)

(2) 9月18日，收到转账支票一张，金额10 000元，系红星塑料有限公司偿还前欠货款。当日将收受的支票送存银行，并开具收据交与对方（红星塑料有限公司开户银行：商业银行民主路分理处，账号：2216-0026869）。要求：填制银行进账单及收据（表5-8、表5-9）。

表5-8

中国工商银行进账单（收款通知）

2010年9月18日　　　　　　　　　　　　　　　　　　　第116号

付款人	全　称	红星塑料有限公司	收款人	全　称	红光保温杯有限公司
	账　号	2216-0026869		账　号	1003652741883
	开户银行	商业银行民主路分理处		开户银行	工商银行黄河大道分理处
人民币（大写）壹万元整			（小写）¥10 000.00		
票据种类		转账支票			
票据张数		1			
单位主管　会计　复核　记账			收款人开户行盖章		

（注：本单一式二联，本联为收款人开户行交给收款人的收款通知，其他联次略。）

表5-9

天津市工商企业统一收据

收据联　　　　　　　　　　　　　　　　　　　　　　　NO.00315914

2010年9月18日

缴款单位（人）红星塑料有限公司

款项内容	前欠货款	收款方式	转账支票
人民币（大写）壹万元整		（小写）¥10 000.00	
备注	收款单位盖章		收款人签章

（注：本收据只作为各单位之间"应收应付款"等结算往来账款凭证不得以本收据代替发票使用。收据一式三联，其他联次从略。）

(3) 9月22日，批发销售保温杯100个，单价25元。购买单位：天津市益达百货公司，地址：河东区大桥道116号，电话：22693018，税号：110233360201659，账号：工行大桥道分理处，6900-22358547。货款未付。要求：填制增值税专用发票（表5-10）。

(4) 9月26日，填开转账支票14 000元，预付给本市嘉兴塑料公司购料款。要求：签发转账支票（表5-11）。

第5章 会计凭证

表 5-10

天津市增值税专用发票

NO. 14521154　　　　　　　　　　　　　　　　　　开票日期：2010 年 9 月 22 日

购货单位	名　　　称：天津市益达百货公司						密码区	
	纳税人识别号：110233360201659							
	地址、电话：河东区大桥道 116 号，22693018							
	开户行及账号：工行大桥道分理处，6900-22358547							
货物及应税劳务的名称	规格型号	单位	数量	单价	金额	税率	税额	
保温杯		个	100	25	2 500	17%	425	
合计					2 500		425	
价税合计（大写）	贰仟玖佰贰拾伍元整			（小写）￥2 925.00				
销货单位	名　　　称：红光保温杯有限公司						备注	
	纳税人识别号：121011270089324							
	地址、电话：天津市南开区华宁道 119 号，86690241							
	开户行及账号：工商银行黄河大道分理处，1003652741883							

表 5-11

中国工商银行转账支票存根	中国工商银行 转账支票 X04 5 支票号码№2212112
支票号码 №2212112	出票日期（大写）贰零壹零年玖月贰拾陆日
科　目：	付款行名称： 工行南京路营业部
对方科目：	收款人： 嘉兴塑料厂　　出票人账号：8006000280067824
签发日期 2010 年 9 月 26 日	人民币（大写）壹万肆仟元整　　￥14000000
收款人： 嘉兴塑料厂	用途：预付购货款　　科目（借）
金额：14000.00	上列款项请从我账户内支付　对方科目（贷）
用途：预付购货款	转账日期　年　月　日
备注：	出票人盖章　　复核　　记账
单位主管　会计　复核　记账	

5.2.4 原始凭证的审核

审核会计凭证是正确组织会计核算和进行会计检查的一个重要方面，也是实行会计监督的一个重要手段。为了正确的反映和监督各项经济业务，保证核算资料的真实、正确和合法，会计部门和经办业务的有关部门，必须对会计凭证，特别是对原始凭证进行严格认真的审核。

会计凭证的审核，主要是对各种原始凭证的审核。各种原始凭证，除由经办业务的有关部门审核以外，最后要由会计部门进行审核。及时审核原始凭证，是对经济业务进行的事前监督。关于事后进行的凭证检查，则属于审计的范畴。因此，会计方面原始凭证的审核内容主要有以下两方面。

1. 审核原始凭证所记录的经济业务的合法性

审核时应以国家颁布的现行财经法规、财会制度,以及本单位制定的有关规则、预算和计划为依据,审核经济业务是否符合有关规定,有无弄虚作假、违法乱纪、贪污舞弊的行为;审核经济活动的内容是否符合规定的开支标准,是否履行规定的手续,有无背离经济效益原则和内部控制制度的要求。

2. 审核原始凭证的填制是否符合规定的要求

即应审核原始凭证是否具备作为合法凭证所具备的基本内容,所有项目是否填写齐全,有关单位和人员是否已签字盖章;应审核凭证中所列数字的计算是否正确,大、小写金额是否相符,数字和文字是否清晰等。

原始凭证的审核,是一项十分细致而严肃的工作,必须坚持原则,依法办事。对于不真实、不合法的原始凭证,会计人员有权不予受理,并要向单位负责人报告;对于记载不准确、不完整的原始凭证应予以退回,并要求按照国家统一的会计制度的规定更正、补充。原始凭证经审核无误后,才能作为编制记账凭证和登记明细分类账的依据。同时,审核人员还必须做好宣传解释工作,促使经办人员自觉执行有关法规制度,更好地发挥会计的监督作用。

5.2.5 原始凭证错误的更正

为了规范原始凭证的填制,明确相关人员的经济责任,防止利用原始凭证舞弊,《会计法》第十四条规定了更正原始凭证错误的具体要求。

(1) 原始凭证所记载的各项经济业务内容均不得涂改,随意涂改的原始凭证即为无效凭证,不能作为填制记账凭证或登记账簿的依据。

(2) 原始凭证所记载内容有错误的,应当由开具单位重开或更正,并在更正处加盖出具凭证单位的印章。

(3) 原始凭证金额出现错误的,不得更正,只能由原始凭证开具单位重新开具。

(4) 原始凭证开具单位应当依法开具准确无误的原始凭证。对于填制错误的原始凭证,负有更正和重新开具的法律义务,不得拒绝。

5.3 记账凭证

5.3.1 记账凭证的概念及分类

1. 记账凭证的概念

记账凭证是会计人员根据审核无误的原始凭证,按照经济业务事项的内容加以归类,并据以确定会计分录后所填制的会计凭证,它是登记账簿的直接依据。

由于原始凭证种类繁多、格式不一,不便于在原始凭证上编制会计分录,据以记账,所以有必要将各种原始凭证反映的经济内容加以归类整理,确认为某一会计要素后,编制记账凭证。从原始凭证到记账凭证是经济信息转换成会计信息的过程,是会计的初始确认阶段。

2. 记账凭证的分类

记账凭证按其适用的经济业务,可分为通用记账凭证和专用记账凭证两类。

通用记账凭证是用来反映所有经济业务的记账凭证。

专用记账凭证是用来专门记录某一类经济业务的记账凭证。按其所记录的经济业务是否与库存现金、银行存款收付有关又可进一步分为收款凭证、付款凭证和转账凭证3种。

1) 收款凭证

收款凭证是用于记录库存现金、银行存款收款业务的会计凭证。其格式见表5-12。

表5-12

收 款 凭 证

借方科目：　　　　　　　　　年　月　日　　　　　　　字第　号

摘　要	贷方总账科目	明细科目	借或贷	金　额 亿千百十万千百十元角分	附单据　　张
合　计					

财务主管　　　　　记账　　　　　出纳　　　　　审核　　　　　制单

2) 付款凭证

付款凭证是用于记录库存现金、银行存款付款业务的会计凭证。其格式见表5-13。为了避免凭证重复，对于两类货币资金之间的划转业务(如将现金存入银行或从银行提取现金)一般只编制付款凭证，不编制收款凭证。其格式见表5-13。

表5-13

付 款 凭 证

贷方科目：　　　　　　　　　年　月　日　　　　　　　字第　号

摘　要	借方总账科目	明细科目	借或贷	金　额 亿千百十万千百十元角分	附单据　　张
合　计					

财务主管　　　　　记账　　　　　出纳　　　　　审核　　　　　制单

3) 转账凭证

转账凭证是用于记录不涉及库存现金和银行存款业务的会计凭证。转账凭证要根据有关转账业务的原始凭证编制。其格式见表 5-14。

表 5-14

转　款　凭　证

年　月　日　　　　　转字第　　号

摘要	会计科目	明细科目	✓	借方金额 千百十万千百十元角分	✓	贷方金额 千百十万千百十元角分	
							附单据
							张
合　计							

财务主管　　　记账　　　出纳　　　审核　　　制单

5.3.2　记账凭证的基本内容

记账凭证虽然种类不一，编制依据各异，但各种记账凭证的主要作用都在于对原始凭证进行归类整理，运用账户和复式记账方法，编制会计分录，为登记账簿提供直接依据。因此，所有记账凭证都应满足记账的要求，都必须具备下列基本内容。

（1）记账凭证的名称。
（2）填制单位的名称。
（3）填制凭证的日期和凭证的编号。
（4）经济业务的内容摘要。
（5）记账符号、会计科目（包括一级、二级或明细科目）名称和金额。
（6）过账备注。
（7）所附原始凭证的张数。
（8）有关人员的签名或盖章。

5.3.3　记账凭证的填制要求

各类记账凭证必须按规定及时、准确、完整地填制，其基本要素除了按原始凭证的有关书写要求填制外，还须注意以下几点。

1. 日期的填写

记账凭证的日期，一般为编制记账凭证当天的日期；月末结转的业务，按当月最后一天的日期填制。

2. 摘要的填写

记账凭证的摘要栏既是对经济业务的扼要说明，又是登记账簿的需要，应当正确地填写。摘要既是对经济业务的简要说明，又是登记账簿的重要依据，必须针对不同性质的经济业务的特点，同时考虑登记账簿的需要，正确填写，不可漏填或错填。

3. 会计科目的填写

会计科目填写应规范准确。必须按照会计制度统一规定的会计科目，根据经济业务的性质，正确编制会计分录。科目不得随意简化或改动，不得只写科目编码，不写科目名称；同时对于二级或明细科目也要填列齐全。应借、应贷的记账方向和账户对应关系必须明确；编制复合会计分录，应是一借多贷或一贷多借，一般不编制多借多贷的会计分录。

4. 金额的填写

记账凭证的金额必须与原始凭证的金额相符。在记账凭证的"合计"行填列合计金额；阿拉伯数字的填写要规范；在合计数字前应填写货币符号，不是合计数字前不应填写货币符号。一笔经济业务因涉及会计科目较多，需填写多张记账凭证的，只在最末一张记账凭证的"合计"行填写会计金额。

5. 记账凭证的编号

记账凭证在一个月内应当连续编号，以便核查。在使用通用凭证时，可按经济业务发生的顺序编号。采用收款凭证、付款凭证和转账凭证的，可采用"字号编号法"。如：收字第×号、付字第×号和转字第×号等。也可采用"双重编号法"，即按总字顺序编号与按类别顺序编号相结合，如某收款凭证编号为"总字第×号，收字第×号"。一笔经济业务需要编制多张记账凭证时，可采用"分数编号法"，如：一笔经济业务需要编制两张转账凭证，凭证的顺序号为25时，可编为转字 $25\frac{1}{2}$ 号、转字 $25\frac{2}{2}$ 号。每月末最后一张凭证的编号要在旁边加注"全"字样，以便核查，防止遗失。

6. 记账凭证的附件张数

记账凭证上应注明所附原始凭证的张数，以便核查。记账凭证一般应当附有原始凭证。附件张数用阿拉伯数字写在记账凭证的右侧"附件××张"行内。如果根据同一原始凭证填制数张记账凭证，则应在未附原始凭证的记账凭证上注明"附件××张，见第××号记账凭证"。如果原始凭证需要另行保管，则应在附件栏目内加以注明，但更正错账和结账的记账凭证可以不附原始凭证。

7. 会计分录的填制

填制会计分录时，应按照会计制度统一规定的会计科目，根据经济业务的性质编制会计分录，以保证核算的口径一致，便于综合汇总。应用借贷记账法编制会计分录，便于从账户对应关系中反映经济业务的情况。

8. 签名或盖章

记账凭证上有关人员的签名或盖章，应全部签章齐全，以明确责任。财会人员较少的单位，在收、付记账凭证上，至少应有两人（会计和出纳）签章。一张记账凭证涉及几个会计记账的，凡记账的会计均应在"记账"签章处签章。

9. 对空行的要求

记账凭证不准跳行或留有余行。填制完毕的记账凭证如有空行的，应在金额栏划一斜线或"S"形线注销。划线应从金额栏最后一笔金额数字下面的空行划到合计数行的上面一行,并注意斜线或"S"形线两端不能划到有金额数字的行次上。

10. 填制记账凭证可用红色墨水

金额按规定需要用红字表示的,数字可用红色墨水,但不得以"负数"表示。下列两种情况下,金额可用红色墨水填写(即红字记账凭证):①记账后发现记账凭证错误,需要采用红字更正的;②填制记账凭证的特定会计业务。

5.3.4 记账凭证的填制方法

记账凭证按不同的标准有不同的分类,在此将按照本节上述的分类分别阐述各类记账凭证的填制方法。

1. 专用记账凭证的填制方法

1) 收款凭证的填制方法

收款凭证是用来记录库存现金和银行存款收款业务的凭证,它是由出纳人员根据审核无误的原始凭证收款后填制的,包括现金收款凭证和银行存款收款凭证。在借贷记账法下收款凭证的设证科目是借方科目。在收款凭证左上方所填制的借方科目是"库存现金"或"银行存款"科目,在凭证内所反映的贷方科目,应填列与"库存现金"或"银行存款"相对应的科目。金额栏填列交易或事项实际发生的数额,在凭证的右侧填写所附原始凭证的张数,并在出纳及制单处签名或盖章。

【例5-2】 A公司2010年10月15日销售一批产品,价款20 000元,增值税销项税款3 400元,收到购方支票一张,收讫23 400元存入银行。出纳人员根据审核无误的原始凭证填制收款凭证,其具体内容与格式见表5-15。

表5-15

收 款 凭 证

借方科目:银行存款　　　　　2010 年 10 月 15 日　　　　　字第 38 号

摘　要	贷方总账科目	明细科目	借或贷	金额(亿千百十万千百十元角分)	附单据
销售产品	主营业务收入			2000000	3张
	应交税费	应交增值税(销项)		340000	
合　计				¥2340000	

财务主管　　　　记账　　　　出纳　　　　审核　　　　制单　王成

2）付款凭证的填制方法

付款凭证是用来记录库存现金和银行存款付款业务的凭证上，它是由出纳人员根据审核无误的原始凭证付款后填制的，包括现金付款凭证和银行存款付款凭证。在付款凭证的左上填列的贷方科目是"库存现金"或"银行存款"科目，在凭证内反映的借方科目，应填列与"库存现金"或"银行存款"相对应的科目。金额栏填列经济业务实际发生的数额，注明所附原始凭证张数后，在出纳及制单处签名或盖章。

【例5-3】 A公司2010年11月20日，用现金预付职工李光差旅费5 500元。出纳人员根据审核无误的原始凭证填制付款凭证，其具体内容与格式见表5-16。

表5-16

3）转账凭证的填制方法

转账凭证是用以记录与货币收付无关的转账业务的凭证，它是由会计人员根据审核无误的转账业务原始凭证填制的。在借贷记账法下，将经济业务所涉及的会计科目全部填列在凭证内，借方科目在先，贷方科目在后，将各会计科目所记应借、应贷的金额分别填列在"借方金额"和"贷方金额"栏内。借、贷方金额合计数应该相等。注明所附原始凭证张数后，制单人应在制单处签名或盖章。

【例5-4】 A公司2010年11月30日计提当月折旧10 000元，其中生产车间提取折旧7 000元，厂部管理部门提取折旧3 000元。会计人员根据折旧提取计算表填制转账凭证，具体内容与格式见表5-17。

2. 通用记账凭证的填制方法

通用记账凭证是用以反映各种经济业务的凭证。采用通用记账凭证的企业，不再根据交易或事项的内容分别填制收款凭证、付款凭证和转账凭证，因此涉及货币资金收付业务的记账凭证是由出纳根据审核无误的原始凭证在收、付款后填制的，涉及转账业务的记账凭证，由有关会计人员根据审核无误的原始凭证填制。在借贷记账法下，通用记账凭证的格式与转账凭证相同。

表5-17

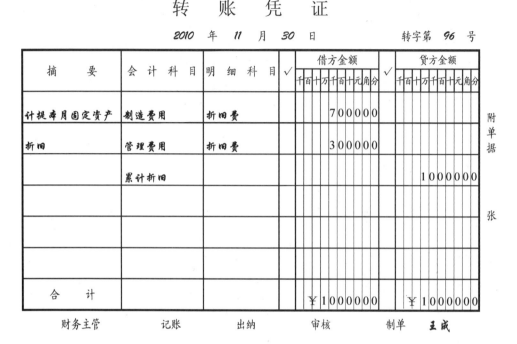

【例5-5】 A公司201×年11月15日销售产品一批，售价20 000元，增值税销项税额3 400元，收到款项存入银行。出纳人员根据审核无误的原始凭证收款存入银行后，填制通用记账凭证，具体内容与格式见表5-18。

表5-18 通用记账凭证

201×年11月15日　　　　　　　　　　　　第10100号

摘要	一级科目	二级或明细科目	借方金额	贷方金额	记账	附件1张
销售产品一批	银行存款	略	23 400		√	
	主营业务收入			20 000		
	应交税费	略		3 400		
合计			23 400	23 400		

会计主管　　　　记账　　　　出纳 李四　　　　审核　　　　制单 张三

3. 复式记账凭证和单式记账凭证的填制方法

复式记账凭证也称多科目记账凭证，是指将某项经济业务所涉及的全部会计科目集中填制在一张记账凭证上，本节上述的收款凭证、付款凭证和通用记账凭证都属于复式记账凭证。复式记账凭证便于了解经济业务的全貌及资金运动的来龙去脉，便于凭证的分析和审核，但不便于同时对会计科目的发生额进行汇总、归类、计算和整理，也不便于会计人员分工记账。

单式记账凭证也称单科目记账凭证,是指将某项经济业务所涉及的会计科目,分别按每个会计科目的借方或贷方编制一张记账凭证。其中,填制借方科目的凭证称为借项记账凭证,具体格式见表5-19;填制贷方科目的凭证称为贷项记账凭证,格式见表5-20。采用单式记账凭证的优点是便于会计人员分工记账,便于同时对每一会计科目的发生额进行汇总计算。但是,这种方法由于凭证数量较多,填制工作量大,不能较好地反映经济业务的全貌及会计科目之间的对应关系,因此使用的单位较少。

表5-19　　　　　　　　　　　　　　借项记账凭证

对应科目:主营业务收入　　　　　　201×年×月×日　　　　　　　　　编号 $1\frac{1}{2}$

摘要	一级科目	二级或明细科目	金额	记账	附件1张
销售收入存入银行	银行存款	略	20 000	√	

会计主管　　　　记账　　　　复核　　　　出纳　　　　制单

表5-20　　　　　　　　　　　　　　贷项记账凭证

对应科目:银行存款　　　　　　　　201×年×月×日　　　　　　　　　编号 $1\frac{1}{2}$

摘要	一级科目	二级或明细科目	金额	记账	附件1张
销售收入存入银行	主营业务收入	略	20 000	√	

会计主管　　　　记账　　　　复核　　　　出纳　　　　制单

5.3.5　记账凭证的审核

为了保证账簿记录的真实准确,有效监督各类经济业务,除了编制记账凭证的人员应当认真负责、正确填制、加强自审外,同时还须建立专人审核制度。记账凭证的审核,除了要对原始凭证进行复审外,还应包括以下几方面。

(1) 记账凭证是否附有原始凭证,原始凭证是否齐全,内容是否合法,记账凭证所记录的经济业务与所附原始凭证反映的经济业务是否相符。

(2) 记账凭证的应借、应贷的会计科目是否正确,账户对应关系是否清晰,所使用的会计科目及其核算内容是否符合会计制度的规定,金额计算是否准确。

(3) 摘要是否填写清楚,其他项目填写是否齐全,如日期、凭证编号、二级或明细科目、附件张数及有关人员的签名或盖章等。

在审核过程中,如果发现差错,应及时查明原因,分别视情况按规定办法处理和更正。对于未入账的应重新填制或用划线更正法更正,已入账的应用红字更正法或补充登记法更正(错账更正的各类方法将在第6章中详述)。

5.4 会计凭证的传递和保管

5.4.1 会计凭证的传递

会计凭证尤其是原始凭证,其填制并非都在会计部门,但最终都必须集中到会计部门。会计人员将它们经过适当的处理全部登记入账。会计凭证除了作为记账依据之外,还有其他用途,如据以组织经济活动,协调业务关系,强化内部控制,明确岗位责任,加强会计监督等。因此,企业必须认真做好会计凭证的传递与保管工作。

会计凭证的传递,是指会计凭证从取得或填制时起,经过审核、记账、装订到归档保管时为止,在单位内部各有关部门和人员之间按规定的时间、路线办理业务手续和进行处理的过程。例如,对材料收入业务的凭证传递,应明确规定:材料运达企业后,需要多长时间验收入库,由谁负责填制收料单,又由谁在何时将收料单送交会计及其他有关部门;会计部门由谁负责审核收料单,由谁在何时编制记账凭证和登记账簿,又由谁负责整理或保管凭证,等等。这样,既可以把材料收入业务从验收入库到登记入账的全部工作在本单位内部进行分工,并通过各部门的协调来共同完成,同时也便于考核经办业务的有关部门和人员是否按照规定的会计手续办事。

科学的传递程序,应该使会计凭证沿着最简洁、最合理的流向运行。因此,在制定会计凭证传递时,应主要考虑以下三个问题。

1. 制定科学合理的传递程序

各单位应根据经济业务的特点、机构设置、人员分工情况以及经营管理上的需要,明确规定会计凭证的联次及其流程。既要使会计凭证经过必要的环节进行审核和处理,又要避免会计凭证在不必要的环节停留,从而保证会计凭证沿着最简洁、最合理的路线传递。

2. 确定合理的停留处理时间

会计凭证的传递时间是指各种凭证在各经办部门、环节所停留的最长时间。它应考虑各部门和有关人员,在正常情况下办理经济业务所需时间来合理确定。明确会计凭证的传递时间,能防止拖延处理和积压凭证,保证会计工作的正常秩序,提高工作效率。一切会计凭证的传递和处理,都应在报告期内完成。否则,将会影响会计核算的及时性。

3. 建立凭证交接的签收制度

建立健全凭证交接手续的签收制度。为了确保会计凭证的安全和完整,在各个环节中都应指定专人办理交接手续,做到责任明确、手续完备、严密、简便易行。

会计凭证的传递路线、传递时间和传递手续,还应该根据实际情况的变化及时加以修改,以确保会计凭证传递的科学化、制度化。

5.4.2 会计凭证的保管

会计凭证是一种重要的经济档案,其具有特定的法律效力。会计凭证入账后,要妥善保管,以便日后随时利用查阅。会计凭证的保管方式和要求如下所述。

1. 会计凭证的归类整理

每月记账完毕,应定期将会计凭证加以归类整理,即把记账凭证及其所附的原始凭证,按记账凭证的编号顺序进行整理,在确保记账凭证及其所附的原始凭证完整无缺后,将其折叠整齐,加上封面、封底,装订成册,并在装订线上加贴封签,以防散失和任意拆装。在封面上要注明单位名称、凭证种类、所属年月、起讫日期、起讫号码、凭证张数等。会计主管或指定装订人员要在装订线封签处签名或盖章,然后入档保管。对于那些数量过多的原始凭证,如收(发)料单、工资单等,或各种随时需要查阅的原始凭证,如合同、存出保证金合同等,也可以单独装订保管,在封面上注明记账凭证的日期、编号、种类,同时在记账凭证上注明"附件另订"。

2. 会计凭证的造册归档

每年的会计凭证都应由会计部门按照归档的要求,负责整理立卷或装订成册。当年的会计凭证,在会计年度终了后,可暂由会计部门保管一年。期满后,原则上应由会计部门编造清册移交本单位档案部门保管。档案部门接收的会计凭证,原则上要保持原卷册的封装,个别需要拆封重新整理的,应由会计部门和经办人员共同拆封整理,以明确责任。会计凭证必须做到妥善保管,存放有序,查找方便,并要严防毁损、丢失和泄密。

3. 会计凭证的外借

原则上不得借出,其他单位因特殊原因需要使用原始凭证时,经本单位负责人批准,可以复制。但向外单位提供的原始凭证复印件,应在专设的登记簿上登记,并由提供人员和收取人员共同签名或盖章。

4. 会计凭证的销毁

会计凭证的保管期限,一般为 15 年。保管期未满,任何人不得随意销毁会计凭证。按规定销毁会计凭证时,必须开列清单,报经批准后,由档案部门和会计部门共同派员监销。在销毁会计凭证前,监督销毁人员应认真清点核对,销毁后,在销毁清册上签名或盖章,并将监销情况报本单位负责人。

关键术语

会计凭证　原始凭证　记账凭证　收款凭证　付款凭证　转账凭证

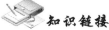

1. **不同会计核算组织形式下记账凭证的变化**

我国自 20 世纪 50 年代初引进苏联的会计记账程序后,实践中一直采用原始凭证、记账凭证与账簿的组织形式。目前,这种形式仍广为很多企业采用。其基本步骤是:当经济业务发生时,取得证明经济业务发生的原始凭证;根据审核无误的原始凭证编制记账凭证;按照记账凭证登记相应的分类账簿;期末对分类账簿进行试算平衡,编制基本财务报表。这种形式有其独特、方便之处,在我国的会计实践中有着极为广泛的应用。

与这种会计记账的组织形式相比,还有一种日记账与分类账的组织形式,目前主要流行于以美国为代表的西方会计体系中。其基本过程是:当经济业务(交易或事项)发生时,取得证明经济业务发生的原始单据(凭证);根据原始单据编制普通日记账、特种日记账;按照日记账登记相应的分类账簿;期末对分类账进行试算平衡,编制基本财务报表。

2. **《会计基础工作规范》**

为了加强会计基础工作，建立规范的会计工作秩序，提高会计工作水平，根据《中华人民共和国会计法》的有关规定，财政部制定了《会计基础工作规范》（［1996］19号），于1996年6月17日发布。

本规范一共分为6章，101条。具体包括：第一章，总则；第二章，会计机构和会计人员；第三章，会计核算；第四章，会计监督；第五章，内部会计管理制度；第六章，附则。其中，第三章第二节——填制会计凭证，从第47条至第55条对填制原始凭证的基本要求、填制记账凭证的基本要求、记账凭证的保管、对错误会计凭证的处理等进行了具体的规定。

本章小结

会计凭证即原始凭证和记账凭证的相关内容以及会计凭证的传递和保管。

会计凭证是记录经济业务、明确经济责任和据以登记账簿的书面证明。按其填制程序和用途不同可分为原始凭证和记账凭证。

原始凭证是在经济业务发生时取得或填制，载明经济业务具体内容和完成情况的书面证明。原始凭证，是经济业务发生的最初证明，是编制记账凭证必不可少的依据。因此，它是进行会计核算的原始资料和重要依据。按其来源不同可分为自制原始凭证和外来原始凭证。各类原始凭证，都必须按规定的方法取得和填制，同时为了保证核算资料的真实、准确和合法，还必须按要求对原始凭证进行认真严格的审核。

记账凭证是根据审核无误的原始凭证进行归类、整理而编制的会计分录凭证。它是登记账簿的直接依据。按其适用的经济业务不同，可分为专用记账凭证和通用记账凭证两类。各类记账凭证，都须按相应的方法填制，并按要求进行审核，才能作为记账的依据。

会计凭证作为会计核算的原始资料，不仅是记账的重要依据，而且是企业加强内部控制、会计监督等的有效手段。所以会计凭证的传递和保管也是企业会计工作中的一项不可或缺的内容。

课堂测试

1. 记账凭证的填制

资料：A公司12月份发生下列部分经济业务。

(1) 201×年12月20日，收回C公司前欠的货款125 000元存入银行。

(2) 201×年12月23日，偿还到期的、期限为8个月的贷款150 000元。

(3) 201×年12月31日，结转当期损益，其中，主营业务收入1 500 000元，投资收益500 000元，营业外收入10 000元，主营业务成本1 100 000元，管理费用300 000元，财务费用30 000元，销售费用20 000元，营业外支出5 000元。

要求：根据上述业务填制下列记账凭证。

第5章 会计凭证

收 款 凭 证

借方科目：　　　　　　　　年　月　日　　　　　　字第　号

摘　要	贷方总账科目	明细科目	借或贷	金　额 亿千百十万千百十元角分
合　计				

附单据　　张

财务主管　　　　记账　　　　出纳　　　　审核　　　　制单

付 款 凭 证

贷方科目：　　　　　　　　年　月　日　　　　　　字第　号

摘　要	借方总账科目	明细科目	借或贷	金　额 亿千百十万千百十元角分
合　计				

附单据　　张

财务主管　　　　记账　　　　出纳　　　　审核　　　　制单

转 账 凭 证

年　　月　　日　　　　　　　　　　转字第　号

摘　要	会计科目	明细科目	✓	借方金额 千百十万千百十元角分	✓	贷方金额 千百十万千百十元角分
合　计						

附单据　　张

财务主管　　　记账　　　出纳　　　审核　　　制单

转 账 凭 证

年　　月　　日　　　　　　　　　　转字第　号

摘　要	会计科目	明细科目	✓	借方金额 千百十万千百十元角分	✓	贷方金额 千百十万千百十元角分
合　计						

附单据　　张

财务主管　　　记账　　　出纳　　　审核　　　制单

2. 原始凭证的填制

资料：长城实业有限公司，地址：天津市南开区人民路11号，公司税号：121170003269，电话：86632586，开户银行：中国工商银行南开区分理处，账号：931-001563829。

要求：假设你是公司的财会人员，请填制公司2010年10月份的部分经济业务的原始凭证。

（1）10月5日，签发转账支票支付前欠B公司货款230 000元。

(2) 10月19日，收到转账支票一张金额42 631元，系红光化工厂偿还前欠货款。当日将收到的支票送存银行，并开具收据交与对方。红光化工厂开户银行：建设银行南开区分理处，账号：225-90663583。

(3) 10月25日，销售A类新型产品260件，单价140元(不含税价格)，货款尚未收到。购买单位：天津市凯悦百货商场有限公司。地址：天津天津市渤海东区东河路15号，电话：22691058，税号：12001460604625，账号：建设银行渤海东区分理处620-96030115。

中国工商银行支票存根	中国工商银行支票 X04/5 支票号码№2212112
支票号码 №2212112 科　　目：_____ 对方科目：_____ 签发日期　　年　月　日 收款人： 金　额： 用　途： 备　注： 单位主管　　会计 复　核　　　记账	出票日期(大写)　　年　月　日　　付款行名称：_____ 收款人：_____　出票人账号：_____ 人民币 (大写)　　　　　　　　千百十万千百十元角分 　　　　　　　　　　　　　　　　　　　　　　1 用途：_____　科目(借)_____ 上列款项请从我账户内支付　对方科目(贷)_____ 　　　　　　　　　　　　　　转账日期　年　月　日 出票人盖章　　　　复核　　　记账

中国工商银行进账单(收款通知)

年　月　日　　　　　　　　　　　　　　　　　第　　号

付款人	全　称		收款人	全　称	
	账　号			账　号	
	开户银行			开户银行	
人民币(大写)			(小写)￥		
票据种类					
票据张数					
单位主管　会计　复核　记账			收款人开户行盖章		

会计学原理(第3版)

天津市增值税专用发票

1100022230　　　　　　　　　　　　　　　　　　　　　No 06991121

此联不作报销、扣税凭证使用

购货单位	名　　称:					开票日期:			
	纳税人识别号:					密码区	2<>30-2+8+9<+6-1+874< 5>+5960/4326776-/-+/9> 3<11/5<1++/22028*44/0 5>5<22->>2*09/>>29	加密版本号: 61 1100022230 06991121	
	地　址、电　话:								
	开户行及账号:								
货物或应税劳务名称	规格型号	单位	数量	单价	金额		税率	税额	
合　　计									
价税合计(大写)	⊕				(小写)				
销售单位	名　　称:					备注			
	纳税人识别号:								
	地　址、电　话:								
	开户行及账号:								

收款人:　　　　复核:　　　　开票人:　　　　销货单位（章）:

第四联　记账联　销货方记账凭证

第6章 会计账簿

教学目标

- 熟悉会计账簿的概念与分类
- 了解会计账簿的基本内容及启用原则
- 掌握日记账、总分类账及有关明细分类账的登记方法
- 掌握对账、结账、错账的更正的方法
- 熟悉会计账簿的更换与保管

教学要求

知识要点	能力要求	相关知识
会计账簿	(1) 能够理解会计账簿的意义 (2) 掌握会计账簿的分类 (3) 理解并掌握会计账簿的设置与登记的一般规则	(1) 会计账簿的概念及分类 (2) 会计账簿的基本内容及启用的原则 (3) 账簿登记的一般规则
日记账与分类账	(1) 能够理解日记账与分类账的关系 (2) 熟练掌握日记账与分类账的分类及其登记方法	(1) 日记账概念及分类 (2) 分类账的概念及分类 (3) 总分类账与明细分类账的平行登记规则
结账、对账与错账更正	(1) 能够掌握结账与对账的基本方法 (2) 能够采用适当方法进行错账更正	(1) 结账的意义及方法 (2) 对账的作用及方法 (3) 划线更正法、红字更正法、补充登记法
账簿的更换与保管	了解账簿的更换与保管的内容与方法	(1) 会计账簿的更换方法 (2) 会计账簿的保管方法

　　李飞是某院校会计专业毕业生，201×年8月被光明电子有限责任公司聘用为公司出纳员。由于工作努力，业务出色，两年后，李飞被聘用为公司会计。李飞的好友郑某在一家私营电子公司任财务总监，在郑某的多次请求下，李飞将本公司一类新产品的成本数据及相关的账簿资料复印件提供给了其好友郑某。光明电子公司获知此事后找李飞谈话，认为李飞不宜再继续留在本公司担任会计工作。李飞则辩解账簿数据的复印件是由于自己对账簿保管的疏漏而发生的，况且此事项还尚未对公司造成实质性的经济损失。然而公司认为作为会计人员对账簿的保管应该负主要责任，决定辞退李飞。光明电子公司对李飞的处理是否恰当？

　　会计凭证是经济业务发生的原始信息载体，但会计凭证上的信息较为分散，不能满足企业管理上的要求。为了连续、系统、全面地反映企业的财务状况、经营成果及现金流量，还必须把会计凭证上的信息进一步加工整理，从而获得更为综合的、更有价值的会计信息。这就需有一种专门的方法对会计凭证信息进行汇总整理，即设置和登记会计账簿的方法。本章将详细阐述账簿设置、登记、更换及保管的相关内容。

6.1　会计账簿概述

6.1.1　会计账簿的意义

　　在会计核算工作中，对发生的每一项经济业务，都必须取得和填制会计凭证。由于会计凭证数量很多，又很分散，而且只能零散地反映个别经济业务的内容，不能连续、系统、全面、完整地反映和监督一个经济单位的一定时期内某类或全部经济业务的变化情况，为了获取更为系统的会计信息，就需要运用设置和登记账簿的方法，把分散在会计凭证上的会计信息，加以集中和分类汇总。

　　会计账簿，是指以经审核过的会计凭证为依据，由专门格式、相互联系的账页所组成，用来全面、连续、系统地记录各项经济业务的簿籍。各单位应当按照国家统一的会计制度的规定和会计业务的需要设置会计账簿。账簿和账户既有区别，又有密切联系。账户是在账簿中按规定的会计科目开设的户头，用来反映某一个会计科目所要核算的内容。账页一经标明会计科目，该账页就成为一个用来记录本科目所核算内容的特定账户。也即，账页是账户的载体，而账簿则是若干账页的集合。因此，账簿又是积累、储存经济活动情况的数据库。

　　设置账簿是会计工作的一个重要环节，登记账簿则是会计核算的一种专门方法。科学地设置账簿，正确地登记账簿，对于全面完成会计核算工作具有十分重要的意义，可以概括如下。

　　1. 会计账簿可以提供系统、完整的会计信息

　　在会计核算工作中，通过设置和登记账簿，可以对经济业务进行序时或分类的核算，

将分散的核算资料加以系统化,全面系统地提供有关企业成本费用、财务状况和经营成果的总括和明细的核算资料,以正确地计算成本、费用和利润。这对于企事业单位加强经济核算,提高经营管理水平,探索资金运动的规律有重要的作用。

2. 会计账簿可以为定期编制会计报表,提供主要的数据资料

通过账簿可以分门别类地对企业经济业务进行登记,积累了一定时期全面的会计资料,通过整理,就成为企业资产负债表、利润表、现金流量表等会计报表的数据来源。因此,账簿数据是否真实、完整,直接影响财务报告的质量。

3. 会计账簿是考核企业经营成果的重要依据

账簿记录了一定时期资金取得与运用的情况,提供了费用、成本、收入和财务成果等资料。结合有关资料,可以评价企业的总体运营情况,同时也可以监督和促进各企事业单位遵纪守法,依法经营。

4. 会计账簿能为建立经济档案提供重要资料

设置和登记不同的会计账簿有利于保存会计信息资料,并通过归类存档制度方便日后查阅。因此,会计账簿是会计档案的重要组成部分,也是经济档案和经济史料的重要组成部分。

5. 会计账簿有利于会计工作的分工

在规模大、经济业务复杂的企业,合理地设置会计账簿,有利于会计工作的分工协作。

6.1.2 会计账簿的种类

会计账簿依据不同的划分标准有着不同的分类方法。

1. 账簿按照用途分类

会计账簿按照用途可分为序时账簿、分类账簿和备查账簿。

1) 序时账簿

序时账簿也称日记账,按照经济业务发生的时间先后顺序,逐日逐笔登记经济业务的账簿。日记账按其记录内容的不同又分为普通日记账和特种日记账。普通日记账,也称分录日记账,是将企业所发生的全部经济业务,不论其性质,先后顺序,编制成会计分录记入账簿。特种日记账是按经济业务的性质单独设置账簿,它只把特定项目按经济业务顺序记入账簿,反映其详细情况。我国会计制度规定,那些发生频繁,要求严格管理和控制的业务,应设置特种日记账,一般必须设置现金和银行存款日记账,对库存和银行存款的收付款及结存情况进行序时登记,其格式见表6-1和表6-2。

2) 分类账簿

分类账簿是指按照设置的会计科目开设账户对各项经济业务进行分类登记的账簿。分类账簿按其反映内容的详细程度和范围可分为总分类账和明细分类账进行分类登记的账簿。

总分类账簿,简称总账,是指根据总账科目开设账户来分类登记全部经济业务,提供

总括核算资料。总分类账簿主要为编制会计报表提供直接数据资料，其格式见表6-2。

表6-1

库 存 现 金 日 记 账

年		凭证号数	摘 要	对应科目	借方 百十万千百十元角分	√	贷方 百十万千百十元角分	√	余额 百十万千百十元角分
月	日								

表6-2

银 行 存 款 日 记 账

年		凭证号数	结算方式		摘 要	借方 亿千百十万千百十元角分	√	贷方 亿千百十万千百十元角分	√	余额 亿千百十万千百十元角分
月	日		类	号码						

明细分类账簿又称明细分类账，简称明细账，是根据二级或明细会计科目设置账户，详细记录某一经济业务情况，提供明细核算资料的账簿。明细分类账簿可采用格式主要有

三栏式明细账、数量金额栏式明细账和多栏式明细账,其格式分别见表6-3、表6-4、表6-5。

表6-3

年		记账凭证号数	摘要	对方科目	借方 千百十万千百十元角分	贷方 千百十万千百十元角分	借或贷	余额 千百十万千百十元角分
月	日							

表6-4

最高储存量_____
最低储存量_____

本账页数_____
本户页数_____

编号____ 规格____ 单位____ 名称____

年		凭证		摘要	借方			贷方			借或贷	结存		
月	日	种类	号数		数量	单价	百十万千百十元角分	数量	单价	百十万千百十元角分		数量	单价	百十万千百十元角分

表 6-5

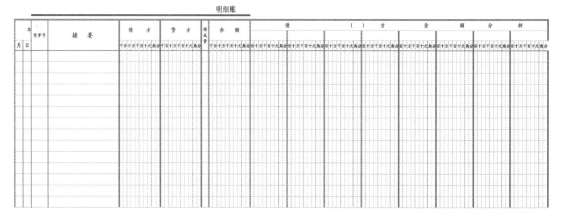

3) 备查账簿

备查账簿也称辅助账簿或备查簿,是用来补充登记日记账簿和分类账簿等主要账簿中未记载或记载不全的经济业务的账簿。如"租入固定资产登记簿"、"代管商品物资登记簿"等。

2. 账簿按照外表形式分类

会计账簿按照外表形式可以分为订本式账簿、活页式账簿和卡片式账簿三类。

1) 订本式账簿

订本式账簿是指在账簿启用之前就把账页装订成册,并编好页码的账簿。采用订本式账簿有利于防止账页散失,并防止非法抽换账页等舞弊行为的发生,保证账簿的安全、完整。订本式账簿存在不便于会计人员的分工记账和容易形成账页不足或浪费的缺点。订本式账簿主要适用于比较重要、业务量较多的账簿,如总分类账簿和库存现金日记账、银行存款日记账等。

2) 活页式账簿

活页式账簿,是指在启用账簿时,账页未固定装订成册,而是根据业务需要把若干零散的账页自行组合在活页夹内的账簿。活页式账簿克服了订本式账簿的缺点,但账页容易散失或被抽换。活页式账簿主要适用于明细账。

3) 卡片式账簿

卡片式账簿,是指由一些具有一定格式的硬质卡片组成,并编号放置在卡片箱内,随时可以取用或增添的账簿。卡片式账簿主要适用于记录内容比较复杂、业务发生次数不多的财产明细账,如固定资产明细账等。

3. 账簿按照账页格式分类

会计账簿按照账页格式可以分为三栏式账簿、多栏式账簿和数量金额栏式账簿等。

1) 三栏式账簿

三栏式账簿是设借方、贷方和余额三个栏目的账簿。特种日记账、总分类账以及债权、债务、资本明细账都可采用三栏式账簿(表 6-1、表 6-2、表 6-3)。

2) 多栏式账簿

多栏式账簿是在账簿的两个基本栏目——借方和贷方按需要分设若干专栏的账簿。收入、费用明细账一般均采用这种格式的账簿(表6-5)。

3) 数量金额栏式账簿

数量金额栏式账簿的借方、贷方和余额三个栏目内，都分设数量、单价、金额三个小栏，用以反映财产物资的实物数量和价值量。原材料、库存商品等明细账一般采用数量金额栏式账簿(表6-4)。

6.2 会计账簿的设置和登记

6.2.1 会计账簿的基本内容

1. 账簿设置的原则

每个企事业单位需要设置哪些账簿，应根据其业务特点和管理要求而定。一般来说，账簿的设置应当遵循如下几方面的原则。

(1) 账簿设置首先要能满足经济管理的需要，也即能够全面、系统地反映和监督各会计主体的经济活动变化情况，为各会计主体的经营管理提供总括的核算资料和明细的核算资料。

(2) 账簿设置必须保证组织严密，各类账簿之间既能够分工明确，又要使其内在联系密切；既要满足经营管理的需要，又要考虑人、财、物力的节约，力求避免经济资源的浪费。

(3) 账簿的格式力求简便适用，便于查核。

2. 账簿的基本内容

各个会计主体，由于管理的要求不同，所设置的账簿也不相同。同时各种账簿所记录的经济业务也各不相同，账簿的格式也可以多种多样，但各种主要的账簿都应具备以下基本内容。

(1) 封面。用以标明账簿名称和记账单位的名称。

(2) 扉页。用以填列账簿启用的日期和截止日期、页数、册次；经管账簿人员一览表和签章、会计主管人员签章；账户目录等内容。

(3) 账页。账簿是由若干账页组成的，账页的格式，虽然因记录的经济业务的内容不同而有所不同，但不同格式的账页应具备的基本内容却是相同的。账页的基本内容主要包括：①账户的名称(总账科目、二级科目或明细科目)；②登账日期栏；③凭证种类和号数栏；④摘要栏(记录经济业务内容的简要说明)；⑤金额栏；⑥总页次和分户页次。

6.2.2 会计账簿的启用规则

1. 启用账簿的一般规则

会计账簿是储存数据资料的重要会计档案，登记账簿要有专人负责。为了保证账簿记录的严肃性和合法性，明确记账的责任，保证会计资料的完整，在账簿启用时，应在"账簿启用和经管人员一览表"中详细记载单位名称、账簿编号、账簿册数、账簿页数、启用日期，并加盖单位公章，经管人员包括企业负责人、主管会计、复核和记账人员等均应登记姓名并加盖印章。

2. 会计人员的交接规则

记账人员调离岗位等因故离职时，必须与接管人员办理正式的交接手续。在交接记录栏内详细填写交接日期、交接人员和监交人员姓名，并由交接双方签字并加盖印章。一般会计人员办理交接手续，由会计机构负责人监交，而会计机构负责人办理交接手续，由单位负责人监交，必要时主管单位可以派人会同监交。

6.2.3 会计账簿登记的一般规则

会计人员应根据审核无误的会计凭证连续、系统、及时地登记会计账簿。对于总账要按照各会计主体所选用的具体账务处理程序来确定登记总账的依据和具体时间，而对于各种明细账，则要根据原始凭证和记账凭证逐笔逐日进行登记，也可定期登记。但债权债务类明细账和财产物资类明细账应当每天进行登记，以便随时与对方单位结算，或与财产物资的实存数进行核对，以确定结余数的正确性。现金和银行存款日记账，应当根据办理完毕的收付款凭证，随时逐笔顺序进行登记，最少每日登记一次。但不管哪类账簿的登记，都应遵循以下一般规则。

（1）登记账簿时必须使用钢笔，用蓝黑墨水登记，不能使用圆珠笔和铅笔。下列情况可以用红色墨水记账：按照红字冲账的记账凭证上，冲销错误记录；在不设借贷等栏的多栏式账页中，登记减少数；在三栏式账户的余额栏前，如未印明余额方向的，在余额栏内登记负数；根据国家统一的会计制度的规定可以用红字登记的其他会计记录。

（2）登记会计账簿时，应当将会计凭证的日期、编号、业务内容摘要、金额和其他有关资料逐项项入账内。登记完毕后，记账人员要在记账凭证上签名或盖章，并注明已经登账的标记（如打√等），表示已经登记入账，以避免重登和漏登。

（3）各种账簿应按账户页次顺序连续登记，不得跳行、隔页。如果发生跳行、隔页现象，应在空行、空页处用红色墨水画对角线注销，注明"此行空白"或"此页空白"字样，并由记账人员签章。

（4）摘要栏文字应简明扼要，并采用标准的简化汉字，不能使用不规范的汉字；金额栏的数字应该采用阿拉伯数字，并且对齐位数，注意"0"不能省略和连写。账簿中书写的文字或数字不能顶格书写，一般只应占格距的1/2，以便留有改错的余地。

（5）对于登错的记录，不得用刮擦、挖补、涂改或用药水消除字迹等手段更正错误，也不允许重抄。应采用正确的错账更正方法进行更正。

（6）各账户在一张账页登记完毕结转下页时，应当结出本页合计数和余额，写在本页最后一行和下页第一行有关栏内，并在本页最后一行的"摘要"栏内注明"转次页"字样，在下一页第一行的"摘要"栏内注明"承前页"字样。对"转次页"的本页合计数如何计算，一般分3种情况：①需要结出本月发生额的账户，结计"转次页"的本页合计数应当为自本月初起至本页末止的发生额合计数，如现金日记账、银行存款日记账及采用"账结法"下的各损益类账户；②需要结计本年累计发生额的账户，结计"转次页"的本页合计数应当为自年初起至本页末止的累计数，如"本年利润"账户和采用"表结法"下的各损益类账户；③既不需要结计本月发生额也不需要结计本年累积发生额的账户，可以只将每页末的余额结转次页。如债权、债务结算类账户、"实收资本"等资本类账户和"材料"等财产物资类账户。

6.3 日　记　账

在 6.2 节我们学习了会计账簿设置和登记的一般规则，但是对于不同种类的账簿，特别是日记账和分类账在设置和登记的具体方面有很大不同。所以本节和 6.4 节将分别介绍两大类账簿的具体设置和登记方法。

在企业会计实务中，尽管记账凭证式的账务处理程序仍有较广泛的使用，但采用这种直接通过记账凭证登记分类账的企业，绝大多数是业务量较少的小企业。而规模较大的企业由于业务量很大，必须先将交易与事项先记入日记账，然后将日记账中所记录的各个借项和贷项分别转记入有关的分类账户中。这种记录形式，尤其适用于大企业，而且效率高。

日记账是一种原始分录簿。它根据原始凭证，按时间顺序，逐笔登记每一笔经济业务，所以它也被称为日记簿。在记录时，日记账要为每一笔业务指出应借和应贷的各账户的名称和金额。相当于为每一笔业务做了一笔会计分录，因此它又被称为原始分录簿。通常按其登记业务的类型不同，日记账可分为普通日记账和特种日记账两类。

6.3.1　普通日记账

普通日记账可用于记录任何类型的经济业务，具有格式统一、使用方便的特点。无论是已设置特种日记账还是未设特种日记账的企业都可设置普通日记账。设置普通日记账的企业，一般不再使用记账凭证。普通日记账的登记方法如下。

（1）在日期栏内，记录经济业务发生的年、月、日。年月通常只在日记账每页的顶端及年月发生变动的地方填写，而日则每一笔分录必须填写。

（2）在分录号栏次内，记录所作分录的顺序号。

（3）在账户及摘要栏内，记入应借或应贷的账户名称及经济业务的简要说明。一般地，每笔分录总是先录入借方科目，然后再录入贷方科目，且二者不应对齐，借记部分应在左边先行录入，而贷部分则在借方科目下右错一格录入。

（4）在借、贷方金额栏内录入每一笔会计分录的借方金额和贷方金额。

（5）在过账栏填写所过入分类账的编号、页码，以便和分类账进行核对。

以第 5 章的两笔业务为例，其登记在普通日记账中的格式见表 6-6。

表 6-6

普通日记账　　　　　　单位：元　　　第×页

201×年		分录号	会计科目及摘要	金额		过账
月	日			借方	贷方	
10	15	略	银行存款	23 400		
			主营业务收入		20 000	
			应交税费		3 400	
			销售产品，价款存入银行			
	20		原材料	50 000		
			应交税费	8 500		
			银行存款		58 500	
			购入材料，款项通过银行支付			

设置普通日记账主要有三方面的优点：①与传统的记账凭证式账务处理程序相比，普通日记账形式大大减少了发生错误的可能性。这是因为如果以记账凭证直接登记分类账，就可能发生漏记或多记借方或贷方的情况。而采用日记账形式后，这种错漏能减少到最低限度。②每一笔日记账分录都列示了相应经济业务的完整借贷记录，且通过摘要栏能更完整、全面地反映经济业务的性质和来龙去脉。③日记账序时记录每笔经济业务，形成了一部能够反映企业某一时期企业经济活动的完整档案。这种资料对于企业进行全方面地经济活动分析有重要作用。

6.3.2 特种日记账

特种日记账是专门用来登记某一类经济业务的日记账，它是普通日记账的进一步发展。在企业的经济业务中，有大量重复发生的特定类型的交易，如现金的收付、原材料的采购、产品销售等。企业应根据自身经济业务的特点来决定设置何种特种日记账。最常见的特种日记账有现金日记账、银行存款日记账、销货日记账和购货日记账。下面以现金日记账和银行存款日记账为例介绍其设置和登记的方法。

1. 现金日记账

现金日记账，是用来登记与现金收付有关的所有业务的特种日记账。它是由出纳人员根据现金收付款凭证和银行存款付款凭证，按经济业务发生的先后顺序逐日逐笔地进行登记。按照我国《现金管理条例》中对企业现金收支的管理规定，现金日记账除应提供企业在每日的现金收入、现金支出及其余额的信息外，还应提供反映现金收支是否符合国家对现金收支的管理规定方面的信息。因此，在现金日记账上应设置"对应科目"栏。其格式及内容见表6-7。

表6-7

库存现金日记账（三栏式）

201×年		凭证		摘 要	对方账户	收入	支出	结余
月	日	字	号					
10	1			月初结余				1 500
	5	现收	1	李四归还借款	其他应收款	200		1 700
	10	银付	1	从银行提取现金	银行存款	17 000		18 700
	16	现付	1	支付职工工资	应付职工薪酬		16 300	2 400
				……				
10	31	现收	16	收到销货款	主营业务收入	2 400		6 100
10	31			本月合计		64 300	59 700	6 100

现金日记账的登记方法如下。

(1) 日期栏：登记记账凭证的日期，应与现金实际收付日期一致。

(2) 凭证栏：登记入账的收付款凭证的种类和编号，以便于查账和核对。现金收款凭证简称"现收"，现金付款凭证简称"现付"，银行存款付款凭证简称"银付"。

(3) 摘要栏：简要说明登记入账的经济业务的内容。文字要求简练，但必须能说明问题。

(4) 对方账户栏：登记与现金发生对应关系的账户的名称，其作用是揭示企业现金收入的来源和支出的用途。

(5) 收入、支出栏：登记企业现金实际收付的金额。在每日终了后，应结出本日的余额，记入"余额"栏，并将余额与出纳员的库存现金核对，即通常所说的"日清"。如账款不符应及时查明原因，并登记备案。月终，要计算本月现金收入、支出的合计数，并结出本月月末余额，也即通常所称的"月结"。

现金日记账除了上述三栏式外，也可采用多栏式，即在收入和支出栏内进一步设对方科目，也即在收入栏内设应贷科目（借方为现金），在支出栏内设应借科目（贷方为现金）。如果某些企业现金的收付业务比较多，而且与"现金"账户对应的账户不多，又比较固定的情况下，可以采用多栏式现金日记账。这种方式既反映了每一笔收支业务的来龙去脉，又便于分析和汇总对应账户的发生额，同时也减少了登记总分类账的工作量。

2. 银行存款日记账

银行存款日记账，是用来登记银行存款的增加、减少和结存情况的所有业务的特种日记账。银行存款日记账由出纳人员根据银行存款付款凭证、银行存款收款凭证和现金付款凭证（记录现金存入银行的业务），按照经济业务发生的时间先后顺序，逐日逐笔进行登记。同时应定期与银行对账单对账，编制银行存款余额调节表。银行存款日记账除应提供每日银行存款的增减金额及余额的信息外，还应反映企业以银行存款收付是符合国家《银行结算办法》的规定，因此，还应增设"结算凭证种类、编号"栏和"对方账户"栏。银行存款日记账的登记方法与现金日记账的登记方法基本相同。银行存款日记账的格式一般为三栏式，但也可采用多栏式，其根据与多栏式现金日记账相似。银行存款日记账的格式见表 6-8。

表 6-8

银行存款日记账（三栏式）

201×年		凭证		摘 要	结算凭证		对方账户	收入	支出	结余
月	日	字	号		种类	编号				
10	1			月初余额						120 000
	1	银收	1	收到天山公司欠款			应收账款	38 000		158 000
	5	银付	1	提取现金	现支	216	库存现金		16 000	142 000
	15	现付	2	将现金存入银行			库存现金	20 000		162 000
				……						
10	31	银收	19	收到销货款			应收账款	10 000		345 000
10	31			本月合计				320 000	95 000	345 000

设置特种日记账主要有两方面的优点：①节约人力。记录经济业务所需要的时间大大减少，既能减少从日记账过入分类账的过账工作量，又能减少登记总账的工作量。②便于分工。特种日记账使经济业务的记录与过账可以分工进行。当某一会计人员在销货日记账

上记录销售业务时，另一会计人员可以在现金日记账上记录各项现金收入业务。这样既能有利于会计人员更好的分工协作，还可以提高记账效率和明确记账责任。

6.4 分 类 账

6.4.1 总分类账

总分类账是按总分类账户分类登记全部经济业务的账簿。在总分类账中，应按照总账会计科目的编码分别开设账户，由于总分类账一般都采用订本式账簿，因此应事先为每一个账户预留若干账页。总分类账不仅能够全面、总括地反映经济业务的情况，并为会计报表的编制提供资料，同时也对其所属的各明细分类账起控制作用，因此任何单位都必须设置相应的总分类账。

总分类账的格式因采用的会计账务处理程序不同而各异。但是最常用的格式为三栏式总账，即分为借方金额、贷方金额、余额三栏。总分类账可以按记账凭证逐笔登记，也可以将记账凭证汇总进行登记，还可以根据普通日记账在月末汇总登记。具体的登记方法取决于企业所采用的会计账务处理程序，这一内容将在第8章详细介绍。三栏式总分类账的具体格式见表6-9。

表6-9

总分类账

会计科目：原材料

201×年		凭证		摘　要	借方金额	贷方金额	借或贷	余额
月	日	种类	编号					
10	1			月初结余			借	100 000
	5			购入	30 000		借	130 000
	15			领用		6 000	借	124 000
				……				
	31			本月合计	50 000	64 000		
				月末余额			借	86 000

此外也有企业采用多栏式总分类账，把序时账簿和总分类账簿结合在一起，变成了一种联合账簿，通常称为日记总账，它具有序时账簿和总分类账簿的双重作用。采用这种总分类账簿，可以减少记账的工作量，提高工作效率，并能较全面地反映资金运动的情况，便于分析企业经济活动状况。它主要适用于经济业务较少的经济单位。多栏式总分类账具体格式见表6-10。

但是多栏式总分类账篇幅较大，不便于登记和保管，不过对于实行会计电算化的企业，采用这种日记总账却有很多优点：能够全面地反映各项经济业务的来龙去脉，有利于对会计核算资料的分析和使用，而且其账务处理程序也较简单。

表 6-10

多栏式总分类账（日记总账）

×年		凭证		摘要	发生额	现金		银行存款		……		利润分配	
月	日	字	号			借	贷	借	贷			借	贷

6.4.2 明细分类账

明细分类账是按照各个明细账户分类登记经济业务的账簿。它可以反映资产、负债、所有者权益、收入、费用等价值变动情况，又可以反映资产等实物量增减情况，各单位可根据实际需要，按照二级科目或三级科目开设账户。明细分类账的格式主要是根据它所反映的经济业务的特点，以及实物管理的不同要求来设计的，明细分类账应根据原始凭证或原始凭证汇总表登记，也可以根据记账凭证登记。明细分类账可以采用三栏式、数量金额式和多栏式 3 种格式。

1. 三栏式明细账

三栏式明细分类账中只设有借方、贷方和余额三个金额栏。它适用于只反映价值信息的账户。如应收账款明细账、应付账款明细账、其他应收款明细账、应交税金明细账等。应收账款明细账具体格式见表 6-11。

表 6-11

应收账款明细账

二级科目：天山公司

201×年		凭证		摘要	借方	贷方	借或贷	余额
月	日	字	号					
10	1			月初余额			借	36 000
	2	转	5	天山公司购买 A 产品	14 000		借	50 000
	8	收	6	收到天山公司前欠购货款		8 000	借	42 000
				……				

2. 数量金额式明细账

数量金额式明细账中设有入库、出库和结存 3 大栏次，并在每一大栏下设有数量、单价和金额 3 个小栏目。这种格式适用于既要进行实物数量核算，又要进行金额核算的各种财产物资类账户。如原材料、产成品、自制半成品等账户的明细分类核算。数量金额式明细账实质上是在三栏式明细账的基础上发展起来的，是三栏式明细账的进一步扩展。原材料明细账具体格式见表 6-12。

3. 多栏式明细账

多栏式明细账是根据经济业务的特点和经营管理的需要,在某一总分类账项下,对属于同一级科目或二级科目的明细科目分设若干栏目,用以在同一张账页上集中反映各有关明细科目或项目的核算资料。它主要适用于费用、成本、收入和成果等账户的明细核算。按照明细分类账登记的经济业务的特点不同,多栏式明细账又可分为借方多栏式、贷方多栏式和借贷方多栏式三种格式。借方多栏式、贷方多栏式明细账格式见表6 13、表6-14。

表6-12

原材料明细账

一级科目:原材料
二级科目:甲材料

材料规格　　　　计量单位:元/千克　　　　最高储备　　　　最低储备

201×年		凭证		摘要	入库			出库			结存		
月	日	字	号		数量	单价	金额	数量	单价	金额	数量	单价	金额
10	1			月初余额							9	50	450
	5	收	1	验收入库	60	50	3 000				69	50	3 450
	9	领	6	车间领用				40	50	2 000	29	50	1 450

表6-13

生产成本明细账(借方多栏式)

二级科目:甲产品　　　　　　　　　　　　　　　　　　总第　页　　分第　页

201×年		凭证		摘要	借方				贷方	余额
月	日	字	号		直接材料	直接工资	制造费用	合计		
10	1			月初余额	1 200	1 000	300	2 500		2 500
	31	转	12	登记材料费	9 800			9 800		12 300
	31	转	13	登记人工费		12 800		12 800		25 100
	31	转	14	分配制造费用			2 800	2 800		27 900
	31			转出完工产品生产成本	-11 000	-13 800	-3 100	-27 900	-27 900	0

表 6-14

营业外收入明细账(贷方多栏式)

201×年		凭证		摘要	借方	贷方	余额	贷方金额分析			
月	日	字	号					银行存款	固定资产清理	……	合计

6.5 对账、结账与错账更正法

6.5.1 对账

对账就是核对账目。通常是在一定会计期间(月度、季度、年度)期末时,对各种账簿记录所进行的核对。通过对账,可以及时发现和纠正记账及计算的差错,做到账证相符、账账相符、账实相符,保证各种账簿记录的完整和正确,以便如实反映各单位经济活动的情况,并为编制会计报表提供真实可靠的核算资料。

1. 账证核对

账证核对是指各种账簿的记录与记账凭证及其所附的原始凭证相核对。这种核对通常是在日常核算中进行的,以使错账能及时得到更正。月终时,如果出现账证不符,则应将账簿记录与记账凭证重新复核,以确保账证相符。

2. 账账核对

账账核对是指各种账簿之间的有关数字进行核对,主要包括以下几个方面。

(1) 总账中各账户期末借方余额合计数与各账户期末贷方余额合计数相核对。

(2) 总账与所属明细账之间的核对。在确保总账中各账户借方余额合计数与各账户贷方余额合计数核对相符的基础上,对总账中各账户与其所属的各明细账进行核对。包括将总账账户的本期借方或贷方发生额合计数进行核对,以及将总账账户的期末余额与其所属的各明细账户的期末余额合计数进行核对。

(3) 总账与日记账之间的核对。即将总账中现金和银行存款账户的记录分别与现金日记账和银行存款日记账进行核对。其核对内容也包括余额核对和发生额核对。

(4) 会计部门各种财产物资明细账与财产物资保管或使用部门的有关财产物资明细账进行的核对。这项核对是在保证会计部门明细账记录正确的基础上进行的,通常是将两者的余额进行核对。

账账之间的核对,最终的要求是做到账账相符,以便为账物、账款之间的核对提供依据。

3. 账实核对

账实核对包括账物、账款的核对,即将各种财产物资的账面余额与实有数额进行核对。

(1) 现金日记账的余额与现金实际库存数相核对，并保证日清月结。

(2) 银行存款日记账的余额与银行送来的对账单相核对，每月最少一次，并保证相符。

(3) 各种应收、应付款明细账余额与有关债务、债权单位的账目相核对，并保证相符。

(4) 各种材料、物资、产品明细账的余额与其实物数额相核对，并保证相符。

6.5.2 结账

1. 结账的意义

结账，是指在把一定时期(月份、季度、年度)内所发生的全部经济业务登记入账的基础上，在期末按照规定的方法对该期内的账簿记录进行小结，结算出本期发生额合计数和余额，并将其余额结转下期或者转入新账以及划出结账标志的程序和方法。

为了正确反映一定时期内在账簿记录中已经记录的经济业务，总结有关经济业务活动和财务状况，各单位必须在会计期间结束时进行结账。通过结账，能够全面、系统地反映企业一定时期内所发生的全部经济业务所引起的企业资产、负债、所有者权益等方面的增减变动情况及其结果；通过结账，还可以合理地确定企业在各会计期间的净收益，便于企业合理地进行利润计算和利润分配；通过结账，有利于企业定期编制会计报表，结账工作的质量直接影响着会计报表的质量。

2. 结账的程序

简单地说，结账工作主要由两部分构成：一是结出总分类账和明细分类账的本期发生额和期末余额(包括本期累计发生额)，并将余额在本期和下期之间进行结转；二是损益类账户，即收入、成本费用类账户的结转，并计算出本期利润(利润的确定一般在年结时进行)。通常结账的程序可按以下步骤进行。

(1) 检查结账日截止以前所发生的全部经济业务是否都已经登记入账。检查账簿记录的完整性和正确性，每一项经济业务不能漏记、重记，也不能有错误的记账分录。

(2) 结账前的账项调整。为了正确计算企业在各会计期间的利润，应按照权责发生制原则和收入与费用配比原则确定应属于各会计期间的收入和费用。由于会计期间假设的存在，使企业经常发生一些收款期与受益期不一致的收入项目；以及一些支付期与负担期不一致的费用项目。因此，必然要求会计人员在各会计期间终了进行结账之前，按照权责发生制原则和配比原则进行账项调整，编制有关账项调整的会计分录。

(3) 编制结账分录。在有关经济业务都已经登记入账的基础上，要将各种收入、成本和费用等账户的余额进行结转，编制各种转账分录，结转到利润账户，再编制利润分配的分录。

(4) 计算发生额和余额。计算出各账户的发生额和余额，并进行结转，最终计算出资产、负债和所有者权益类账户的本期发生额和余额。

3. 结账的方法

结账工作通常是为了总结一定时期企业经济活动的变化情况和结果。根据核算的需要，结账一般分为月结、季结和年结三种。

（1）月结。月度结账时，应该结出本月借、贷双方的月内发生额和期末余额，在摘要栏注明"本期发生额及期末余额"，同时，在"本期发生额及期末余额"行的上、下端各划一条线，表示账簿记录已经结束。

（2）季结。季度结账应在本季度最后一个月结账数字的红线下边一行，把本季度3个月的借、贷双方月结数汇总，并在摘要栏内注明"本季发生额合计及季末余额"，同样在数字下端划一条红线。

（3）年结。年度结账时，应将四个季度的借、贷双方季结加以汇总，在摘要栏内注明"本年发生额及年末余额"，并在数字下端划双红线，表示本年度账簿记录已经结束。现以"现金"账户为例加以说明，具体见表6-15。

表6-15

总分类账

一级科目：库存现金

××年		凭证号数	摘　要	借　方	贷　方	借或贷	余　额
月	日						
1	1		上年结转			借	150
1	5				60	借	90
1	10			50		借	140
1	21				40	借	100
1	31		1月份合计	50	100	借	100
2	6			100		借	200
2	11				80	借	120
2	25				40	借	80
2	28		2月份合计	100	120	借	80
3	7			20		借	100
3	15			150		借	250
3	24				50	借	200
3	31		3月份合计	170	50	借	200
3	31		第一季度合计	320	270	借	200
			2006年度发生额总计	11 200	11 100	借	250
			上年余额	150			
			转下年结		250		
			合计	11 350	11 350		

注：年度结账后，总账和日记账应当更换新账，各账户的年末余额，应转入下年度的新账簿。明细账一般也应更换，但有些明细账，如固定资产明细账（卡）等可以连续使用，不必每年更换。

6.5.3 错账更正法

在账簿记录过程中，由于种种原因，不可避免地会发生各种各样的记账错误。当发现错账时，应根据差错的具体原因，选择相应的方法进行更正。更正错账的方法主要有以下三种。

1. 划线更正法

划线更正法适用于结账之前发现的账簿记录错误，而记账凭证没有错误的情况。即纯属登账时文字或数字上的错误，可采用划线更正法。

划线更正法是用一条红线划去错误数字或文字，并使原来的字迹仍然清晰可见，然后在红线上方空白处，用蓝黑墨水笔做出正确的记录，并由记账人员在更正处盖章，以示对该更正事项负责。

【例 6-1】 会计人员李明登记会计账簿时，将金额"53 200"写成"52 300"。
更正时应该按以下方法处理，如图 6.1 所示。

图 6.1 错账更正处理法

2. 红字更正法

红字更正法适用对以下两种错误的更正。

（1）记账后发现记账凭证中应记科目、借贷方向有错误，致使账簿记录错误。

更正时用红字填制一张内容与错误的记账凭证完全相同的记账凭证，在摘要栏中注明"更正第×张凭证的错误"，并据以用红字金额登记入账，冲销原有错误记录，然后，再用蓝字填制一张正确的记账凭证，并据以登记入账。

【例 6-2】 企业购入原材料(已入库)10 000 元，货款尚未支付。（不考虑增值税）
企业会计人员编制了如下会计分录，并已登记入账。

借：原材料　　　　　　　　　　　　　　　　　　　　　　　　10 000
　　贷：应收账款　　　　　　　　　　　　　　　　　　　　　　　　10 000

当发现上述错账时，应按下列方法进行更正。

① 用红字金额填制一张与原错误凭证完全一致的记账凭证，并用红字登记入账。

借：原材料　　　　　　　　　　　　　　　　　　　　　　　　10 000
　　贷：应收账款　　　　　　　　　　　　　　　　　　　　　　　　10 000

② 然后，用蓝字金额编制一张正确的记账凭证，并登记入账。

借：原材料　　　　　　　　　　　　　　　　　　　　　　　　10 000
　　贷：应付账款　　　　　　　　　　　　　　　　　　　　　　　　10 000

将上述更正错误的记录记入有关账户后，则有关账户的原错误记录得到更正，具体情况如图 6.2 所示。

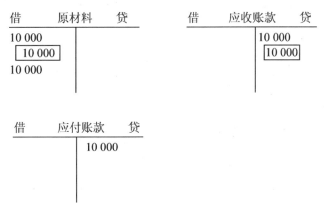

图 6.2 错账更正图示

（2）记账后发现记账凭证中应记科目、借贷方向无误，但所记金额大于应记金额，致使账簿记录错误。

如填制的记账凭证中会计科目名称和借贷方向正确，只是金额多计，在记账后发现，可用红字冲转多记部分。

【例 6-3】 月末企业计提生产用固定资产折旧 10 000 元。

企业会计人员编制了如下会计分录，并已登记入账。

借：制造费用　　　　　　　　　　　　　　　　　　　　　　　　　100 000
　　贷：累计折旧　　　　　　　　　　　　　　　　　　　　　　　　100 000

发现错误更正时，用红字金额填制一张红字的、其科目与方向与原错误凭证相同，但金额为应记金额与所记金额之差的记账凭证，并用红字登记入账。

借：制造费用　　　　　　　　　　　　　　　　　　　　　　　　　90 000
　　贷：累计折旧　　　　　　　　　　　　　　　　　　　　　　　　90 000

将上述更正错误的记录记入有关账户后，则有关账户的原错误记录得到更正，具体情况如图 6.3 所示。

图 6.3 错账更正图示

3. 补充登记法

补充登记法，也称蓝字补记法。应用此种方法是在科目对应关系正确时，将少记的金额用蓝字填制一张记账凭证，在摘要栏中注明"补记×字第×号凭证少记数"，并据以登记入账，以补充原来少记的金额。这种方法适用于记账后发现记账凭证所填的金额小于正确的情况。对于这种情况可以采用红字更正法，也可以采用补充登记法。

【例 6-4】 企业销售商品一批货款 20 000 元，货款尚未收到。（不考虑增值税）

企业会计人员编制了如下会计凭证,并已登记入账。

借:应收账款　　　　　　　　　　　　　　　　　　　　　　　　2 000
　　贷:主营业务收入　　　　　　　　　　　　　　　　　　　　　　2 000

为了更正账户少计的 18 000 元,应用蓝字填制一张如下记账凭证,并登记入账。

借:应收账款　　　　　　　　　　　　　　　　　　　　　　　　18 000
　　贷:主营业务收入　　　　　　　　　　　　　　　　　　　　　　18 000

将上述更正错误的记录记入有关账户后,使有关账户中错误的记录得到更正,具体情况如图 6.4 所示。

图 6.4　错账更正图示

6.6　会计账簿的更换与保管

6.6.1　账簿的更换

账簿的更换,是指在会计年度终了年度结账完毕以后,以新账代替旧账。在每一会计年度结束,新的会计年度开始时,应按照会计制度的规定,更换一次总账、日记账和大部分明细账。一少部分明细账还可以继续使用,年初可以不必更换账簿,如固定资产明细账(卡)等。

更换账簿时,应将上年度各账户的余额直接记入新年度相应的账簿中,并在旧账簿中各账户年终余额的摘要栏内加盖"结转下年"戳记。同时,在新账簿中相关账户的第一行摘要栏内加盖"上年结转"戳记,并在余额栏内记入上年余额。

6.6.2　账簿的保管

会计账簿是各单位重要的会计档案资料,在经营管理中具有重要作用。因此,各企事业单位都必须按照国家有关规定,健全账簿管理制度,妥善保管本单位的各类账簿。

账簿的保管,应该明确责任,保证账簿的安全和会计资料的完整,防止交接手续不清和可能发生的舞弊行为。在账簿交接保管时,应将该账簿的页数、记账人员的姓名、启用日期、交接日期等列表附在账簿的扉页上,并由有关方面签字盖章。账簿要定期(一般为年终)收集,审查核对,整理立卷,装订成册,专人保管,严防丢失和损坏。

账簿应按照规定的期限保管。各账簿的保管期限分别为:日记账一般为 15 年,其中现金日记账和银行存款日记账为 25 年;固定资产卡片在固定资产报废清理后应继续保存 5 年;其他总分类账、明细分类账和辅助账簿应保存 15 年。保管期满后,要按照会计档案管理办法的规定,由财会部门和档案部门共同鉴定,报经批准后进行处理。各类会计档案的保管原则上应当按照表 6-16,表中会计保管期限为最低保管期限。各单位会计档案的具体名称如有与表中所列档案名称不相符的,可以比照类似档案的保管期限办理。

合并、撤销单位的会计账簿,要根据不同情况,分别移交给并入单位、上级主管部门或主管部门制定的其他单位保管,并由交接双方在移交清册上签名盖章。

账簿日常应由各自分管的记账人员专门保管,未经领导和会计负责人或有关人员批准,不许非经管人员翻阅、查看、摘抄和复制。会计账簿除非特殊需要或司法介入要求,一般不允许携带外出。

表6-16 单位和其他组织会计档案保管期限

序号	档案名称	保管期限	备注
	一 会计凭证类		
1	原始凭证	15年	
2	记账凭证	15年	
3	汇总凭证	15年	
	二 会计账簿类		
4	总账	15年	包括日记总账
5	明细账	15年	
6	日记账	15年	现金和银行存款日记账保管25年
7	固定资产卡片		固定资产报废清理后保管5年
8	辅助账簿	15年	
	三 财务报告类		包括各级主管部门汇总财务报告
9	月、季度财务报告	3年	包括文字分析
10	年度财务报告(决算)	永久	包括文字分析
	四 其他类		
11	会计移交清册	15年	
12	会计档案保管清册	永久	
13	会计档案销毁清册	永久	
14	银行余额调节表	5年	
15	银行对账单	5年	

新会计年度对更换下来的旧账簿应进行整理、分类,对有些缺少手续的账簿,应补办必要的手续,然后装订成册,并编制目录,办理移交手续,按期归档保管。

以上是对手工记账方式下的会计账簿更换与保管的内容,而对于采用会计电算化的单位,也应当保存打印出的纸质会计账簿;如果企业具备采用磁盘、光盘、微缩胶片等磁性介质保存会计账簿条件的,应由国务院主管部门统一规定,并报财政部、国家档案局备案。

关键术语

会计账簿　序时账簿　分类账簿　备查账簿　日记账　总分类账　明细账　平行登记　对账　结账　划线更正法　红字更正法　补充登记法

关于会计账簿的有关税务规定

账簿，是纳税人用来连续地登记各种经济业务的账册或簿籍。从财务会计的角度讲，账簿主要用于核算企业的经济效益，反映企业的经济成果。从税收的角度讲，账簿是纳税人记载、核算应缴税额，填报纳税申报表的主要数据来源，是纳税人正确履行纳税义务的基础环节。

1. 账簿的种类和范围

账簿的种类包括总账、明细账、日记账和其他辅助性账簿。总账、日记账必须采用订本式。

对从事生产、经营的各类纳税人，都要按规定设置账簿，根据合法、有效凭证记账，进行核算。

对个体工商户因生产经营规模小又无建账能力确实不能设置账簿的，经税务机关核准，可以不设置账簿，或可以聘请注册会计师或者经税务机关认可的财会人员代为建账或办理账务。

2. 账簿凭证的设置

（1）从事生产、经营的纳税人自领取营业执照之日起 15 日内设置账簿；

（2）扣缴义务人应当自扣缴义务发生之日起 10 日内，按照所代扣、代收的税种，分别设置代扣代缴、代收代缴税款账簿。

（3）生产经营规模小又确无建账能力的个体工商户，可以聘请注册会计师或者经税务机关认可的财会人员代为建账和办理账务；聘请注册会计师或者经税务机关认可的财会人员有实际困难的，经县以上税务机关批准，可以按照税务机关的规定，建立收支凭证粘贴簿、进货销货登记簿等。

3. 账簿凭证的备案

（1）从事生产经营的纳税人自领取税务登记证件之日起 15 日内，将其财务、会计制度或者财务、会计处理办法报送税务机关备案。

（2）纳税人、扣缴义务人采用计算机记账的，应当在使用前将其记账软件、程序和使用说明书及有关资料报送主管税务机关备案。

纳税人、扣缴义务人会计制度健全，能够通过计算机正确、完整计算其收入或者所得的，其计算机储存和输出的会计记录，可视同会计账簿，但是应当打印成书面记录并完整保存；会计制度不健全，不能通过电子计算机正确、完整计算其收入或者所得的，应当建立总账和与纳税或者代扣代缴、代收代缴税款有关的其他账簿。

（3）账簿、会计凭证和报表，应当使用中文。民族自治地方可以同时使用当地通用的一种民族文字。外商投资企业和外国企业可以同时使用一种外国文字。

（4）从事生产、经营的纳税人的财务、会计制度或者财务、会计处理办法与国务院或者国务院财政、税务主管部门有关税收的规定抵触的，依照国务院或者国务院财政、税务主管部门有关税收的规定计算纳税。

4. 账簿凭证的保管

纳税人、扣缴义务人对各类账簿、会计凭证、报表、完税凭证及其他有关纳税资料应当保存 10 年。但是，法律、行政法规另有规定的除外。

5. 账簿凭证的法律责任

(1) 纳税人未按照规定设置、保管账簿或者保管记账凭证和有关资料的；未按照规定将财务、会计制度或者财务、会计处理办法报送税务机关备查的，税务机关自检查发现之日起三日内向纳税人发出责令限期改正通知书，逾期不改正的，可以处以 2 000 元以下的罚款；情节严重的，处以 2 000 元以上 1 万元以下的罚款。

(2) 扣缴义务人未按照规定设置、保管代扣代缴、代收代缴税款账簿或者保管代扣代缴、代收代缴税款记账凭证及有关资料的，由税务机关责令限期改正，逾期不改正的，可以处以 2 000 元以下的罚款；情节严重的，处以 2 000 元以上 5 000 元以下的罚款。

(3) 纳税人违反税收征管法规定，在规定的保存期限以前擅自损毁账簿、记账凭证和有关资料的，税务机关可以处以 2 000 元以上 1 万元以下的罚款；情节严重、构成犯罪的，移送司法机关依法追究刑事责任。

本 章 小 结

本章主要介绍了会计账簿的概念，日记账与分类账的设置和登记、对账、结账和错账更正及账簿的更换与保管。

会计账簿是指由一定格式账页组成的，以经过审核的会计凭证为依据，全面、系统、连续地记录各项经济业务的簿籍。账簿能够提供系统、完整的会计信息；也能够为会计报表的编制提供数据资料；同时也是企业业绩考核的重要依据。

日记账和分类账应按照账簿的一般规则进行设置和登记。日记账按其登记业务的类型不同，可分为普通日记账和特种日记账。设置普通日记账的企业一般不再使用记账凭证。特种日记账主要有现金日记账和银行存款日记账两种。

分类账包括总分类账和明细分类账两种。总分类账与明细账的登记要符合平行登记的原则。

对账、结账是会计期末的一项重要工作。对账即核对账目，主要包括账证核对、账账核对及账实核对。而结账是会计期末对账簿记录的总结工作，必须按照规定的程序进行。

会计账簿是重要的经济档案和历史资料，应按照有关规定妥善地保管。

课 堂 测 试

1. 总账与明细账的登记

资料：

(1) 三星公司在"应付账款"总账下按各债权单位名称分设明细账户。201×年 10 月 1 日，"应付账款"账户的期初余额如下。

会计科目：应付账款

单位名称	金　额
光明公司	50 000元
大华公司	20 000元
凯达公司	30 000元
合计	100 000元

(2) 10月份发生下列部分经济业务。

① 向光明公司购进A种材料5 000件，单价20元，B种材料100吨，单价50元，增值税税率为17%。以上两种材料已验收入库，货款尚未支付；

② 生产车间领用A材料6 000件，B材料3 000千克，全部投入生产甲产品；

③ 以银行存款偿还应付账款，其中偿还光明公司50 000元，大华公司20 000元；

④ 向大华公司购入B材料3 000千克，单价40元，增值税20 400元，材料已验收入库，款项尚未支付；

⑤ 以银行存款支付欠凯达公司的款项30 000元；

⑥ 向凯达公司购入B材料1 000千克，单价50元，增值税8 500元，材料验收入库，款未付；

⑦ 生产领用B材料150吨，用于生产乙产品；

⑧ 领用A材料4 000件，生产甲产品；

⑨ 向光明公司购入A材料5 000件，单价20元，增值税17 000元，材料已验收入库，款未付；

⑩ 向大华公司购入B材料5 000千克，单价30元，增值税25 500元，材料验收入库，款未付；

⑪ 以银行存款偿还光明公司货款120 000元，偿还大华公司货款100 000元。

要求：分别开设"应付账款"总账及明细账，进行登记，并结出本期发生额和期末余额。

总分类账

会计科目：应付账款

201×年		凭证		摘要	借方	贷方	借或贷	余额
月	日	字	号					
10								

应付账款明细账

明细科目：光明公司

201×年		凭证		摘　要	借方	贷方	借或贷	余额
月	日	字	号					

应付账款明细账

明细科目：大华公司

201×年		凭证		摘要	借方	贷方	借或贷	余额
月	日	字	号					

应付账款明细账

明细科目：凯达公司

201×年		凭证		摘要	借方	贷方	借或贷	余额
月	日	字	号					

2. 错账的更正

资料：三星公司本月发现下列账务处理错误。

（1）用银行存款偿还 B 公司款项 5 000 元，编制会计凭证如下并已登记入账。

借：应收账款　　　　　　　　　　　　　　　　　　　　　　　　5 000
　　贷：银行存款　　　　　　　　　　　　　　　　　　　　　　　　5 000

（2）公司以现金预付职工差旅费 3 000 元，编制如下会计凭证并登记入账。

借：管理费用　　　　　　　　　　　　　　　　　　　　　　　　3 000
　　贷：库存现金　　　　　　　　　　　　　　　　　　　　　　　　3 000

（3）以银行存款支付办公费 6 900 元，编制如下会计凭证并登记入账。

借：管理费用　　　　　　　　　　　　　　　　　　　　　　　　9 600
　　贷：银行存款　　　　　　　　　　　　　　　　　　　　　　　　9 600

（4）公司接到银行通知，收回甲企业所欠的货款 500 000 元，已做会计凭证并入账。

借：银行存款　　　　　　　　　　　　　　　　　　　　　　　　50 000
　　贷：应收账款　　　　　　　　　　　　　　　　　　　　　　　　50 000

要求：请你判断各种错误性质，说明应采取什么样的更正方法，并予以更正。

第7章 财产清查

教学目标

- 了解财产清查的意义和种类
- 掌握财产清查的方法
- 掌握银行存款余额调节表的编制
- 掌握财产清查结果的账务处理方法

教学要求

知识要点	能力要求	相关知识
财产清查	(1) 掌握财产清查的概念及意义 (2) 能够分辨财产清查的种类	(1) 财产清查的概念 (2) 财产清查的作用 (3) 财产清查的分类
财产清查的方法	(1) 了解财产清查准备工作的内容 (2) 能够根据不同类型的财产清查选择相应的财产清查的方法 (3) 能编制银行存款余额调节表	(1) 永续盘存制 (2) 实地盘存制 (3) 实物资产的具体清查方法 (4) 未达账项与银行存款余额调节表
财产清查结果的处理	(1) 了解财产结果的账务处理步骤 (2) 掌握财产清查结果的账务处理	(1) 待处理财产损溢 (2) 实物资产清查的处理 (3) 现金及往来款项的处理

第7章 财产清查

B公司是一家从事移动通信产业的企业,201×年半年报显示:201×年6月末的存货为16.32亿元,比上年同期的19.39亿元增长了13.4%,同时存货占总资产的比重由2009年中期的19.43%上升为25.49%。相应地,公司201×年上半年每股亏损高达1.02元。影响企业存货增长的因素有哪些?东方通信201×年上半年存货大幅度增加对东方通信的投资者来说是利多还是利空?

从会计循环程序来看,当企业将所有经济业务处理完毕并登记到相关账户中后,到会计期末便可准备编制财务报表。但为了保证财务会计报告信息的完整、准确、可靠,除在日常的会计循环过程中严格执行各相关程序外,还需要定期进行财产清查,做到账实相符。财产清查是会计核算的基本方法之一,本章将详细阐述企业财产清查的概念,财产清查的内容和方法及财产清查的结果处理。

7.1 财产清查概述

7.1.1 财产清查的概念

财产清查,是指通过对货币资金、实物资产和往来款项的盘点、核对或查询,确定其实存数,并查明账存数与实存数是否相符的一种专门方法。

会计核算的任务之一是核算和监督企业财产物资的保管和使用情况,保证企业财产物资安全完整,提高各项财产物资的使用效率。企业单位各种财产物资的增减变动和结存情况,通过会计核算的一系列专门方法,已经在账簿体系中得到了正确的反映,但账簿记录的正确性并不足以说明各种财产物资实际结存情况的正确。在具体会计工作中,即使是在账证相符、账账相符的情况下,财产物资的账面数与实际结存数仍然可能不一致。根据资产管理制度以及为编制会计报表提供准确可靠的核算资料的要求,必须使账簿中反映的有关财产物资和债权债务的结存数额与其实际数额保持一致,做到账实相符。因此,必须运用财产清查这一会计核算的专门方法。

7.1.2 财产清查的意义

财产清查对于保证会计核算资料的真实和可靠,保护财产的安全与完整,充分挖掘企业物资潜力,促进企业遵守财经纪律等方面有着重要意义。

1. 可以保证会计核算资料真实可靠

通过财产清查,可以查明财产物资有无短缺或盈余以及发生盈亏的原因,确定财产物资的实有数,并通过账项的调整达到账实相符,保证会计核算资料的真实性,为正确编制会计报表奠定基础。

2. 可以充分利用资金,挖掘财产物资的潜力

通过财产清查,可以查明货币资金、实物资产的利用情况,发现其有浪费、闲置、积

压或储备不足及不配套等现象,以便采取措施,对储备不足的设法补足,对呆滞积压和不配套的及时处理,充分挖掘财产物资潜力,提高财产物资的利用率。

3. 可以强化财产管理的内部控制制度

通过财产清查,可以发现资产管理工作中存在的各种问题,诸如收发手续不健全、保管措施不得力、控制手续不严密等,以便采取对策加以改进,健全内部控制制度,保护资产的安全与完整。

4. 可以促进企业建立健全规章制度

通过财产清查,企业可以对资金结算、账务处理、财产验收保管以及债权、债务、资本金管理等方面存在的问题,有针对性地进行调查研究,找出原因,采取措施,健全各项规章制度,并促使企业认真贯彻执行,严格遵守财经纪律。

7.1.3 财产清查的种类

1. 按清查的对象和范围分类

1) 全面清查

全面清查是指对一个单位的全部财产物资,包括实物资产、货币资金以及债权债务等进行的全面彻底的盘点与核对。原则上讲,全面清查的范围应包括资产、负债和所有者权益的所有有关项目。以制造企业为例,全面清查的内容应包括以下各项。

(1) 现金、银行存款、其他货币资金和银行借款。
(2) 各种机器设备、房屋、建筑物等固定资产。
(3) 各种原材料、半成品、产成品等流动资产。
(4) 各项在途材料、在途商品及在途物资。
(5) 各种应收、应付、预付、预收款等往来款项。
(6) 接受或委托其他单位加工保管的材料和物资。
(7) 各种实收资本、资本公积、盈余公积等有关所有者权益项目。

全面清查内容多、清查范围大、投入人力多、耗费时间长,不可能经常进行,一般只在下述情况下实施全面清查。

(1) 年终编制决算会计报表前。
(2) 企业撤销、合并或改变隶属关系时。
(3) 企业更换主要负责人时。
(4) 企业改制等需要进行资产评估时。

2) 局部清查

局部清查是指根据需要对部分实物资产或债权债务进行的盘点与核对。其特点是清查范围小、专业性强、人力与时间的耗费较少。其清查对象主要是流动性较强、易发生损耗及比较贵重的财产,主要包括以下几项。

(1) 对于库存现金,应由出纳员在每日业务终了时清点,做到日清月结。
(2) 对于银行存款和银行借款,应由出纳员每月同银行核对一次。
(3) 对于原材料、在产品和库存商品除年度清查外,每月应有计划地重点抽查,对于贵重的财产物资,应在每月清查盘点一次。

(4) 对于债权、债务,应在年度内至少核对一至两次。

2. 按清查的时间分类

1) 定期清查

定期清查就是根据事先计划安排的时间,对一个单位的全部或部分财产物资进行的清查,常在月末、季末和年末结账时进行。定期清查可以是全面清查,如年终决算前的清查,也可以是局部清查,如月末结账前对库存现金、银行存款以及一些贵重物资的清查。

2) 不定期清查

不定期清查是指事前未规定清查时间,而根据某种特殊需要进行的临时清查。不定期清查主要在以下几种情况下进行。

(1) 更换财产物资经管人员(出纳员、仓库保管员)时。
(2) 财产物资遭受自然或其他损失时。
(3) 单位合并、迁移、改制和改变隶属关系时。
(4) 财政、审计、税务等部门进行会计检查时。
(5) 按规定开展临时性清查核资工作时。

上述定期清查、不定期清查可以是全面清查,也可以是局部清查,应根据实际需要来确定。

7.1.4 财产清查前的准备工作

财产清查特别是全面性的财产清查,是一项涉及面广、工作量大、复杂细致的工作,为保证清查的质量,充分发挥财产清查的作用,必须做好清查前的准备工作。

1. 组织准备

为做好清查工作,应当成立专门的财产清查小组,由财会部门、资产管理和使用部门的业务领导、专业人员及有关职工代表组成三结合清查小组,负责组织领导和实施该项工作。清查小组应根据清查任务、对象和范围以及时间的要求,制订具体的清查计划,安排合理的工作进度,配备足够的清查人员。清查过程中,清查小组要做好清查质量的监督工作;清查完毕后,清查小组应将清查结果及处理意见上报有关部门审批处理。

2. 业务准备

财产清查前,资产管理部门、资产使用部门和财会部门应分别做好以下业务准备工作。

(1) 财会部门和资产管理部门应将清查日前所有的资产账簿登记齐全,并结出账面余额,做到账账相符,以便确定账实之间的差异。

(2) 组织清查人员学习有关政策规定,掌握有关法律、法规和相关业务知识,以提高财产清查工作的质量。

(3) 确定清查对象、范围,明确清查任务。

(4) 制定清查方案,具体安排清查内容、时间、步骤、方法,以及必要的清查前准备。

(5) 清查本着先清查数量，核对有关账簿记录，后认定质量的原则进行。

(6) 填制盘存清单，做好盘点记录，列明所查财产的实存数和款项及债权债务的实有数额。

(7) 根据盘存清单填制实物、往来账项清查结果报告表。

7.2 财产清查的内容和方法

财产清查是一项涉及面广、工作量大的工作，为了保证财产清查工作的质量，提高工作效率，达到财产清查的目的，确定各项财产清查的内容和方法是很有必要的。

7.2.1 实物资产的清查方法

1. 财产物资的盘存制度

会计核算中，在计算各种财产物资期末结存数额时，有两种方法，由此而形成两种盘存制度，即永续盘存制和实地盘存制。

1) 永续盘存制

永续盘存制亦称"账面盘存制"，是指对于各种财产物资的增减变化，平时就要根据会计凭证在账簿上予以连续登记，并随时结算出账面结存数额的一种方法。采用这种盘存制度，可以及时反映和掌握各种资产的收、发和结存的数量和金额，随时了解资产变动情况，有利于加强对资产的控制和管理，但登记账簿的工作量较大。可用公式表示如下。

账面期末余额＝账面期初余额＋本期增加额－本期减少额

采用永续盘存制计算的财产的账面期末结存数与实存数并不一定相符，因此，仍需定期对各种资产进行实地盘点，确定账实是否相符以及不符的原因。

2) 实地盘存制

实地盘存制亦称"以存计销制"或"盘存计销"，是指对于各种财产物资的增减变化，平时在账簿上只登记其增加数，而不登记其减少数，期末通过实地盘点确定财产物资的结存数后，倒算出本期减少数并登记入账的一种方法。可用公式表示如下。

本期资产减少金额＝期初账面结存金额＋本期增加金额－期末资产结存金额

采用实地盘存制度，核算工作较简便，但手续不够严密，容易造成工作上的弊端，诸如浪费、被盗、被挪用以及自然损耗等而引起的资产短缺，往往都视同为正常的减少入账，从而影响资产减少数额计算的正确性，难以通过会计记录对资产实施日常控制。

在会计核算时大部分财产物资均应采用永续盘存制。

2. 实物资产清查的具体方法

实物资产的清查主要是对有形财产物资的清查，包括固定资产、原材料、在产品、库存商品、低值易耗品等，清查的具体方法有实地盘点法和技术推算法两种。

1) 实地盘点法

实地盘点法是指通过点数、过磅、量尺等方式，确定财产物资的实有数量。该方法适用范围较广且易于操作，大部分实物资产均可采用。

2) 技术推算法

技术推算法是指通过技术推算(如量方、计尺等)测定财产物资实有数量的方法。该方法适用于大堆存放、物体笨重、价值低廉、不便逐一盘点的实物资产。从本质上讲，它是实地盘点法的一种补充方法。

对实物资产进行盘点时，实物保管人员必须在场，并与清查人员一起参与盘点，以明确经济责任。盘点时，有关人员要认真核实，及时记录，对清查中发现的异常情况如腐烂、破损、过期失效等，致使不能使用或销售的实物资产，应详细注明并提出处理意见。盘点结果应由有关人员如实填制"盘存单"，并由盘点人和实物保管人共同签字或盖章。盘存单是用来记录实物盘点结果，反映实物资产实存数额的原始凭证。其格式见表7-1。

表 7-1

盘 存 单

单位名称：红星纺织厂　　　　　　　　　　　　　　　　　　盘点时间：201×年12月31日
财产类别：存货　　　　　　　存放地点：2号仓库　　　　　　　　　　　编号：1002

编号	名称	规格或型号	计量单位	账面结存数量	实际盘点			备注
					数量	单价	金额	
6-01	棉纱	601	千克	129	132	5	660	
6-05	汽油	605	千克	300	295	12	3 540	

盘点人：李明　　　　　　　　　　　　　　　　　　　　实物保管人(签章)：张强

为了查明各种实物资产的实存数与账存数是否一致，应根据"盘存单"和会计账簿记录，编制"实存账存对比表"，以便确定各种账实不符资产的具体盈亏数额。"实存账存对比表"是用来反映实物资产实存数与账存数之间的差异并作为调整账簿记录的原始凭证。其格式见表7-2。

表 7-2

实存账存对比表(盘点盈亏报告单)

单位名称：红星纺织厂　　　　　　201×年12月31日　　　　　　　　编号：0116

编号	类别及名称	计量单位	单价	实存		账存		差异				备注
								盘盈		盘亏		
				数量	金额	数量	金额	数量	金额	数量	金额	
6-01	棉纱	千克	5	132	660	129	645	3	15			
6-05	汽油	千克	12	295	3 540	300	3 600			5	60	

报告人(签章)：李明

"实存账存对比表"又称"盘点盈亏报告单"，清查人员应以该表为基础核准各种资产的盈亏情况，分析查明账实不符的性质和原因，划清经济责任，按规定程序报请有关部门领导予以审批处理，并针对清查中发现的资产管理方面存在的问题，提出改进措施，促进各项资产管理制度的健全和完善。

在清查实物资产时,对于委托外单位加工、保管的材料、商品以及在途的材料、商品等,可采用询证方法与有关单位核对查实。

7.2.2 货币资金的清查方法

1. 库存现金的清查

对库存现金的清查主要采用实地盘点的方法,除出纳人员于每日结账后对其经管的现金进行清点外,清查小组还应对库存现金进行定期和不定期的清查。盘点时,要求出纳人员必须在场,以明确责任。既要清点现金实存数并与现金日记账余额相核对,查明盈亏,又要严格检查库存现金限额的遵守情况以及有无以白条抵充现金的现象。盘点完毕后,应根据盘点结果和现金日记账的结存余额编制"库存现金盘点报告表",将现金盘点后的盈亏情况及其原因如实填入。该表兼有"盘存单"和"实存账存对比表"的双重作用,是对库存现金进行差异分析和用以调整账项的原始凭证。其格式见表7-3。

表7-3

库存现金盘点报告表

单位名称:红星纺织厂　　　　　　　　　　　　　　　　　　　　201×年12月31日

币种	实存金额	账存金额	对比结果		备注
			盘盈	盘亏	
人民币	1 260	1 690		430	
美元	1 400	1 460		60	
合计					

盘点人:　　　　　　　　　　　　　　　　　　　　　　　　　　　　　出纳员:

2. 银行存款的清查

对银行存款的清查主要采用账项核对的方法,即根据银行存款日记账与开户银行转来的"银行对账单"进行核对。一般情况下,开户银行会定期将存款单位一定时期内在该银行的存款的增减变化和结存情况,以"对账单"的形式转给存款单位,供其核对。存款单位接到"银行对账单"后,应与银行存款日记账逐笔核对其发生额和余额,如果双方账目的结存余额不相一致,除某方(尤其是存款单位)银行存款日记账登记发生差错外,大多情况是由"未达账项"所造成。

所谓未达账项,主要是指存款单位与开户银行之间因结算凭证传递时间的差别,发生的一方已经记账,而另一方尚未接到有关凭证没有记账的款项。未达账项一般有以下4种情况。

(1) 单位已收,银行未收款项。本单位送存银行的款项,已经作为本单位存款增加记入银行存款日记账收入栏,但银行尚未入账。

(2) 单位已付,银行未付款项。本单位开出支票或其他支付凭证后,已经作为本单位存款减少记入银行日记账支出栏,但持票人尚未到银行办理转账,故银行未作为存款单位存款的减少入账。

(3) 银行已收，单位未收款项。银行代存款单位收进的款项已作为存款单位存款增加记账，而存款单位因未接到收款通知单尚未入账。

(4) 银行已付，单位未付款项。银行代存款单位支付的款项已作为存款单位的存款减少记账，而存款单位因未接到付款通知单尚未入账。

上述(1)、(4)这两种情况下，会使存款单位的银行存款日记账余额大于开户银行的对账单余额，而在(2)、(3)这两种情况下，则会使存款单位的银行存款日记的账面余额小于开户银行的对账单余额。

对未达账项所造成的银行存款日记账与对账单余额不一致的情况，一般在清查银行存款时，是通过编制"银行存款余额调节表"的方法加以揭示和进行调整，并以此来确定单位与开户银行的账目是否正确。

银行存款余额调节表的一般编制方法是：以单位、银行双方(即银行存款日记账和银行对账单)调整前的账面余额为基础，各自补记对方已入账而本方尚未入账的未达账项，计算出双方各自调整后的余额。若双方调整后的余额相等，一般表明双方记账正确，反之则说明某一方或双方记账有误。此种情况下，则应由某一方或双方进行查找并按照规定的错账更正方法予以更正。

现举例说明未达账项的调整方法。

【例7-1】 红星纺织厂201×年12月31日银行存款日记账余额为56 000元，开户银行转来的银行对账单余额为74 000元，经逐笔核对，发现以下未达账项。

(1) 公司收销货款2 000元，已记银行存款增加，银行尚未记增加。
(2) 公司付购料款18 000元，已记银行存款减少，银行尚未记减少。
(3) 接到甲工厂汇来购货款10 000元，银行已登记增加，公司尚未记增加。
(4) 银行代公司支付购料款8 000元，银行已登记减少，公司尚未记减少。

根据上述未达账项，编制银行存款余额调节表见表7-4。

表7-4

银行存款余额调节表
201×年12月31日

项　目	金额	项　目	金额
银行存款日记账余额	56 000	银行对账单余额	74 000
加：银行已收企业未收的款项	10 000	加：企业已收银行未收的款项	2 000
减：银行已付企业未付的款项	8 000	减：企业已付银行未付的款项	18 000
调整后余额	58 000	调整后余额	58 000

由表7-4可知，此种调节方法的计算公式为

单位银行存款日记账余额＋银行已收单位未收款项－银行已付单位未付款项＝银行对账单余额＋单位已收银行未收款项－单位已付银行未付款项

除上述调整方法外，还可按单位的银行存款日记账余额为标准，对银行对账单独立调整，使其在调整了所有应调整的账项后，与银行存款日记账余额取得一致。其计算公式为

银行对账单余额＋单位已收银行未收款项＋银行已付单位未付款项－单位已付银行未付款项－银行已收单位未收款项＝单位银行存款日记账余额

承例 7-1 资料，单位银行存款日记账余额计算如下。

$$74\,000+2\,000+8\,000-18\,000-10\,000=56\,000(元)$$

值得注意的是，银行存款余额调节表是用来试算和调节单位与银行之间账款是否相等的，并不能根据此表编制凭证和调节账簿记录。对于其中所涉及的全部未达账项，都必须在收到有关结算凭证后方可登记入账。

7.2.3 债权债务的清查方法

债权债务清查是指对应收、应付款项等往来账项的清查。债权债务的清查一般也是采取与对方单位核对账目的方法，主要分为以下三个步骤。

（1）将本单位的债权债务款项核对清楚，确认总分类账与明细分类账的余额相等。

（2）向对方单位填发对账单。对账单的格式一般为一式两联，其中一联作为回单，对方单位如核对相符，应在回单联上盖章退回。如发现数字不符，应在回单上注明，作为进一步核对的依据，其格式见表 7-5。

（3）收到回单后，应填制"往来款项清查表"，并及时催收应该收回的款项，积极处理呆账、坏账。其格式见表 7-6。

表 7-5

函 证 信

××公司：

本公司与贵公司的业务往来款项有下列各项目，为了核对账目，特函请查证是否相符，请在回执联中注明后盖章寄回。

此致

敬礼！

往来结算款项对账单

单位：　　　　　　　　　　地址：　　　　　　　　　　　　　　编号：

会计科目名称	截止日期	经济事项	账面余额

××公司（盖章）
年　月　日

表 7-6　　　　　　　　　　往来款项清查表

总分类账户名称：　　　　　　　　　年　月　日

明细分类账户		清查结果		核对不符原因分析			备注
名称	账面余额	核对相符金额	核对不符金额	未达账项金额	有争议款项金额	其他	

7.3 财产清查结果的处理

7.3.1 财产清查结果的处理原则与程序

企业对财产清查的结果处理,应当符合国家有关准则、制度的规定。财产清查中发现的盘盈、盘亏及毁损的财产等问题,首先要核准金额,其次要按规定程序报经上级部门批准,然后才能进行账务处理。其账务处理的程序如下。

1. 审批前的处理

根据实存账存对比表、现金盘点报告表等反映的各项财产物资的盘盈、盘亏及毁损数额,编制记账凭证,及时调整有关账簿记录,使通过调整后的账面结存数与财产物资的实存数趋于一致,并将盈亏数额记入"待处理财产损溢"账户。同时,将盈亏情况、查明的原因及处理建议向单位领导或有关部门办理报批手续。

2. 审批后的处理

接到单位领导及有关部门的批复意见后,根据财产物资盈亏、盘点的性质及原因,分别向责任人索赔,转入管理费用、营业外支出、营业外收入等的记账凭证,并记入有关账簿,同时核销"待处理财产损溢"账户的记录。

7.3.2 "待处理财产损溢"账户设置

由于财产清查结果的账务处理需分成两步,报批前已经调整了账簿记录,报批后才能针对盈亏原因做出相应的处理,因此,必须有一个过渡性的账户解决报批前后的相关记录。"待处理财产损溢"账户就是为满足这一会计核算要求而设置的。

核算内容:企业在财产清查过程中发生的各种财产物资的盘盈、盘亏或毁损的价值。单位的固定资产盘盈不通过该账户进行核算,而应作为前期差错记入"以前年度损益调整"账户。

账户性质:属资产类账户。

明细账户:可按盘盈、盘亏的资产种类和项目等进行设置。

账户结构:借方登记发生的待处理财产盘亏及毁损数和结转已批准处理的财产盘盈数,贷方登记发生的待处理财产盘盈数和结转已批准处理的财产盘亏和毁损数。该账户借方余额表示尚待批准处理的财产物资的净损失,贷方余额表示尚待批准处理的财产物资的净盈余。

根据资产的定义,按现行企业会计准则的规定,对待处理财产损溢应及时报批处理,并在期末结账前处理完毕。如果其在期末结账前尚未经批准,应在对外提供财务报告时先行处理。所以,该账户在期末没有余额。

7.3.3 财产清查结果的账务处理

1. 实物资产清查结果的账务处理

【例 7-2】 某公司在财产清查中,盘盈设备一台,同类设备市场价格为 20 000 元,估计八成新。

盘盈的固定资产，应按重置成本确定其入账价值，作为前期差错处理，在按管理权限经批准处理前，应先通过"以前年度损益调整"账户核算，应编制如下会计分录。

借：固定资产　　　　　　　　　　　　　　　　　　　　　　　　16 000
　　贷：以前年度损益调整　　　　　　　　　　　　　　　　　　　　16 000

【例7-3】 某公司在财产清查中，发现盘亏设备一台，其账面价值为60 000元，已提折旧20 000元。报经批准后列作营业外支出。

盘亏时编制如下会计分录。

借：待处理财产损溢　　　　　　　　　　　　　　　　　　　　　40 000
　　累计折旧　　　　　　　　　　　　　　　　　　　　　　　　20 000
　　贷：固定资产　　　　　　　　　　　　　　　　　　　　　　　60 000

经批准处理时应编制如下会计分录。

借：营业外支出　　　　　　　　　　　　　　　　　　　　　　　40 000
　　贷：待处理财产损溢　　　　　　　　　　　　　　　　　　　　40 000

【例7-4】 某公司在财产清查中，盘亏甲材料2 000元，增值税税率为17%，共计2 340元。属一般经营损失，报批后按规定计入管理费用。

盘亏时编制如下会计分录。

借：待处理财产损溢　　　　　　　　　　　　　　　　　　　　　2 340
　　贷：原材料　　　　　　　　　　　　　　　　　　　　　　　　2 000
　　　　应交税费——应交增值税（进项税额转出）　　　　　　　　　340

批准处理时编制如下会计分录。

借：管理费用　　　　　　　　　　　　　　　　　　　　　　　　2 340
　　贷：待处理财产损溢　　　　　　　　　　　　　　　　　　　　2 340

【例7-5】 某企业在财产清查中，发现库存乙材料变质，原价5 000元，增值税税率为17%，残料变价收入600元。分析原因系保管员王某失职造成。

在报批前，编制会计分录如下。

借：待处理财产损溢　　　　　　　　　　　　　　　　　　　　　5 250
　　银行存款　　　　　　　　　　　　　　　　　　　　　　　　600
　　贷：原材料　　　　　　　　　　　　　　　　　　　　　　　　5 000
　　　　应交税费——应交增值税（进项税额转出）　　　　　　　　　850

在报经审批后，损失由保管员王某负责赔偿，会计分录为如下。

借：其他应收款——王某　　　　　　　　　　　　　　　　　　　5 250
　　贷：待处理财产损溢　　　　　　　　　　　　　　　　　　　　5 250

【例7-6】 某公司在财产清查中，查明盘盈材料一批，按同类材料估计确定其成本为2 000元。该材料查明系平时收发计量误差所致，经批准作冲减"管理费用"处理。

在报经审批前，根据清查结果报告表编制会计凭证，登记账簿。会计分录如下。

借：原材料　　　　　　　　　　　　　　　　　　　　　　　　　2 000
　　贷：待处理财产损溢　　　　　　　　　　　　　　　　　　　　2 000

报经审批后，根据批准意见冲减管理费用，会计分录为如下。

借：待处理财产损溢　　　　　　　　　　　　　　　　　　　　　　2 000
　　贷：管理费用　　　　　　　　　　　　　　　　　　　　　　　　2 000

2. 库存现金清查结果的账务处理

【例 7-7】 某公司现金清查中，发现短缺 1 200 元，其中 500 元应由出纳员李某承担责任，另 700 元无法查明原因。按规定调整现金账户记录，编制如下会计分录。

借：待处理财产损溢　　　　　　　　　　　　　　　　　　　　　　1 200
　　贷：库存现金　　　　　　　　　　　　　　　　　　　　　　　　1 200

报经审批后，由出纳员负责的令其赔偿，责任无法分清的列入营业外支出。会计分录如下。

借：其他应收款——出纳员李某　　　　　　　　　　　　　　　　　　500
　　营业外支出　　　　　　　　　　　　　　　　　　　　　　　　　700
　　贷：待处理财产损溢　　　　　　　　　　　　　　　　　　　　1 200

3. 债权债务清查结果的账务处理

在财产清查中，确认已经无法收回的应收款项和无法支付的应付款项，按会计制度规定，应在上报有关部门批准后予以核销。

【例 7-8】 A 企业所欠本公司的应收账款 12 000 元，经努力确认已经无法收回，按规定作坏账损失处理。

有关坏账损失的处理，通常有两种方法：一是"直接冲销法"，即确认应收款项无法收回时直接计入管理费用；二是"备抵法"，即平时按规定比率计提坏账准备金，计入管理费用，形成坏账准备（借：管理费用，贷：坏账准备），待坏账发生时，冲减坏账准备。

本例中，采用直接冲销法，应编制如下会计分录。

借：管理费用　　　　　　　　　　　　　　　　　　　　　　　　　12 000
　　贷：应收账款　　　　　　　　　　　　　　　　　　　　　　　12 000

如果采用备抵法，应编制如下会计分录。

借：坏账准备　　　　　　　　　　　　　　　　　　　　　　　　　12 000
　　贷：应收账款　A 企业　　　　　　　　　　　　　　　　　　　12 000

关键术语

财产清查　局部清查　全面清查　定期清查　不定期清查　永续盘存制　实地盘存制　未达账项　银行存款余额调节表　待处理财产损溢

1. 存货的分类

存货是指企业在日常活动中持有的以备出售的产品或商品、处在生产过程中的在产品、在生产过程或供应劳务过程中耗用的材料、物料等。存货按其经济内容可以分为原材料、在产品、半成品、产成品、库存商品和周转材料等；按其存放地点可以分为库存存货、在途存货、加工存货。

2. 存货的入账价值

企业取得的存货应当按照成本进行初始计量，存货成本包括采购成本、加工成本和其他成本。

外购存货的采购成本一般包括采购价格、进口关税和其他税金、运输费、装卸费、保险费以及其他可直接归属于存货采购的费用。

加工存货成本是指企业在进一步加工存货的过程中发生的追加费用，包括直接工人以及按照一定方法分配的制造费用。

投资者投入存货成本，应按投资各方签订的投资合同或协议约定的价值确定，但合同或协议约定价值不公允的除外。

盘盈存货的成本应当按同类或类似存货的重置成本作为实际成本。

3. 存货发出的计价

企业会计准则规定，企业领用或发出的存货，按照实际成本计算的，可以采用先进先出法、全月一次加权平均法、移动加权平均法、个别计价法等方法确定其实际成本。

本 章 小 结

　　财产清查，是通过对各种财产物资、货币资金和往来款项的实地盘点、账项核对或查询，查明某一时期的实际结存数，并与账存数核对，确定账实是否相符的一种会计核算方法。通过财产清查，可以保证会计核算资料真实可靠；可以充分挖掘财产物资的潜力；可以强化财产管理的内部控制制度。按清查的对象可分为全面清查和局部清查；按清查的时间可分为定期清查和不定期清查。

　　财产清查的内容和方法，按清查的具体内容不同可分类为三种情况：实物资产的清查方法；货币资金的清查方法；往来款项的清查方法。

　　实物资产的盘存制度通常有永续盘存制度和实地盘存制度两种。根据实物资产的特点不同，可采用的清查方法主要有实地盘点法和技术推算盘点法。

　　库存现金的清查是通过实地盘点，再与现金日记账余额核对，以查明情况。

　　银行存款的清查，采用与开户行核对账目的方法进行，由于未达账项的存在，会使企业银行存款日记账余额与银行对账单余额不符，需要编制"银行存款余额调节表"来进一步确定双方记账是否一致。

　　往来款项的清查一般采用"函证核对法"进行。

　　财产清查的结果，要按规定的程序处理。通过设置"待处理财产损溢"账户对财产盘盈盘亏进行会计处理。该账户借方登记发生的待处理财产盘亏及毁损数和结转已批准处理的财产盘盈数，其贷方登记发生的待处理财产盘盈数和结转已批准处理的财产盘亏和毁损数。该账户借方余额表示尚待批准处理的财产物资的净损失，贷方余额表示尚待批准处理的财产物资的净盈余。

　　固定的资产盘盈，不通"待处理财产损溢"账户核算。

课 堂 测 试

1. 银行存款余额调节表的编制

资料：

天宇公司201×年11月30日银行存款日记账的余额是143 900元，银行送来的对账单上余额是152 000元，经逐笔核对查明下列未达账项。

(1) 公司于11月27日开出转账支票一张，金额4 500元，银行未入账；
(2) 11月29日银行代公司收回销货款7 500元，公司尚未收到收款通知；
(3) 30日银行代扣公司水电费600元，公司尚未接到发票；
(4) 公司在30日收到转账支票一张，金额3 300元，银行尚未入账。

要求：

分析天宇公司11月份未达账项的类型，编制银行存款余额调节表，指出11月30日天宇公司可动用的银行存款余额。

银行存款余额调节表

年 月 日

项 目	金 额	项 目	金 额
银行存款日记账余额 加：银行已收企业未收的款项 减：银行已付企业未付的款项		银行对账单余额 加：企业已收银行未收的款项 减：企业已付银行未付的款项	
调整后余额		调整后余额	

2. 永续盘存制与实地盘存制的应用

资料：

天宇公司发出存货采用加权平均法，201×年9月1日丙材料期初结存1 000件，单位成本50元；本月购入丙材料1 900件，单位成本50元；本月发出存货1 800件；期末经实地盘点，查明丙材料实存数为160件。

要求：根据上述资料回答下列问题。

(1) 在永续盘存制下，天宇公司201×年9月末库存丙材料的账面余额是多少？
(2) 在实地盘存制下，天宇公司201×年9月份发出材料的成本是多少？
(3) 在永续盘存制下，天宇公司201×年9月末丙材料是盘盈还是盘亏？金额为多少？

第 8 章 账务处理程序

教学目标

- 了解账务处理程序的含义
- 熟悉账务处理程序的类别
- 明确账务处理程序的基本内容
- 掌握各种账务处理程序的特点、一般程序、适用范围及优缺点

教学要求

知识要点	能力要求	相关知识
账务处理程序概述	(1) 理解什么是账务处理程序 (2) 了解账务处理程序的种类	(1) 账务处理程序的意义 (2) 账务处理程序的种类
记账凭证账务处理程序	(1) 掌握记账凭证账务处理程序的特点 (2) 掌握记账凭证账务处理程序的基本步骤 (3) 掌握记账凭证账务处理程序适用范围及优缺点	(1) 记账凭证账务处理程序的概念 (2) 记账凭证账务处理程序的基本步骤 (3) 记账凭证账务处理程序的优缺点及适用范围
汇总记账凭证账务处理程序	(1) 掌握汇总记账凭证账务处理程序的特点 (2) 掌握汇总记账凭证账务处理程序的基本步骤 (3) 掌握汇总记账凭证账务处理程序适用范围及优缺点	(1) 汇总记账凭证账务处理程序的概念 (2) 汇总记账凭证账务处理程序的基本步骤 (3) 汇总记账凭证账务处理程序的优缺点及适用范围
科目汇总表账务处理程序	(1) 掌握科目汇总表账务处理程序的特点 (2) 掌握科目汇总表账务处理程序的基本步骤 (3) 掌握科目汇总表账务处理程序适用范围及优缺点	(1) 科目汇总表账务处理程序的概念 (2) 科目汇总表账务处理程序的基本步骤 (3) 科目汇总表账务处理程序的优缺点及适用范围
账务处理程序运用举例	(1) 掌握记账凭证账务处理程序的实际运用 (2) 掌握科目汇总表的编制	(1) 记账凭证账务处理程序运用举例 (2) 汇总记账凭证账务处理程序运用举例

通达公司成立于两年之前,是一家规模小、业务量不大的贸易公司,公司会计核算采用记账凭证账务处理程序。石磊是这家公司的一名财务人员,其所负责的工作之一就是每月根据各种记账凭证逐笔登记总账。开始时,由于公司规模小,业务量不大,石磊的工作相对轻松。但随着公司这两年规模的不断扩大,业务量越来越大,石磊登记总账的工作量也变得越来越大,每天难以应对。于是,石磊向公司相关领导提出增加一名会计人员分担其一部分记账工作量的要求。但公司领导以控制成本为由拒绝增加财务人员,并要求公司财务部门自行妥善解决这一问题。公司财务部门应该怎样做才能既保证工作的质量,又减轻石磊登记总账的工作量?

企业在生产经营过程中所发生的各项经济业务,由于企业的规模、形式不同,其所采用的账务处理程序也不尽相同。本章将阐明会计账务处理程序的意义、种类,记账凭证账务处理程序、汇总记账凭证账务处理程序和科目汇总表账务处理程序的特点、程序、适用范围及优缺点。

8.1 账务处理程序概述

会计账簿、记账凭证和会计报表是组织会计核算的工具。会计账簿、记账凭证和会计报表又不是彼此孤立的,它们以一定的形式结合,构成一个完整的工作体系。因此,会计账务处理程序,也叫会计核算程序或会计核算形式。它是指会计凭证、账簿组织、会计报表的种类、记账程序和记账方法相互结合的步骤和方法。账簿组织是指账簿的种类、格式和各种账簿之间的相互关系。记账程序是指运用一定的记账方法,从填制、审核会计凭证,登记账簿直到编制会计报表的工作程序,也是将发生的经济业务利用会计凭证、账簿组织、会计报表进行反映的步骤与过程。如何应用会计凭证、会计账簿、会计报表等方法,与会计账务处理程序有直接关系。即使是对于同样的经济业务进行账务处理,如果采用的记账程序不同,所采用的会计凭证、会计账簿、会计报表种类与格式也有所不同。不同格式、种类的会计凭证、会计账簿、会计报表与一定的记账程序相结合,就形成了在做法上有着一定区别的账务处理程序。

8.1.1 账务处理程序的意义

为了连续、系统、全面地反映企业、单位的经济活动,为经营管理活动提供及时有效的会计信息,也为了合理、科学地组织会计核算工作,除了要及时正确地填制会计凭证、登记账簿和编制会计报表以外,企业、单位还必须根据自己的实际情况,确定相应地会计核算程序,使会计凭证的填制,账簿的登记,会计报表的编制能够有机地结合起来,即设计本单位的账务处理程序。

选择适当的账务处理程序,对于科学组织企业单位的会计核算工作具有如下重要意义:有利于加强企业单位的内部控制;有利于保证会计信息的真实、及时、完整;有利于提高会计核算工作的工作效率；有利于充分体现会计在经营管理中的重要作用。

8.1.2 账务处理程序设计的基本要求

在会计工作中，不同单位的业务性质、规模大小、管理要求各不相同，其对会计核算程序的要求也不完全一致，但科学、合理的账务处理程序应符合下列基本要求。

1. 应从本单位实际情况出发

企业所选择的账务处理程序要适应本单位实际情况，与本单位的经营性质、生产经营规模的大小、业务量的多少、会计事项的繁简程度、会计机构的设置和会计人员的配备、分工等情况相适应，以保证会计核算工程顺利进行。

2. 应保证会计核算质量

账务处理程序的设计必须满足会计信息使用者的要求，提供及时、准确、系统、全面的会计核算资料。方便会计信息使用者及时掌握企业的财务状况、经营成果和现金流量，并据以满足经济决策的需要。

3. 应满足提高会计核算工作效率的要求

账务处理程序设计在保证会计核算资料真实、完整、及时、准确的前提下，力求简化核算手续，节约核算中的人力、物力消耗，节省核算费用。

8.1.3 账务处理程序的种类及一般步骤

1. 账务处理程序的种类

根据上述账务处理程序设计的基本要求，结合我国会计工作实际，目前，各单位采用的账务处理程序主要有以下三类。

（1）记账凭证账务处理程序。
（2）汇总记账凭证账务处理程序。
（3）科目汇总表账务处理程序。

2. 账务处理程序的一般步骤

各种账务处理程序的一般步骤是会计凭证、账簿、会计报表三者有机结合的数据传递程序，即：会计凭证→会计账簿（账户、账簿）→会计报表。其一般步骤如下所述。

（1）根据原始凭证或原始凭证汇总表填制记账凭证。
（2）根据收款、付款凭证，序时逐笔登记库存现金日记账和银行存款日记账。
（3）根据记账凭证及其所附原始凭证或原始凭证汇总表登记明细分类账。
（4）根据登记总账的依据登记总分类账。
（5）定期将总账与明细账、总账与日记账进行核对。
（6）根据总账和有关明细分类账资料编制财务报表。

8.2 记账凭证账务处理程序

8.2.1 记账凭证账务处理程序的特点

记账凭证账务处理程序是指对发生的交易或事项,都要根据原始凭证或原始凭证汇总表编制记账凭证,然后直接根据记账凭证逐笔登记总分类账的一种账务处理程序。其显著特点是:在会计核算中直接根据记账凭证逐笔登记总分类账。它是最基本的账务处理程序,其他各种账务处理程序都是在此基础上发展形成的。

8.2.2 记账凭证账务处理程序的步骤

记账凭证账务处理程序下,企业的会计核算步骤如下。

(1) 根据原始凭证或原始凭证汇总表编制记账凭证。记账凭证可以根据实际情况选用收款凭证、付款凭证和转账凭证,也可以直接选用通用记账凭证。

(2) 根据收款凭证和付款凭证逐日逐笔登记现金日记账和银行存款日记账。

(3) 根据原始凭证、原始凭证汇总表、记账凭证逐笔登记各类明细账。

(4) 根据记账凭证逐笔登记总分类账。

(5) 月末,将现金日记账、银行存款日记账、各明细账的余额的合计数,分别与相关总分类账账户的余额进行核对。

(6) 根据总分类账和明细分类账编制会计报表。

记账凭证账务处理程序的核算程序如图 8.1 所示。

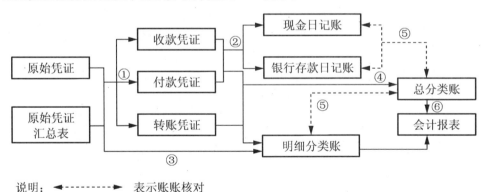

图 8.1 记账凭证账务处理程序的核算程序

8.2.3 记账凭证账务处理程序的优缺点及适用范围

1. 记账凭证账务处理程序的优点

采用记账凭证账务处理程序,总分类账能详细的反映经济业务的发生情况;账户的对应关系和经济业务的来龙去脉,清晰明了,便于查账和用账;总分类账登记方法简单,容易被理解和掌握。

2. 记账凭证账务处理程序的缺点

登记总账的工作量大。对发生的每一笔经济业务都要根据记账凭证逐笔登记总账，实际上与登记日记账、明细账的做法一样，是一种简单的重复登记，特别是当单位的业务量较大时，此种账务处理程序就会形成较大的工作量。账页耗用多，预留账页多少难以把握。

3. 记账凭证账务处理程序的适用范围

记账凭证账务处理程序通常用在规模小、业务量少、凭证不多的单位。

8.3 汇总记账凭证账务处理程序

8.3.1 汇总记账凭证账务处理程序的特点

汇总记账凭证账务处理程序，是定期将所有记账凭证汇总编制成汇总收款凭证、汇总付款凭证和汇总转账凭证，然后再根据汇总记账凭证登记总分类账并定期编制会计报表的账务处理程序。其显著特点是：每隔一定期间要根据记账凭证编制汇总记账凭证并具以登记总账。

汇总记账凭证可分为汇总收款凭证、汇总付款凭证和汇总转账凭证三种，并分别根据收款、付款和转账三种记账凭证填制。使用的会计账簿与记账凭证账务处理程序基本相同。

汇总收款凭证按照"库存现金"、"银行存款"账户的借方设置，其编制过程通过定期将收款凭证中与借方对应的贷方账户进行归类汇总来完成。

汇总付款凭证按"库存现金"、"银行存款"账户的贷方设置，其编制过程通过定期将付款凭证中与贷方账户对应的借方账户进行归类汇总来完成。

汇总转账凭证通常按照每一贷方账户设置，通过与该贷方账户对应的借方账户进行归类汇总来完成其编制过程。由于会计实务中有"以贷为主"的习惯，所以汇总转账凭证通常不按借方来设置，而且为便于汇总转账凭证的编制，编制转账凭证的时候不能出现多借多贷或一借多贷。

8.3.2 汇总记账凭证账务处理程序的步骤

汇总记账凭证账务处理程序工作步骤如下。

(1) 根据各种原始凭证编制原始凭证汇总表。

(2) 根据原始凭证、原始凭证汇总表编制记账凭证。为了便于编制汇总记账凭证，要求收款凭证按一个借方科目与一个或几个贷方科目相对应填制，付款凭证按一个贷方科目与一个或几个借方科目相对应填制，转账凭证按一贷一借或一贷多借的科目相对应填制。

(3) 根据收、付款凭证登记现金日记账和银行存款日记账。现金日记账和银行存款日记账通常采用收、付、余三栏式日记账簿。

(4) 根据原始凭证、原始凭证汇总表和各种记账凭证登记各种明细账。明细账的格式根据各单位的实际情况及管理上的要求可分别采用三栏式、数量金额式和多栏式。

（5）根据各种记账凭证编制汇总收款凭证、汇总付款凭证和汇总转账凭证。汇总收款凭证、汇总付款凭证和汇总转账凭证的常用格式见表8-1、表8-2、表8-3。

表8-1

汇总收款凭证

借方科目：库存现金（或银行存款）　　　　　　年　月　　　　　　　　汇总第　号

贷方科目	金　额			合计	总账页数	
	1—10号收款凭证第　号至第　号	11—20号收款凭证第　号至第　号	21—30号收款凭证第　号至第　号		借方	贷方
合计						

表8-2

汇总付款凭证

贷方科目：银行存款（或库存现金）　　　　　　年　月　　　　　　　　汇付第　号

借方科目	金　额			合计	总账页数	
	1—10号付款凭证第　号至第　号	11—20号付款凭证第　号至第　号	21—30号付款凭证第　号至第　号		借方	贷方
合计						

表8-3

汇总转账凭证

贷方科目：　　　　　　　　　　　　　　　　年　月　　　　　　　　汇转第　号

借方科目	金　额			合计	总账页数	
	1—10号转账凭证第　号至第　号	11—20号转账凭证第　号至第　号	21—30号转账凭证第　号至第　号		借方	贷方
合计						

（6）定期或月终根据汇总记账凭证登记总账。

(7) 月终，按照对账的要求，将现金日记账、银行存款日记账和各种明细账与总分类账进行核对。

(8) 月终，根据总分类账和明细分类账编制会计报表。

汇总记账凭证账务处理程序的核算程序如图 8.2 所示。

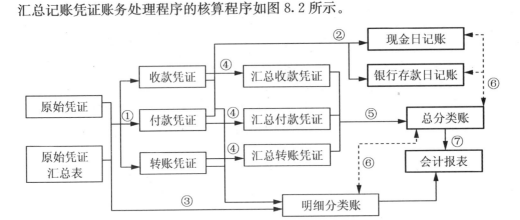

说明：◀----▶ 表示账账核对

图 8.2 汇总记账凭证账务处理程序的核算程序

8.3.3 汇总记账凭证账务处理程序的优缺点及适用范围

1. 汇总记账凭证账务处理程序的优点

汇总记账凭证账务处理程序可以将日常发生的大量记账凭证分散在平时整理，通过汇总归类，月末一次记入总分类账，在一定程度上简化了总分类账的记账工作；汇总记账凭证是按照科目的对应关系归类汇总编制，能够清晰地反映账户间的对应关系，便于分析检查经济活动的发生情况。

2. 汇总记账凭证账务处理程序的缺点

汇总记账凭证账务处理程序汇总转账凭证时按每一个贷方科目归类汇总，不考虑经济业务的性质，不利于会计核算工作的分工；编制汇总记账凭证的工作量也较大；难以发现汇总过程中可能发生的错误。

3. 汇总记账凭证账务处理程序的适用范围

由于汇总记账凭证账务处理程序具有清晰地反映账户间的对应关系，简化总分类账的记账工作等优点，它一般只适用于业务量大、记账凭证较多的企业。

8.4 科目汇总表账务处理程序

8.4.1 科目汇总表账务处理程序的特点

1. 科目汇总表账务处理程序的特点

科目汇总表账务处理程序，是根据原始凭证或原始凭证汇总表填制记账凭证，根据记账凭证定期编制科目汇总表,再根据科目汇总表登记总分类账的一种账务处理程序。其显著特点是:根据记账凭证定期编制科目汇总表,总分类账的登记依据是科目汇总表,据以登记总分类账。在总分类账和记账凭证之间增加了科目汇总表这一环节。

2. 科目汇总表的编制方法

编制科目汇总表时,首先应将汇总期内各项交易或事项所涉及的总账科目填列在科目汇总表的"会计科目"栏内;其次,根据汇总期内所有记账凭证,按会计科目分别加计其借方发生额和贷方发生额,将其汇总金额填在各相应会计科目的"借方"和"贷方"栏内。按会计科目汇总后,应分别加总全部会计科目"借方"、"贷方"发生额,进行试算平衡。

科目汇总表可以每月汇总一次,编制一张,也可以5天或10天汇总一次,每月编制几张。科目汇总表的格式见表8-4。

表8-4 科目汇总表

年 月 日至 日   第 号

会计科目	账 页	本期发生额		记账凭证起讫号数
		借方	贷方	
合计				

科目汇总表的作用与汇总记账凭证的作用相同,都可以简化总分类账的登记工作,但它们的填制方法不同,产生的结果也不同。科目汇总表是定期汇总计算每一账户的借方发生额和贷方发生额,可以汇总在一张表内,其结果是科目汇总表和据此登记的总分类账都不能反映各账户间的对应关系,所以也不便于了解经济业务的具体内容。汇总记账凭证是定期以每一账户的贷方或借方,分别按与其对应的借方或贷方账户汇总发生额,其结果是汇总记账凭证和据此登记的总分类账都能反映各账户间的对应关系,所以也便于了解经济业务的具体内容。

8.4.2 科目汇总表账务处理程序的基本步骤

通常情况下,科目汇总表上的科目排列顺序应该与总分类账上的科目排列顺序相同。科目汇总表账务处理程序如下。

(1) 根据各种原始凭证编制原始凭证汇总表。

(2) 根据原始凭证、原始凭证汇总表编制记账凭证。为了便于编制科目汇总表,所有记账凭证中的科目对应关系,最好按一个借方科目和一个贷方科目相对应。转账凭证最好一式两份,以便分别归类汇总借方科目和贷方科目的本期发生额。

(3) 根据收、付款凭证登记现金日记账和银行存款日记账。现金日记账和银行存款日记账通常采用收、付、余三栏式日记账簿。

(4) 根据原始凭证、原始凭证汇总表和各种记账凭证登记各种明细账。明细账的格式根据各单位的实际情况及管理上的要求可分别采用三栏式、数量金额式和多栏式。

(5) 根据各种记账凭证汇总编制科目汇总表。编制的时间间隔可以是10天,也可以是15天或者是1个月。

(6) 定期或月终根据科目汇总表登记总账。

(7) 月终,按照对账的要求,将现金日记账、银行存款日记账和各种明细账与总分类账进行核对。

(8) 月终,根据总分类账和明细分类账编制会计报表。

科目汇总表账务处理程序的核算程序如图8.3所示。

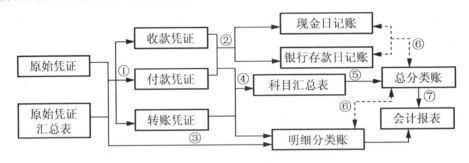

说明：◀------▶ 表示账账核对

图 8.3 科目汇总表账务处理程序的核算程序

例：某企业编制的科目汇总表格式见表8-5。

表8-5

科目汇总表

201×年12月1日至31日　　　　　　　　　　　第1号

会计科目	账 页	本期发生额		记账凭证起讫号数
		借 方	贷 方	
库存现金	(略)	20 000	20 120	(略)
银行存款		264 800	214 400	
应收账款			30 800	
其他应收款		120		
材料采购		141 000	141 000	
原材料		141 000	70 500	
库存商品		112 620	75 080	
累计折旧			30 000	
应付账款		28 600		
应交税费		23 800	34 000	
应付职工薪酬		20 000	20 000	
主营业务收入		200 000	200 000	
主营业务成本		75 080	75 080	

续表

会计科目	账 页	本期发生额		记账凭证起讫号数
		借 方	贷 方	
生产成本		106 500	112 620	
制造费用		26 000	26 000	
管理费用		1 000	1 000	
本年利润		90 080	200 000	
合计		1 250 600	1 250 600	

根据上述科目汇总表登记相关总分类账户见表8-6、表8-7。

表8-6

总分类账

会计科目：库存现金

201×年		凭证号数	摘 要	借 方	贷 方	借或贷	余 额
月	日						
12	1		期初余额			借	1 160
	31	科汇1	汇总1—31日记账凭证	20 000	20 120	借	1 040
			本期发生额及余额	20 000	20 120	借	1 040

表8-7

总分类账

会计科目：银行存款

201×年		凭证号数	摘 要	借 方	贷 方	借或贷	余 额
月	日						
12	1		期初余额			借	142800
	31	科汇1	汇总1—31日记账凭证	264 800	214 400	借	193 200
			本期发生额及余额	264 800	214 400	借	193 200

8.4.3　科目汇总表账务处理程序的优缺点及适用范围

1. 科目汇总表账务处理程序的优点

科目汇总表账务处理程序按照科目汇总表登记总分类账，减少了总分类账的登记工作量，手续也比较简便。同时，科目汇总表还能起到试算平衡的作用。

2. 科目汇总表账务处理程序缺点

科目汇总表账务处理程序按照科目归类编制科目汇总表，其只能反映科目的本期借方发生额和本期贷方发生额，不能反映各个科目的对应关系及经济业务的来龙去脉，因而不便于分析、检查经济活动情况，不便于对账。

3. 科目汇总表账务处理程序适用范围

科目汇总表账务处理程序用于业务量大、记账凭证较多的企业。

8.5 账务处理程序运用举例

8.5.1 记账凭证账务处理程序运用举例

资料：某工厂201×年8月初总账账户余额如下。

(1) 各账户月初余额见表8-8。

表8-8

总账账户余额

单位：元

账户名称	金 额	账户名称	金 额
库存现金	1 160	累计折旧	30 000
银行存款	142 800	短期借款	32 800
原材料	50 000	长期借款	100 000
库存商品	109 120	应付账款	56 600
生产成本	6 120	其他应付款	6 420
应收账款	30 800	应交税费	1 000
其他应收款	300	预提费用	300
固定资产	340 000	实收资本	413 180
利润分配	10 000	本年利润	50 000
合计	690 300	合计	690 300

(2) 8月初"原材料"明细账余额如下。

甲材料 500 千克　　每千克40.20元　　金额20 100元
乙材料 1 000 千克　每千克20.20元　　金额20 200元
丙材料 100 千克　　每千克97.00元　　金额9 700元

(3) 该厂8月发生如下经济业务。

1日，以现金预支职工张纤差旅费120元。

3日，收回某单位前欠货款30 800元，存入银行。

5日，购入甲材料2 000千克，每千克40.00元；乙材料3 000千克，每千克20.00元，供货方代垫运费1 000元，增值税23 800元，均以银行存款支付（运费以材料重量为标准分配）。

6日，上述材料运到验收入库，并按实际采购成本入账。

8日，生产A产品，领用甲材料1 000千克，每千克40.20元，乙材料1 500千克，每千克20.20元。

9日，销售A产品200件，每件售价1 000元，货款200 000元，应交增值税34 000元，款已收到存入银行。

13 日，以银行存款支付管理部门电话费 1 000 元。

15 日，开出银行支票一张，用以偿还前欠购料款 28 600 元。

16 日，从银行提取现金 20 000 元，备发工资。

17 日，以现金 20 000 元，发放本月职工工资。

31 日，结转本月应付职工工资 20 000 元，其中，A 产品生产工人工资 10 000 元，车间管理人员工资 6 000 元，厂部管理人员工资 4 000 元。

31 日，提取本月固定资产折旧 30 000 元，其中生产车间固定资产折旧 20 000 元，行政管理部门固定资产折旧 10 000 元。

31 日，结转产品负担的制造费用。

31 日，本月 A 产品全部完工，结转完工产品成本。

31 日，结转已售产品成本(单位成本 375.4 元)。

31 日，结转本月利润。

1. 根据资料按时间顺序填制记账凭证

为简化核算，根据上述资料编制简化的记账凭证，见表 8-9。

表 8-9

记账凭证

| 201×年 | | 凭证号数 | 摘 要 | 一级科目 | 明细科目 | 借方金额 | 贷方金额 |
月	日						
8	1	现付 1	职工张纤借差旅费	其他应收款	张纤	120	
				库存现金			120
8	3	银收 1	收回某单位前欠货款	银行存款		30 800	
				应收账款			30 800
	5	银付 1	购材料付款	在途材料	甲材料	80 400	
				在途材料	乙材料	60 600	
				应交税费	应交增值税	23 800	
				银行存款			164 800
	6	转 1	材料验收入库	原材料	甲材料	80 400	
					乙材料	60 600	
				在途材料	甲材料		80 400
					乙材料		60 600
	8	转 2	生产产品领用材料	生产成本	A 产品	70 500	
				原材料	甲材料		40 200
					乙材料		30 300
	9	银收 2	销售产品款项存入银行	银行存款		234 000	
				主营业务收入			200 000

续表

201×年		凭证号数	摘 要	一级科目	明细科目	借方金额	贷方金额
月	日						
				应交税费	应交增值税		34 000
	13	银付2	支付管理部门	管理费用		1 000	
			电话费	银行存款			1 000
	15	银付3	偿还前欠购料款	应付账款		28 600	
				银行存款			28 600
	16	银付4	提现	库存现金		20 000	
				银行存款			20 000
	17	现付2	发工资	应付职工薪酬		20 000	
				库存现金			20 000
8	31	转3	结转本月工资	生产成本	A产品	10 000	
				制造费用		6 000	
				管理费用		4 000	
				应付职工薪酬			20 000
	31	转4	提取本月折旧费	制造费用		20 000	
				管理费用		10 000	
				累计折旧			30 000
	31	转5	结转制造费用	生产成本	A产品	26 000	
				制造费用			26 000
	31	转6	结转完工产品成本	库存商品	A产品	112 620	
				生产成本	A产品		112 620
	31	转7	结转已售产品成本	主营业务成本		75 080	
				库存商品	A产品		75 080
	31	转8	结转收入类账户	主营业务收入		200 000	
				本年利润			200 000
	31	转9	结转支出类账户	本年利润		90 080	
				主营业务成本			75 080
				管理费用			15 000

2. 根据收款凭证、付款凭证登记日记账

以银行存款日记账为例,见表8-10。

表 8－10

银行存款日记账

201×年		凭证号数	摘要	对方账户	收入	支出	结余
月	日						
8	1		期初余额				142 800
	3	银收 1	收回某单位前欠货款	应收账款	30 800		153 600
	5	银付 1	购材料付款	在途材料		80 400	93 200
				在途材料		60 600	32 600
				应交税费		23 800	8 800
	9	银收 2	销售产品款项	主营业务收入	200 000		208 800
				应交税费	34 000		242 800
	13	银付 2	支付管理部门电话费	管理费用		1 000	241 800
	15	银付 3	偿还前欠购料款	应付账款		28 600	213 200
	16	银付 4	提现	库存现金		20 000	193 200
	31		本月合计		264 800	214 400	193 200

3. 登记明细分类账

以原材料明细分类账为例，见表 8－11。

表 8－11

原材料明细分类账

类别：甲材料　　　　　　　　　　　　　　　　　　　　　　　　　　　计量单位：千克

201×年		凭证号数	摘要	收入			发出			结存		
月	日			数量	单价	金额	数量	单价	金额	数量	单价	金额
8	1		期初余额							500		20 100
	6	转 1	材料入库	2 000	40.2	80 400				2 500	40.2	100 500
	8	转 2	生产领用				1 000	40.2	40 200	1 500	40.2	60 300
			本月合计	2 000		80 400	1 000		40 200	1 500		60 300

4. 登记总分类账

登记总分类账见表 8－12 和表 8－13。

表 8－12

银行存款总账

201×年		凭证号数	摘要	借方	贷方	借或贷	余额
月	日						
8	1		期初余额			借	142 800
	3	银收 1	收回某单位前欠货款	30 800		借	173 600

续表

201×年		凭证号数	摘要	借方	贷方	借或贷	余额
月	日						
	5	银付1	购材料付款		164 800	借	8 800
	9	银收2	销售产品款项	234 000		借	242 800
	13	银付2	支付管理部门电话费		1 000	借	241 800
	15	银付3	偿还前欠购料款		28 600	借	213 200
	16	银付4	提现		20 000	借	193 200
			本月合计	264 800	214 400	借	193 200

表 8-13

生产成本总账

201×年		凭证号数	摘要	借方	贷方	借或贷	余额
月	日						
8	1		期初余额			借	6 120
	8	转2	生产产品领用	70 500		借	76 620
	31	转3	结转本月工资	10 000		借	86 620
	31	转5	结转制造费用	26 000		借	112 620
	31	转6	结转完工产品成本		112 620	平	0
			本月合计	106 500	112 620	平	0

5. 编制试算平衡表

试算平衡表见表 8-14。

表 8-14

试算平衡表

201×年8月31日　　　　　　　　　　　　　　　　　　单位：元

账户名称	期初余额		本期发生额		期末余额	
	借方	贷方	借方	贷方	借方	贷方
库存现金	1 160		20 000	20 120	1 040	
银行存款	142 800		264 800	214 400	193 200	
原材料	50 000		141 000	70 500	120 500	
在途材料			141 000	141 000		
库存商品	109120		112 620	75 080	146 660	
生产成本	6 120		106 500	112 620		
应收账款	30 800			30 800		
其他应收款	300		120		420	

续表

账户名称	期初余额 借方	期初余额 贷方	本期发生额 借方	本期发生额 贷方	期末余额 借方	期末余额 贷方
固定资产	340 000				340 000	
累计折旧		30 000		30 000		60 000
利润分配	10 000				10 000	
短期借款		32 800				32 800
长期借款		100 000				100 000
应付账款		56 600	28 600			28 000
其他应付款		6 420				6 420
应交税费		1 000	23 800	34 000		11 200
应付利息		300				300
应付职工薪酬			20 000	20 000		
实收资本		413 180				413 180
本年利润		50 000	90 080	200 000		159 920
制造费用			26 000	26 000		
管理费用			1 000	1 000		
主营业务收入			200 000	200 000		
主营业务成本			75 080	75 080		
合计	690 300	690 300	1 250 600	1 250 600	811 820	811 820

8.5.2 汇总记账凭证账务处理程序运用举例

资料见 8.5.1 节中记账凭证账务处理程序运用举例。

由于汇总记账凭证账务处理程序与记账凭证账务处理程序的不同,就在于增加了编制汇总记账凭证账,因此本节只介绍汇总记账凭证的编制。

1. 汇总记账凭证的编制

(1) 根据收款凭证编制汇总收款凭证(以库存现金科目为例),资料见表 8-9 记账凭证账务处理程序运用举例。汇总收款凭证见表 8-15。

表 8-15

汇总收款凭证

借方科目:库存现金　　　　　　　　　　201×年 8 月　　　　　　　　　　汇总第 1 号

贷方 科目	金额 1—10 号 收款凭证 第 1 号至第 1 号	金额 11—20 号 收款凭证 第 号至第 号	金额 21—30 号 收款凭证 第 号至第 号	合计	总账页数 借方	总账页数 贷方
其他应收款	120			120		
合计	120			120		

(2) 根据付款凭证编制汇总付款凭证(以银行存款科目为例),资料见表 8-10 记账凭证账务处理程序运用举例。汇总付款凭证见表 8-16。

表 8-16

汇总付款凭证

贷方科目：银行存款　　　　　　　　　201×年 8 月　　　　　　　　　汇付第 1 号

借方科目	金　额				总账页数	
	1—10 号付款凭证第 1 号至第 1 号	11—20 号付款凭证第　号至第　号	21—30 号付款凭证第　号至第　号	合计	借方	贷方
材料采购	141 000			141 000		
应交税费	23 800			23 800		
管理费用		1 000		1 000		
应付账款		28 600		28 600		
库存现金		20 000		20 000		
合计						

(3) 根据转账凭证编制汇总转账凭证(以累计折旧科目为例),资料见表 8-10 记账凭证账务处理程序运用举例。汇总转账凭证见表 8-17。

表 8-17

汇总转账凭证

贷方科目：累计折旧　　　　　　　　　201×年 8 月　　　　　　　　　汇转第 1 号

借方科目	金　额				总账页数	
	1—10 号转账凭证第　号至第　号	11—20 号转账凭证第　号至第　号	21—30 号转账凭证第　号至第　号	合计	借方	贷方
制造费用			20 000	20 000		
管理费用			10 000	10 000		
合计			30 000	30 000		

　关键术语

　　账务处理程序　凭证和账簿组织　记账凭证账务处理程序　汇总记账凭证账务处理程序　科目汇总表账务处理程序

　　随着经济的发展,社会各方面对会计所提供经济信息的需求不仅在数量上有了大幅度的增加,而且

在质量上要求更高的精确度和及时性。传统的手工操作方法很难适应经济全球化、管理信息化的需要，电子计算机技术在会计核算中的运用越来越普通。

1. 手工会计的局限性

手工会计在我国乃至世界会计领域有着悠久的历史，也发挥过重要的作用，但随着企业经济环境的变化，手工会计核算方法存在的局限性越来越明显。其主要表现在数据大量重复、信息提供不及时、准确性较差和工作强度大、工作效率低等方面。

2. 电算化会计的发展

1946年，世界上第一台电子计算机问世后不久，计算机的功能从单纯的科学计算开始在各行各业发展。1954年10月，美国通用电器公司第一次在计算机上计算职工工资，从而引发了会计处理工具的变革。20世纪70年代以后，随着计算机硬件和软件性能的提高，价格的不断下降，计算机在会计领域的应用开始普及。

我国会计电算化起步较晚，但发展较快。从会计电算化的开始到今天，我国会计电算化经历了四个发展阶段。尝试阶段(1983年以前)，1981年8月，在财政部、原第一机械工业部和中国会计学会的支持下，在长春第一汽车制造厂召开了"财务、会计、成本应用电子计算机专题讨论会"，正式把电子计算机在会计中的应用简称为"会计电算化"。自发发展阶段(1983—1987年)，1983年国务院成立电子振兴领导小组，号召全国人民迎接新技术革命的挑战，各行业系统内部组织技术力量开发适用于本行业的会计软件。稳步发展阶段(1987—1995年)，随着计算机应用技术的不断提高，会计电算化从管理、软件开发、应用等方面都取得了可喜的成绩，走上了有组织、有计划的稳步发展阶段，涌现了一批会计电算化的先进单位，开发了一批高质量、高水平的会计软件。管理型会计软件发展阶段(1996年至今)，财务软件已从"核算型"发展到了今天的"管理型"和"决策型"，财务人员掌握了会计电算化知识和会计电算化的操作技能，会计电算化操作在企业单位的会计核算中已逐步代替了手工操作方法。

3. 会计电算化的意义

会计电算化是一门将电子计算机与会计结合在一起，利用高科技手段为会计工作服务的边缘科学，具有以下重大的意义：减轻了会计人员的劳动强度，提高了会计工作效率；减少了会计工作中的差错，提高了会计工作的质量；转变会计工作职能，提高了财务人员的素质；促进了会计理论研究和会计实务的发展。

4. 会计电算化的基本原理

会计电算化的基本原理包括会计电算化数据处理的依据、会计电算化的数据处理和会计核算软件的基本功能等方面的内容。其中，会计电算化数据处理的依据仍然遵循会计准则中所规定的借贷记账法。报表的编制依据是会计恒等式：资产＝负债＋所有者权益。会计电算化的数据处理以电子计算机代替手工记账，即应用会计软件输入会计数据，由电子计算机对会计数据进行处理，并打印输出会计账簿和报表。

本 章 小 结

　　账务处理程序是指会计凭证、账簿组织、记账程序和方法有机结合的方式。根据登记总账的依据和方法的不同，账务处理程序主要有记账凭证账务处理程序、汇总记账凭证账务处理程序和科目汇总表账务处理程序。

　　记账凭证账务处理程序的特点是直接根据记账凭证逐笔登记总分类账。

汇总记账凭证账务处理程序的特点是先根据记账凭证定期编制汇总记账凭证，再根据汇总记账凭证登记总分类账。

科目汇总表账务处理程序的特点是先根据记账凭证定期编制科目汇总表，再根据科目汇总表登记总分类账。

不同的凭证和账簿组织，形成不同的账务处理程序，各企业单位根据自身的规模和特点选择适当的账务处理程序，有利于科学合理地组织单位的会计核算工作。

课 堂 测 试

1. 科目汇总表的编制

资料：(1) 天宇公司 201×年 11 月 1 日各账户余额见表 8-18。

表 8-18

科目汇总表

公司名称：天宇公司　　　　　　　　　　　　　　　　　　　　　　　　　　　单位：元

科目名称	借方金额	贷方金额	科目名称	借方金额	贷方金额
库存现金	5 000		短期借款		140 000
银行存款	80 000		应付账款		10 000
交易性金融资产	20 000		应付职工薪酬		10 000
应收账款	50 000		应交税费		70 000
坏账准备		1 000	应付股利		30 000
其他应收款	1 000		实收资本		290 000
原材料	55 000		资本公积		30 000
库存商品	60 000		盈余公积		20 000
固定资产	820 000		本年利润		400 000
累计折旧		60 000	利润分配——未分配利润		60 000
无形资产	40 000				
累计摊销		10 000			

(2) 天宇公司 201×年 11 月份发生的全部经济业务如下。

① 3 日，购入甲材料 40 000 元，增值税 6 800 元，材料已验收入库，款项尚未支付。

② 5 日，向银行提取现金 50 000 元备用。

③ 5 日，以库存现金 50 000 元发放工资。

④ 12 日，向 B 公司销售 A 产品，货款 200 000 元，增值税 34 000 元，款项已收到并

存入银行。该产品的生产成本为 100 000 元。

⑤ 19 日,为生产 A 产品领用甲材料 12 000 元。

⑥ 31 日,计提本月固定资产折旧 4 000 元,其中:生产用固定资产折旧额 3 000 元,厂部固定资产折旧额 1 000 元。

⑦ 31 日,结转本月应付职工工资 50 000 元,其中:生产工人工资 30 000 元,车间管理人员工资 5 000 元,厂部管理人员工资 15 000 元。

⑧ 31 日,结转本月制造费用 8 000 元。

⑨ 31 日,结转本月完工产品成本 50 000 元。

⑩ 31 日,结转本月各损益类账户。

要求:根据上述经济业务,编制天宇公司 201×年 11 月 30 日"科目汇总表"(表 8 - 19)。

表 8 - 19

科目汇总表

公司名称:天宇公司　　　　　　　　　　　　　　　　　　　　　　　单位:元

科目名称	借方金额	贷方金额	科目名称	借方金额	贷方金额
库存现金			短期借款		
银行存款			应付账款		
交易性金融资产			应付职工薪酬		
应收账款			应交税费		
坏账准备			应付股利		
其他应收款			实收资本		
原材料			资本公积		
库存商品			盈余公积		
固定资产			本年利润		
累计折旧			利润分配——未分配利润		
无形资产					
累计摊销					
合　　计			合　　计		

2. 某企业 201×年 5 月份发生的交易或事项如下

(1) 购入原材料一批,取得的增值税专用发票标明价款 100 000 元,增值税额 17 000 元。材料已验收入库,价税款以银行存款支付;

(2) 销售给甲公司产品一批,售价 300 000 元,增值税额为 51 000 元,产品已经发出,款通过银行收妥,该批产品的生产成本为 220 000 元;

(3) 以银行存款发放职工薪酬 32 000 元;

(4) 收回应收账款 128 700 元,存入银行;

(5) 以银行存款支付产品展览费 30 000 元。

根据本题资料完成下列题目。

(1) 如果该企业采用记账凭证账务处理程序,则"银行存款"总账本月应登记( )次。

 A. 1   B. 2   C. 3   D. 5

(2) 如果该企业采用科目汇总表账务处理程序,则按月编制的科目汇总表中"银行存款"账户的发生额为( )。

 A. 借方发生额 479 700 元   B. 借方发生额 300 700 元

 C. 贷方发生额 179 000 元   D. 贷方发生额 0 元

(3) 如果该企业采用汇总记账凭证账务处理程序,则本月"银行存款"汇总付款凭证中,借方科目有( )等。

 A. 应收账款   B. 应交税费

 C. 销售费用   D. 应付职工薪酬

(4) 如果该企业采用科目汇总表账务处理程序,则按月编制的科目汇总表中,所有科目的发生额合计为( )。

 A. 借方发生额合计 658 000 元   B. 借方发生额合计 878 700 元

 C. 贷方发生额合计 658 000 元   D. 贷方发生额合计 878 700 元

(5) 如果该企业采用汇总记账凭证账务处理程序,则按月编制的汇总记账凭证应包括( )。

 A. 汇总收款凭证一张   B. 汇总付款凭证一张

 C. 汇总转账凭证一张   D. 汇总转账凭证两张

第9章 财务报告

教学目标

- 理解编制财务报告的意义
- 了解财务报告编制的基本要求
- 熟悉财务报告的内容及分类
- 掌握资产负债表的定义、结构、内容及编制方法
- 掌握利润表的定义、结构、内容及编制方法
- 掌握现金流量表的定义、结构与内容,了解现金流量表的编制方法
- 了解所有者权益变动表、会计报表附表、附注和财务情况说明书的内容
- 掌握财务报告的报送内容、对象及时限,了解财务报告的审批程序

教学要求

知识要点	能力要求	相关知识
财务报告概述	(1) 能够理解财务报告的构成 (2) 能够掌握财务报告的编制要求	(1) 财务报告的构成 (2) 会计报表的分类 (3) 财务报告的编制要求 (4) 财务报告编制前的准备
资产负债表	掌握资产负债表的编制方法	(1) 资产负债表的概念和作用 (2) 资产负债表的结构与内容 (3) 资产负债表的编制方法
利润表	掌握利润表的编制方法	(1) 利润表的概念和作用 (2) 利润表的内容与结构 (3) 利润表的编制方法
现金流量表	了解现金流量表的编制方法	(1) 现金流量表的概念 (2) 现金流量表的作用 (3) 现金流量表的结构与内容

续表

知识要点	能力要求	相关知识
所有者权益变动表、会计报表附注	(1) 熟悉所有者权益变动表的内容 (2) 了解会计报表附注的内容	(1) 所有者权益变动表的概念 (2) 所有者权益变动表的内容与格式 (3) 会计报表附注的概念 (4) 会计报表附注的作用与内容 (5) 财务情况说明书的概念作用与内容
财务报告的报送与审批	(1) 熟悉财务报告的报送内容、对象与时限 (2) 了解财务报告的审批程序	财务报告的报送内容

2010年4月2日,中注协发布2009年报审计情况快报,ST 源发被出具了无法表示意见的审计报告。其主要原因是:ST 源发已连续两个会计年度发生巨额亏损,主要财务指标显示其财务状况已严重恶化,巨额逾期债务无法偿还。截至审计报告日,控股股东针对公司实施的破产重整仍处于沟通与探讨阶段。同时,因涉嫌违反证券法规,ST 源发于2006年8月被证监会立案调查,至今尚无正式调查结论。另外,对张家港中东石化实业有限公司4 334.75 万元长期股权投资的可收回金额,对江苏雅鹿实业股份有限公司10 811.01 万元长期股权投资的可收回金额,以及对苏州市中级人民法院2 690 万元其他应收款的可收回金额,均无法实施必要的审计程序,以获取充分、适当的审计证据。审计报告披露的 ST 源发相关财务信息说明该公司面临怎样的财务状况和经营成果?

编制财务报告是会计核算工作的重要内容,是实现会计目标的最终载体。在日常会计核算的基础上,根据会计信息使用者的需要,定期地对日常会计核算资料进行归集、加工、整理,编制成财务报告,将企业、行政事业等单位的财务状况和经营成果概括而全面地反映出来,可以及时、准确、清晰地为会计信息使用者提供有用的会计信息资料。本章将以企业财务报告为例进行说明。

9.1 财务报告概述

财务报告是会计要素确认、计量的结果和综合性描述,会计准则中对会计要素确认、计量过程中所采用的各项会计政策被企业实际应用后将有助于促进企业可持续发展,反映企业管理层受托责任的履行情况。企业在生产经营过程中通过应用会计准则实现发展战略,需要一套完整的结构化的报表体系,科学地进行列报。投资者等报表使用者通过全面阅读和综合分析财务报告,可以了解和掌握企业过去和当前的状况,预测企业未来的发展趋势,从而做出相关决策。

会计报表是企业正式对外披露或表述会计信息的书面文件。《企业会计准则——基本准则》第四十四条规定："财务报告是指企业对外提供的反映某一特定日期的财务状况和某一会计期间的经营成果、现金流量等会计信息的文件。"一套完整的报表至少应当包括"四表一注",即资产负债表、利润表、现金流量表、所有者权益(或股东权益,下同)、变动表以及报表附注。

9.1.1 财务报告的概念及作用

财务报告是指企业对外提供的反映企业某一特定日期的财务状况和某一会计期间的经营成果、现金流量等会计信息的文件。企业通过定期编制财务报告,可以将日常会计核算资料集中起来,进行归类、整理、全面、概括地反映单位的经济活动全貌,向会计信息使用者传递单位的财务状况、经营成果和现金流量的相关信息,满足会计信息使用者的需要。

企业财务报告对于企业管理当局、上级主管部门、投资者和潜在的投资者、债权人、政府有关部门、内部职工等都具有重要的意义。

(1) 对会计主体本身来讲,会计报表有利于加强单位内部财务管理工作。会计报表所提供的资料,可以帮助单位领导者和管理人员分析检查单位财务活动是否符合财经制度的规定;考核企事业单位资金、成本、利润等计划指标完成程度,分析评价经营管理中的成绩和缺点,采取措施,改善经营管理,提高经济效益;运用会计报表的资料和其他资料进行分析,为编制下期计划提供依据;通过会计报表,把企业经营情况和结果向职工公布,以便进行监督,进一步发挥职工主人翁思想,从各方面提出改进建议,促进企业增产节约措施的落实。

(2) 对上级主管部门来讲,会计报表有利于加强宏观指导和计划管理。上级主管部门利用所属各单位上报的会计报表资料,检查各单位的计划或预算执行情况,加强对所属各单位的宏观指导和控制。利用会计报表,上级主管部门可以对各单位的各项经济指标进行对比和分析,既可以发现带有普遍性的问题,又可以找出先进和落后之间的差距,以便总结和推广先进经验,促进后进转化,全面提高全系统的经营管理水平。此外,主管部门可以根据各单位上报的会计报表,编制汇总会计报表,全面地、总括地反映本系统的财务收支状况,汇总会计报表既是整个国民经济报表体系中的一个环节,又是国家综合部门制订计划、决定政策、进行国民经济综合平衡的重要依据,同时也是国家经济管理部门制定宏观经济管理政策、进行经济决策的重要信息来源。

(3) 对财税、银行和审计等部门来说,会计报表有利于发挥他们的监督检查职能。财税部门利用会计报表所提供的资料,可以了解企业资金筹集和运用是否合理,检查企业税收、利润计划的完成与解缴情况以及有无违反税收法规和财经纪律的现象,更好地发挥财政、税务的监督职能。银行部门利用会计报表所提供的资料,可以考查企业流动资金的使用情况,分析企业银行借款的物质保证程度,研究企业流动资金的正常需要量,了解银行借款的归还以及信贷纪律的执行情况,充分发挥银行的监督和杠杆作用。审计部门利用会计报表了解企业财务状况和经营情况以及财经政策、法令和纪律执行情况,从而为进行财务审计和经济效益审计提供必要的资料。

(4) 对投资人、债权人和其他利害有关人来说,可以利用会计报表所提供的会计信息及时、准确地做出投资、信贷和贸易的决策。就企业单位来讲,其所拥有的资产主要来源于负债和投资者投资,作为企业的债权人和投资者对企业的财务状况及经营成果十分关心，因为这关系到他们能否按期收回借款或是否能取得预期的投资报酬。债权人和投资者了解企业财务状况及经营状况的主要手段是对企业所提供的会计报表进行分析，通过报表分析，即可了解企业的偿债能力的大小、盈利水平的高低，各项资产是否被充分有效地运用，管理措施是否得当等信息资料，并据以对企业未来的发展趋势做出预测，决定是否应采取必要的措施来保障自己的利益不受损失。会计报表所提供的会计信息，是投资者、债权人、客户、供应商等会计信息使用者了解企业单位的财务状况、经营成果和现金流量，进而了解投资风险和投资报酬，借款能否按期收回等情况的主要来源，是投资者进行投资决策、贷款者决定贷款去向、供应商决定销售策略、客户决定采购计划的重要依据。

9.1.2 财务报告的目标

财务报告的目标是向财务报告使用者提供与企业财务状况、经营成果、现金流量等有关的会计信息，反映企业管理层受托责任履行情况，有助于财务报告使用者做出经济决策。

9.1.3 财务报告的构成

财务报告分为年度财务报告和中期财务报告。中期财务报告是指以中期为基础编制的财务报告。中期是指短于一个完整的会计年度的报告期间。

《企业会计制度》规定，财务报告由会计报表、会计报表附注和财务情况说明书组成，其中，会计报表是财务报告的主体和核心。会计报表至少应当包括资产负债表、利润表、现金流量表、所有者权益变动表等报表，小企业编制的会计报表可以不包括现金流量表。中期财务报告至少应当包括资产负债表、利润表、现金流量表和附注。附注是指对在会计报表中列示项目所做的进一步说明，以及未能在这些报表中列示项目的说明等。

9.1.4 会计报表的分类

会计报表是指企业以一定的会计方法和程序，由会计账簿的数据整理得出的，以表格的形式反映企业财务状况、经营成果和现金流量的书面文件，是财务报告的主体和核心。会计报表可按不同的标准进行分类。

1. 按会计报表编报期间分类

会计报表按编报期间的不同，可以分为中期财务报表和年度财务报表。中期财务报表是以短于一个完整会计年度的报告期间为基础编制的财务报表，包括月报、季报和半年报等。中期财务报表至少应当包括资产负债表、利润表、现金流量表和附注，其中，中期资产负债表、利润表和现金流量表应当是完整的报表，其格式和内容应当与年度财务报表相一致。但与年度财务报表相比，中期财务报表中的附注披露可适当简略。

2. 按会计报表按编制基础分类

会计报表按编制的基础不同，可以分为个别财务报表和合并财务报表。个别财务报表是由企业在自身会计核算基础上对账簿记录进行加工而编制的财务报表，它主要用以反映企业自身的财务状况、经营成果和现金流量等情况。合并财务报表是以母公司和子公司组成的企业集团为会计主体，根据母公司和所属子公司的财务报表，由母公司编制综合反映企业集团财务状况、经营成果及现金流量的财务报表。

3. 按会计报表服务的对象分类

会计报表按其服务的对象分类可分为内部报表和外部报表。内部报表是指为适应企业内部经营管理需要而编制的不需要对外公开的报表。外部报表是指必须向外提供的会计报表。企业对外提供的会计报表是财务报表。

4. 按会计报表反映的经济内容分类

会计报表按其所反映的经济内容分类,可分为静态报表和动态报表。静态报表反映的是企业某一特定时点上的财务状况,如资产负债表。动态报表反映企业某一时期的经营成果,如利润表。

9.1.5 财务报告的编制要求

为了保证会计报告质量,充分发挥会计报告作用,在编制会计报告时,应做到内容完整、数字真实、计算准确、指标可比、编报及时。

1. 内容完整

企业在编制会计报表时,必须按照会计制度统一规定的报表种类、格式和内容来填写。凡属会计报表上规定应填列的指标,不论是表内项目,还是补充资料及附注,都要填列齐全,不得漏编、漏报或者任意取舍。如果有的项目无数字填列时,应在金额栏内用一横线划去,表示此项目无数字填报。对报表中某些需要说明的项目,可以在相关项目后用括号注明,或利用附表、附注及其他形式加以说明,以便报表使用者理解和利用。

2. 数字真实

企业会计报表所列的数字必须是客观、有根据的,如实反映企业经济活动的实际情况,不得带有任何个人偏见和主观色彩,不受外界影响。为了确保会计报表反映真实、准确,提供的信息可靠而有用,在编制会计报表时依据调整、核实无误的账簿记录,不允许使用估计或推算数字代替实际数字,更不允许以各种方式弄虚作假、隐瞒谎报、篡改数字、人为夸大或缩小经营成果。

3. 计算准确

会计报表各项目的金额数字主要来自于日常的账簿记录,但这并不意味着报表上的数字完全是账簿记录的简单转抄。会计报表中有些项目的金额需要将有关账户的期末余额进行分析、计算后才能填列,而且报表项目之间也存在一定的数量勾稽关系。因此,编制会计报表时,对有关项目的金额,必须采用正确的计算方法来加以确定,从而保证会计报表数字的准确性。

4. 指标可比

会计报表提供的信息必须满足企业内部和外部不同使用者的相关需要,为使用者提供有用的信息资料,并且便于报表使用者在不同企业之间及同一企业之间进行比较。这些信息资料可以帮助使用者评价企业的过去,判断企业的现在,预测企业的未来,有助于使用者进行经济决策。因此,编制会计报表时,企业在不同时期的指标和同类型企业之间的报表指标在计算和填列方法上,应当尽可能口径一致,不得随意变动。如固定资产折旧的计提方法，材料的计价方法，成本、费用的归集和分配方法等。如果由于客观情况变化而必须变动的，应当在报表附注中加以说明，既要说明变动的原因，也要说明变动后对指标的影响，以便将变动的信息传递给使用者。

5. 编报及时

会计报表提供的资料，具有很强的时效性。只有及时编制和及时报送会计报表，才能为使用者提供决策所需的信息资料。所以，会计报表必须按规定的期限和程序，及时编制、及时报送，以便报表使用者及时了解编报单位的财务状况和经营成果，也便于有关部门和地方财政部门及时进行汇总。要保证会计报表编报及时，必须加强日常的核算工作，认真做好记账、算账、对账和财产清查，调整账面工作；同时加强会计人员的配合协作，使会计报表编报及时。

9.2 资产负债表

资产负债表是企业对外报送的主要报表之一，企业一般应按月编制资产负债表，以及时反映企业的财务状况。

9.2.1 资产负债表的概念和作用

资产负债表是反映企业在某一特定日期全部资产、负债和所有者权益及其构成情况的会计报表。它根据"资产＝负债＋所有者权益"这一基本公式，依照一定的分类标准和一定的次序，把企业在某一特定日期的资产、负债和所有者权益项目予以适当排列编制而成。

资产负债表是企业需要对外报送的主要会计报表之一，它所提供的会计信息是国家宏观管理和企业内部管理制定决策所必需的资料，也是企业的投资者和债权人进行决策的重要依据。

资产负债表以企业的资产、负债和所有者权益的静态状况来说明企业某一特定日期的财务状况，又称财务状况表。利用资产负债表的资料，可以了解企业拥有或控制的资产、负债和所有者权益的总额及其构成情况；评价企业的偿债能力和筹资能力；考察企业资本的保全和增值情况；分析企业财务结构的优劣和负债经营的合理程度；预测企业未来的财务状况和财务安全程度等。

9.2.2 资产负债表的内容和结构

1. 资产负债表的内容

资产负债表由资产、负债、所有者权益三大部分内容构成。

1）资产类项目

资产类项目按其流动性的大小，或按资产变现能力的强弱，分为流动资产和非流动资产两类，并分项列示。排列顺序为流动性越大、变现能力越强则排列在先；反之，排列在后。

流动资产项目主要包括：货币资金、交易性金融资产、应收账款、应收票据、应收利息、其他应收款、存货、一年内到期的非流动资产等。

非流动资产项目主要包括：可供出售金融资产、持有至到期的投资、固定资产、投资性房地产、无形资产和其他非流动资产等。

2）负债类项目

负债类项目按其偿还债务期限的长短或者持有的目的分为流动负债和非流动负债两类。流动负债列示在前，非流动负债列示在后。

流动负债项目主要包括：短期借款、应付票据、应付账款、预收账款、应付职工薪酬、应交税费、应付股利、其他应付款等。

非流动负债项目主要包括长期借款、应付债券、长期应付款等。

3）所有者权益类项目

所有者权益类项目按其来源划分，一般分为实收资本、资本公积、盈余分积、未分配利润等。

上述资产类项目金额合计数与负债和所有者权益类项目金额合计数必须相等。

2. 资产负债表的结构

资产负债表一般有表首、正表和附注三部分。

表首概括地说明报表名称、编制单位、编制日期、报表编号、货币名称、计量单位等。正表则按一定格式分类列示用来反映企业财务状况的各项目金额。附注用于反映重大财务事项及资产负债表中需要补充说明的其他有关事项。

《企业会计准则第30号——财务报表列报》规定："当期财务报表的列报，至少应当提供所列报项目上一可比会计期间的比较数据，以及与理解当期财务报表相关的说明，其他会计准则另有规定的除外。"我国的资产负债表采用了比较报表的方式，表中不仅有本期末的资产、负债、所有者权益各项目的金额，同时还提供了各项目的年初余额，通过对有关项目前后两期的比较，信息使用者可以从一定程度上了解企业财务状况的变化及发展趋势。

资产负债表一般有报告式和账户式两种格式。

（1）报告式资产负债表。亦称垂直式资产负债表，是将资产、负债和所有者权益项目采用垂直分列的形式排列于表格的上下两段，资产总额＝负债总额＋所有者权益总额，或资产总额－负债总额＝所有者权益总额。其简化格式见表9-1。

表9-1

资产负债表(报告式)

编制单位：　　　　　　　　　　　　　年　月　日　　　　　　　　　　　　　单位：元

项　目	年初数	期末数
资产 流动资产 非流动资产 资产合计		
负债 流动负债 非流动负债 负债合计		
所有者权益 实收资本 资本公积 盈余公积 未分配利润 所有者权益合计		

(2)账户式资产负债表,是将资产类项目排列在表的左方即丁字形账户的左方;负债类和所有者权益类项目排列在表的右方,即丁字形账户的右方。因此,账户式资产负债表左右双方总计金额相等。一般企业资产负债表(账户式)格式见表9-2。

表9-2

资产负债表(报告式)

编制单位:　　　　　　　　　　　年　月　日

会企01表

单位:元

资产				负债及所有者权益(或股东权益)			
资产	行次	期末余额	年初余额	项目	行次	期末余额	年初余额
流动资产:				流动负债:			
货币资金				短期借款			
交易性金融资产				交易性金融负债			
应收票据				应付票据			
应收账款				应付账款			
预付账款				预收账款			
应收利息				应付职工薪酬			
应收股利				应交税费			
存货				应付利息			
一年内到期的非流动资产				应付股利			
其他流动资产				其他应付款			
流动资产合计				一年内到期的非流动负债			
非流动资产:				其他流动负债			
可供出售金融资产				流动负债合计			
持有至到期投资				非流动负债:			
长期应收款				长期借款			
长期股权投资				应付债券			
投资性房地产				长期应付款			
固定资产				专项应付款			
在建工程				预计负债			
工程物资				递延所得税负债			
固定资产清理				其他非流动负债			
生产性生物资产				非流动负债合计			
油气资产				负债合计			
无形资产				所有者权益(或股东权益):			
开发支出				实收资本(或股本)			
商誉				资本公积			
长期待摊费用				减:库存股			
递延所得税资产				盈余公积			
其他非流动资产				未分配利润			
非流动资产合计				所有者权益(或股东权益)合计			
资产总计				负债和所有者权益(股东权益)总计			

报告式资产负债表和账户式资产负债表在国外都被广泛地应用，我国主要采用账户式结构的资产负债表。

9.2.3 资产负债表的编制方法

资产负债表的编制是以日常的会计核算记录的数据为基础进行归类、整理和汇总，加工而成报表项目的过程。我国资产负债表主体部分的各个项目都列有"年初数"和"期末数"两个项目，是一种比较资产负债表。现以企业为例，说明资产负债表的编制方法（表9-5）。

1. 资产负债表中"年初数"的填列方法

资产负债表中的"年初数"栏内各项目的金额，应根据上年末资产负债表的"期末数"栏内各项目的金额填列；如果本年度资产负债表规定的各个项目的名称和内容同上年度不一致，应对上年年末资产负债表各项目的名称和数字按照本年度的规定进行调整，按照调整后的数字填入报表的"年初数"栏内。

2. 资产负债表中"期末数"的填列方法

资产负债表中的"期末数"应根据期末资产类、负债类、所有者权益类等账户的期末余额填列，期末是指月末、季末、半年末或年末。对于年度资产负债表，应将"期末数"改为"年末数"。资产负债表期末数据可以由以下几种方式取得。

1）直接根据总账科目的余额填列

资产负债表中各个项目的数据来源，主要是根据总账科目的期末余额直接填列。这些项目有："交易性金融资产"、"固定资产清理"、"应付票据"、"应付职工薪酬"、"短期借款"、"应付利息"、"应交税费"、"应付股利"、"其他应付款"、"实收资本""资本公积"、"盈余公积"等。"应交税费"等负债类项目，如果其账户出现借方余额，应以"—"号填列；"固定资产清理"等资产类项目，如果其相应的账户出现贷方余额，也应以"—"填列。

2）根据总账账户期末余额计算填列

资产负债表中某些项目的"期末余额"需要根据有关总账账户的期末余额计算填列，包括如下几个方面的内容。

（1）"货币资金"项目，应根据企业"库存现金"、"银行存款"和"其他货币资金"总账科目的期末余额合计数填列。

（2）"存货"项目，应根据"在途材料"、"原材料"、"周转材料"、"生产成本"、"库存商品"、"委托加工商品"等账户的期末余额之和减去"存货跌价准备"账户余额后的金额填列。

（3）"固定资产"项目，应根据"固定资产"账户的期末余额减去"累计折旧"、"固定资产减值准备"账户的期末余额后的净额填列。

（4）"无形资产"项目，应根据"无形资产"账户的期末余额减去"累计摊销"、"无形资产减值准备"账户的期末余额后的净额填列。

（5）"在建工程"、"长期股权投资"和"持有至到期投资"项目，均应根据其总账账户的期末余额减去相应的减值准备后的净额填列。

（6）"未分配利润"项目，根据"本年利润"账户和"利润分配"账户的期末余额计算填列，如为未弥补的亏损，则在本项目内以"一"号填列，年末结转后，"本年利润"账户已无余额，"未分配利润"项目应根据"利润分配"账户的年末余额直接填列，贷方余额以正数填列，如为借方余额，应以"一"号填列。

（7）"长期待摊费用"项目，应根据"长期待摊费用"账户期末余额扣除其中将于一年内摊销的数额后的金额填列，将于一年内摊销的数额填列在"一年内到期的非流动资产"项目内。

（8）"长期借款"和"应付债券"项目，应根据"长期借款"和"应付债券"账户的期末余额，扣除其中在资产负债表日起一年内到期、且企业不能自主地将清偿义务展期的部分后的金额填列。在资产负债表日一年内到期、企业不能自主地将清偿义务展期的部分在流动负债类下的"一年内到期的非流动负债"项目内填列。

3）根据明细账户期末余额分析计算填列

资产负债表中某些项目不能根据总账科目的期末余额或若干个总账科目的期末余额计算填列，而是需要根据有关科目所属的相关明细科目的期末余额计算填列，包括如下内容。

（1）"应收账款"项目，应根据"应收账款"账户和"预收账款"账户所属明细账户的期末借方余额的合计数减去"坏账准备"账户中有关应收账款计提的坏账准备期末余额后的金额填列。

（2）"预付账款"项目，应根据"预付账款"账户和"应付账款"账户所属明细账户的期末借方余额合计数，减去"坏账准备"账户中有关预付账款计提的坏账准备期末余额后的金额填列。

（3）"应收票据"、"应收股利"、"应收利息"、"其他应收款"项目，应根据各相应账户的期末余额，减去"坏账准备"账户中相应项目计提的坏账准备期末余额后的金额填列。

（4）"应付账款"项目，应根据"应付账款"账户和"预付账款"账户所属明细账户的期末贷方余额合计数填列。

（5）"预收账款"项目，应根据"预收账款"账户和"应收账款"账户所属明细账户的期末贷方余额合计数填列。

9.2.4 资产负债表编制举例

【例9-1】 天地公司201×年12月31日有关总分类科目余额见表9-3，有关明细科目余额见表9-4，根据科目余额表编制的资产负债表，见表9-5。

表9-3

总账科目余额表

201×年12月31日 单位：元

会计科目	借方余额	会计科目	贷方余额
库存现金	476	短期借款	57 600
银行存款	135 127	应付票据	65 000
其他货币资金	5 600	应付账款	34 000

续表

会计科目	借方余额	会计科目	贷方余额
应收票据	40 000	其他应付款	4 200
应收账款	35 900	应付职工薪酬	23 600
坏账准备	−143	应交税费	30 500
预付账款	86 500	应付利息	−10 000
其他应收款	320	长期借款	110 000
在途材料	52 000	其中：一年内到期的长期负债	
原材料	79 960	实收资本	450 000
周转材料	640 000	盈余公积	63 240
库存商品	86 500	利润分配（未分配利润）	52 660
材料成本差异	4 500		
固定资产	215 000		
累计折旧	−40 000		
在建工程	4 860		
无形资产	24 000		
长期待摊费用	16 000		
合计	880 800	合计	880 800

表9-4

有关明细科目余额表

单位：元

总分类科目	明细科目	借方金额	贷方金额
预付账款	太华公司		18 500
	金山公司	25 000	
	神兴公司	80 000	
应收账款	卓达公司		11 600
	东海公司	27 500	
	石门公司	20 000	
应付账款	飞龙公司		11 500
	卢湾公司		22 500
其他流动资产		10 000	

表 9-5

资产负债表

编制单位：天地公司　　　　　　201×年12月31日　　　　　　单位：元

资产	行次	年初数	期末数	负债和所有者权益	行次	年初数	期末数
流动资产：				流动负债：			
货币资金	1	120 630	141 203	短期借款	68	28 200	57 600
短期投资	2	2 500		应付票据	69	21 800	65 000
应收票据	3	23 600	40 000	应付账款	70	72 130	52 500
应收股利	4			预收账款	71	23 250	11 600
应收利息	5			应付职工薪酬	72	9 720	23 600
应收账款	6	29 910	47 357	应付股利	74		
其他应收款	7	900	320	应交税费	75	3 000	30 500
预付账款	8	9 600	10 500	应交税费	75		
存货	10	258 000	287 460	其他应付款	81	5 660	4 200
一年内到期的长期债权投资				应付利息	82	240	
其他流动资产			10 000	一年内到期的长期负债	86	100 000	
流动资产合计	31	455 140	646 040	其他流动负债	90		
长期投资：				流动负债合计	100	265 000	245 000
长期股权投资	32	25 000	55 000	长期负债：			
长期债权投资	34			长期借款	101	60 000	110 000
长期投资合计	38	25 000	55 000	应付债券	102		
固定资产：				长期应付款	103		
固定资产	39	110 000	175 000	专项应付款	106		
工程物资	44			递延所得税负债	111		
在建工程	45	149 860	4 860	负债合计	114	325 000	355 000
固定资产清理	46						
投资性房地产	50			所有者权益			
无形资产及其他资产：				实收资本	115	450 000	450 000
其他长期资产	53			资本公积	118		
无形资产及其他资产合计	60	80 000	40 000	盈余公积	119	15 000	63 240
递延所得税资产				未分配利润	121	30 000	52 660
资产总计	67	820 000	920 900	负债和所有者权益总计	135	820 000	920 900

9.3 利润表

9.3.1 利润表的概念和作用

利润表是反映企业在一定会计期间(如月度、季度、年度)的经营成果的会计报表。利润包括收入减去费用后的净额、直接计入当期利润的利得和损失等。它根据"收入－费用＝利润"这一平衡公式,依照一定的标准和次序,把企业一定时期内的各种收入、费用支出和直接计入当期利润的利得和损失予以适当的分类、排列编制而成的,它也是企业的主要财务报表之一。

通过利用利润表,可以了解企业在一定时期内实现利润或发生亏损的情况,评价企业该时期经营业绩的好坏;检查影响利润(或亏损)变动的因素,分析企业的盈利能力和经济效益;了解企业一定时期利润的分配或亏损的弥补情况等,所以每一个独立核算的企业都必须按期编制利润表。

9.3.2 利润表的内容和结构

利润表中利润形成的排列格式有多步式和单步式两种,因此利润表有多步式利润表和单步式利润表之分。

1. 多步式利润表

多步式利润表是通过多步法计算求出当期损益,其简化格式见表9-6。

表9-6

利润表(多步式)

企会02表

编制单位:　　　　　　　　　年　月　　　　　　　　　单位:元

项　　目	本 期 金 额	上 期 金 额
一、营业收入		
减:营业成本		
营业税金及附加		
销售费用		
管理费用		
财务费用		
资产减值损失		
加:公允价值变动收益(损失以"－"号填列)		
投资收益(损失以"－"号填列)		
其中:对联营企业和合营企业的投资收益		
二、营业利润(亏损以"－"号填列)		
加:营业外收入		
减:营业外支出		
其中:非流动性资产处置损失		

续表

项　目	本期金额	上期金额
三、利润总额（亏损总额以"－"号填列）		
减：所得税费用		
四、净利润（净亏损以"－"号填列）		
五、每股收益：		
（一）基本每股收益		
（二）稀释每股收益		

2. 单步式利润表

单步式利润表示将本期所有收入加在一起，然后在把所用费用加在一起，两者相减，通过一次计算得出当期损益。其简化格式见表 9–7。

表 9–7

利润表（单步式）

编制单位：　　　　　　　　　　　　年　　月　　　　　　　　　　　　　单位：元

项　目	本期金额	上期金额
一、收入		
营业收入		
公允价值变动收益		
投资收益		
营业外收入		
二、减：费用		
营业成本		
营业税金及附加		
销售费用		
管理费用		
财务费用		
资产减值损失		
营业外支出		
所得税费用		
三、净利润		

9.3.3　利润表的编制方法

利润表各个项目需要填列的数字分为"本期金额"和"上期金额"两栏。

1. 利润表中的"上期金额"的填列方法

"上期金额"栏各个项目，应根据上年该期利润表"本期金额"栏内所列数字填列，如果利润表项目的列报发生变更，应对上期比较数据按照当期的列报要求进行调整，并在附注中披露调整的原因和性质，以及调整的各项目金额。

2. 利润表中的"本期金额"的填列方法

利润表中"本期金额"栏反映各项目的本期实际发生数，主要应根据损益类各账户的本期实际发生额列报。其具体项目填列方法如下。

（1）"营业收入"项目，反映企业日常经营活动所确认的收入总额，应根据"主营业务收入"和"其他营业收入"账户的本期发生额计算填列。

（2）"营业成本"项目，反映企业日常经营活动发生与营业收入直接配比的实际成本总额，应根据"主营业务成本"和"其他业务成本"账户的本期发生额计算填列。

（3）"营业税金及附加"项目，反映企业日常经活动应负担的消费税、营业税、城市维护建设税等税金和教育费附加，应根据"营业税金及附加"账户本期实际发生额分析填列。

（4）"销售费用"、"管理费用"、"财务费用"项目，反映企业发生的各项期间费用，应分别根据各"销售费用"、"管理费用"和"财务费用"账户的本期发生额分析填列。

（5）"资产减值损失"项目，反映企业发生的计提资产减值准备确认的减值损失，应根据"资产减值准备"账户的本期发生额分析填列。

（6）"公允价值变动收益"项目，反映企业发生的应计入当期损益的资产或负债公允价值变动收益，应根据"公允价值变动收益"账户本期发生额分析填列，如为净损失，则应以"－"号填列。

（7）"投资收益"项目，反映企业以各种方式对外投资所取得的收益，应根据"投资收益"账户的本期发生额分析填列，如为投资净损失，则应以"－"号填列。

（8）"营业外收入"和"营业外支出"项目，分别反映直接计入当期利润的利得或损失，应分别根据"营业外收入"和"营业外支出"账户的本期发生额分析填列。

（9）"所得税费用"项目，反映企业应当从当期利润总额中扣除的所得税费用，应根据"所得税费用"账户的本期发生额分析填列。

利润表中的三个利润项目，包括营业利润、利润总额和净利润，应根据表中项目之间的关系计算填列，如为亏损，则应以"－"号填列。

【例9-2】 天地公司201×年度有关损益类各科目发生额见表9-8。

表9-8

各损益类科目发生额资料

单位：元

会计科目	上年利润表各项目数字	本年1～12月累计发生额
主营业务收入		640 000
主营业务成本		350 000
营业税金及附加		40 000
其他业务收入		50 000
其他业务支出		30 000
资产减值损失		20 000
管理费用		75 000
销售费用		30 000
财务费用		9 000
投资收益		28 600
营业外收入		45 000
营业外支出		30 000

根据表 9-8 所给资料编制天地公司 201×年度"利润表",见表 9-9。

表 9-9

利润表

编制单位:　　　　　　　　　　　201× 年　　　　　　　　　　　单位:元

项　　目	本 期 金 额	上 期 金 额
一、营业收入	690 000	
减:营业成本	380 000	
营业税金及附加	40 000	
销售费用	30 000	
管理费用	40 000	
财务费用	9 000	
资产减值损失	20 000	
加:公允价值变动收益(损失以"—"号填列)	—	
投资收益(损失以"—"号填列)	28 600	
二、营业利润(亏损以"—"号填列)	199 600	
加:营业外收入	45 000	
减:营业外支出	30 000	
三、利润总额(亏损总额以"—"号填列)	214 600	
减:所得税费用	53 650	
四、净利润(净亏损以"—"号填列)	160 950	
五、每股收益:	—	
(一)基本每股收益	—	
(二)稀释每股收益	—	

9.4　现金流量表

9.4.1　现金流量表的概念与作用

现金流量表是与资产负债表、利润表并列的,企业必须对外报送的三张主要报表之一。现金流量表主要反映企业现金的流入与流出情况。

现金流量表是反映企业一定会计期间现金和现金等价物流入和流出的会计报表,即以现金为基础编制的财务状况变动表。编制现金流量表可以使企业掌握现金流量的信息,搞好资金调度,提高资金使用效率,并使企业的投资者和债权人可以了解企业如何使用现金以及提高以后获得现金的能力,更有利于准确预测企业未来的偿债能力和支付能力。

9.4.2 现金流量表的内容和结构

现金流量表中所指的现金一般包括现金及现金等价物。其中现金是指企业库存现金以及可以随时用于支付的银行存款和其他货币资金；现金等价物是指企业持有的期限短、流动性强、易于转换为已知金额现金或价值变动风险很小的投资。凡是不能随时支付的定期存款和长期性投资均不能作为现金。

企业的现金流量是指某一时期内现金流入流出的数量，现金流量表的结构包括现金流量表正表和现金流量表补充资料。其中现金流量表正表的内容主要包括以下三个方面。

(1) 经营活动所产生的现金流量：主要包括销售商品、提供劳务收到的现金，收到的税费返还，收到其他与经营活动有关的现金，购买商品或接受劳务支付的现金，支付给职工以及为职工支付的现金，支付的各项税费，支付的其他与经营活动有关的现金。

(2) 投资活动产生的现金流量：主要包括收回投资所收到的现金，取得投资收益所收到的现金，处置固定资产、无形资产和其他长期资产而收到的现金净额，收到的其他与投资活动有关的现金，购建固定资产、无形资产和其他长期资产所支付的现金，投资所支付的现金，支付的其他与投资活动有关的现金。

(3) 筹资活动产生的现金流量：主要包括发行股票、债券或接受投入资本收到的现金，借款所收到的现金，收到的其他与筹资活动相关的现金，偿还借款、债券本金所支付的现金，分配股利、利润或偿付利息所支付的现金，支付的其他与筹资活动有关的现金；如果有外币货币资金的企业，还包括汇率变动对现金的影响。

以上构成了现金及现金等价物的净增加额，为企业投资者、债权人和管理者提供十分有用的信息。

现金流量表补充资料包括三部分内容。

(1) 将净利润调节为经营活动的现金流量，主要包括需要调整的四大类项目：实际没有支付现金的费用；实际没有收到现金的收益；不属于经营活动的损益；经营性应收应付项目的增减变动。

(2) 不涉及现金收支的投资和筹资活动。

(3) 现金及现金等价物净增加情况。

一般企业现金流量表的结构及内容见表 9-10。

表 9-10

现金流量表

企会 03 表

编制单位：　　　　　　　　　　　年　月　　　　　　　　　　　　单位：元

项　目	行次	金额
一、经营活动产生的现金流量		
销售商品、提供劳务收到的现金		
收到的税费返还		
收到的其他与经营活动有关的现金		
现金流入小计		

续表

项　　目	行次	金额
购买商品、接受劳务支付的现金		
支付给职工以及为职工支付的现金		
支付的各项税费		
支付的其他与经营活动有关的现金		
现金流出小计		
经营活动产生的现金流量净额		
二、投资活动产生的现金流量		
收回投资所收到的现金		
取得投资收益所收到的现金		
处置固定资产、无形资产和其他长期资产而收到的现金净额		
收到的其他与投资活动有关的现金		
现金流入小计		
购建固定资产、无形资产和其他长期资产所支付的现金		
投资所支付的现金		
支付的其他与投资活动有关的现金		
现金流出小计		
投资活动产生的现金流量净额		
三、筹资活动产生的现金流量		
吸收投资所收到的现金		
取得借款所收到的现金		
收到的其他与筹资活动有关的现金		
现金流入小计		
偿还债务所支付的现金		
发生筹资费用所支付的现金		
分配股利或利润和偿付利息所支付的现金		
支付的其他与筹资活动有关的现金		
现金流出小计		
筹资活动产生的现金流量净额		
四、汇率变动对现金的影响额		
五、现金及现金等价物净增加额		
补充资料		

续表

项　　　目	行次	金额
1. 将净利润调节为经营活动的现金流量		
净利润		
加：计提的资产减值准备		
固定资产折旧		
无形资产摊销		
长期待摊费用摊销		
待摊费用减少(减：增加)		
预提费用增加(加：减少)		
处置固定资产、无形资产和其他长期资产的损失(减：收益)		
固定资产报废损失		
财务费用		
投资损失(减：收益)		
递延税款贷项(减：借项)		
存货的减少(减：增加)		
经营性应收项目的减少(减：增加)		
经营性应付项目的增加(减：减少)		
其他		
经营活动产生的现金流量净额		
2. 不涉及现金收支的投资和筹资活动		
债务转为股本		
一年内到期的可转换公司债券		
融资租入固定资产		
3. 现金及现金等价物净增加情况		
现金的期末余额		
减：现金的期初余额		
加：现金等价物的期末余额		
减：现金等价物的期初余额		
现金及现金等价物净增加额		

9.4.3　现金流量表的填制方法

　　在具体编制现金流量表时，企业可以根据业务量的大小及复杂程度，采用"工作底稿法"、"T形账户法"、"分析填列法"。工作底稿法是以工作底稿为手段，以利润表和资产负债表数据为基础，结合有关科目的记录，对现金流量表的每一项进行分析并编制调整分录，从而编制现金流量表的一种方法；T形账户法是以利润表和资产负债表为基础，结合有关科目的记录，对现金流量表的每一项进行分析并编制调整分录，通过"T形账户"编制现金流量表的一种方法；分析填列法是直接根据资产负债表、利润表和有关会计科目的明细账记录，分析计算出现金流量表中各个项目的金额，并据以编制现金流量表的一种方法。

经营活动产生的现金流量在编制现金流量表时通常可以采用直接法和间接法两种方法进行反映。直接法是通过现金收入和现金支出的主要类别反映来自企业经营活动的现金流量，采用直接法编制现金流量表，一般以利润表中的营业收入为起点，调整与经营活动有关项目增减的变动，计算出经营活动的现金流量；间接法是以本期净利润为起点，调整不涉及现金的收入、费用、营业外收支等有关项目的增减变动，据此计算出经营活动的现金流量。在我国，现金流量表正表采用直接法编制，现金流量表补充资料采用间接法编制。

9.5 所有者权益变动表

9.5.1 所有者权益变动表的概念和作用

所有者权益变动表是反映构成所有者权益的各个组成部分当期的增减变动情况的报表。所有者权益变动表应当全面反映一定时期所有者权益变动的情况，不仅包括所有者权益总量的变动，还包括所有者权益增减变动的重要结构性信息，特别是要反映直接计入所有者权益的利得和损失，让报表使用者准确理解所有者权益增减变动的结果。

所有者权益变动表在一定程度上体现了企业综合收益。综合收益，是指企业在某一期间与所有者之外的其他方面进行交易或发生其他事项所引起的资产变动。综合收益的构成包括两部分：净利润和直接计入所有者权益的利得和损失。其中，前者是企业已实现并已确认的收益，后者是企业未实现但根据会计准则的规定已确认的收益。用公式表示如下。

综合收益＝净利润＋直接计入所有者权益的利润和损失

其中，净利润＝收入－费用＋直接计入当期损益的利得和损失

在所有者权益变动表中，净利润和直接计入所有者权益的利得或损失均单列项目，体现了企业综合收益的构成。

9.5.2 所有者权益变动表的结构及内容

为了清楚地表明所有者权益的各组成部分当期的增减变动情况，所有者权益变动表应当以矩阵的形式表示。一方面，列示所有者权益变动的交易或事项，改变了以往仅仅按照所有者权益的各组成部分反映的所有者权益变动情况，而是按所有者权益变动的来源对一定时期所有者权益变动情况进行全面反映；另一方面，按照所有者权益各组成部分（包括实收资本、资本公积、盈余公积、未分配利润和库存股）及其总额列示交易或事项对所有者权益的影响。

根据财务报表列报准则的规定，企业需要提供比较所有者权益变动表，因此，所有者权益变动表还就各项目分为"本年金额"和"上年金额"两栏分别填列。所有者权益变动

表的具体结构及内容见表 9-11。

表 9-11

所有者权益变动表

会企：04 表

编制单位：　　　　　　　　　　年　月　　　　　　　　　　　单位：元

项　目	本年金额						上年金额					
	实收资本(股本)	资本公积	减：库存股	盈余公积	未分配利润	所有者权益合计	实收资本(股本)	资本公积	减：库存股	盈余公积	未分配利润	所有者权益合计
一、上半年余额												
加：会计政策变更												
前期差错更正												
二、本年年初余额												
三、本年增减变动金额（减少发"一"号填列）												
（一）净利润												
（二）直接计入所有者权益的利得和损失												
1. 可供出售金融资产公允价值变动净额												
2. 权益法下被投资单位其他所有者权益变动的影响												
3. 与计入所有者权益项目相关的所得税影响												
4. 其他												
上述（一）和（二）小计												
（三）所有者投入和减少资本												
1. 所有者投入资本												
2. 股份支付计入所有者权益的金额												
3. 其他												

续表

项 目	本年金额						上年金额					
	实收资本(股本)	资本公积	减:库存股	盈余公积	未分配利润	所有者权益合计	实收资本(股本)	资本公积	减:库存股	盈余公积	未分配利润	所有者权益合计
(四)利润分配												
1. 提取盈余公积												
2. 对所有者(或股东)的分配												
3. 其他												
(五)所有者权益内结转												
1. 资本公积转增资本(或股本)												
2. 盈余公积转增资本(或股本)												
3. 盈余公积弥补亏损												
4. 其他												
四、本年年末余额												

9.5.3 一般企业所有者权益变动表的列报方法

1. 所有者权益变动表各项目的列报说明

(1)"上年年末余额"项目,反映企业上年资产负债表中实收资本(或股本)、资本公积、盈余公积、未分配利润的年末余额。

(2)"会计政策变更"和"前期差错更正"项目,分别反映企业采用追溯调整法处理的会计政策变更的累积影响金额和采用追溯重述法处理的会计差错更正的累积影响金额。

为了体现会计政策变更和前期差错更正的影响,企业应当在上期期末所有者权益余额的基础上进行调整得出本期期初所有者权益,根据"盈余公积"、"利润分配"、"以前年度损益调整"等科目的发生额分析填列。

(3)"本年增减变动额"项目分别反映如下内容。

①"净利润"项目,反映企业当年实现的净利润(或净亏损)金额,并对应列在"未分配利润"栏。

②"直接计入所有者权益的利得和损失"项目,反映企业当直接计入所有者权益的利得和损失金额。其中:

"可供出售金融资产公允价值变动净额"项目,反映企业持有的可供出售金融资产当年公允价值变动的金额,并对应列在"资本公积"栏。

"权益法下被投资单位其他所有者权益变动的影响"项目,反映企业对按照权益法核算的长期股权投资,在被投资单位除当年实现的净损益以外其他所有者权益当年变动中应享有的份额,并对应列在"资本公积"栏。

"与计入所有者权益项目相关的所得税影响"项目,反映企业根据《企业会计准则第18号——所得税》规定计入所有者权益项目的当年所得税影响金额,并对应列在"资本公积"栏。

③"净利润"和"直接计入所有者权益的利得和损失"小计项目,反映企业当年实现的净利润(或净亏损)金额和当年直接计入所有者权益的利得和损失金额的合计额。

④"所有者投入和减少资本"项目,反映企业当年所有者投入的资本和减少的资本。其中:

"所有者投入资本"项目,反映企业接受投资者投入形成的实收资本(或股本)和资本溢价或股本溢价,并对应列在"实收资本"和"资本公积"栏。

"股份支付计入所有者权益的金额"项目,反映企业处于等待期中的权益结算的股份支付当年计入资本公积的金额,并对应列在"资本公积"栏。

⑤"利润分配"下各项目,反映当年所有者(或股东)分配的利润(或股利)金额和按照规定提取的盈余公积金额,并对应列在"未分配利润"和"盈余公积"栏。其中:

"提取盈余公积"项目,反映企业按照规定提取的盈余公积。

"对所有者(或股东)的分配额"项目,反映对所有者(或股东)分配的利润(或股利)金额。

⑥"所有者权益内部结转"下各项目,反映不影响当年所有者权益总额的所有者权益各组成部分之间的当年的增减变动,包括资本公积转增资本(或股本)、盈余公积转增资本(或股本)、盈余公积弥补亏损等项金额。为了全面反映所有者权益各组成部分的增减变动情况,所有者权益内部结转也是所有者权益变动表的重要组成部分,主要指不影响所有者权益总额的所有者权益的各组成部分的当期的增减变动。其中:

"资本公积转增资本(或股本)"项目,反映企业以资本公积转增资本(或股本)的金额。

"盈余公积转增资本(或股本)"项目,反映企业以盈余公积转增资本(或股本)的金额。

"盈余公积弥补亏损"项目,反映企业以盈余公积弥补亏损的金额。

2. 上年金额栏的列报方法

所有者权益变动表上"上年金额"栏内各项数字,应根据上年度所有者权益变动表"本年金额"栏内所列数字填列。如果上年度所有者权益变动表规定的各个项目的名称和内容同本年度不相一致,应对上年度所有者权益变动表各项目的名称和数字按本年度的规定进行调整,填入所有者权益变动表"上年金额"栏内。

3. 本年金额栏的列报方法

所有者权益变动表"本年金额"栏内各项数字一般应根据"实收资本(或股本)"、"资本公积"、"盈余公积"、"利润分配"、"库存股"、"以前年度损益调整"等科目的发生额分析填列。

企业的净利润及其分配情况作为所有者权益变动的组成部分,不需要单独设置利润分配表列示。

9.6 会计报表附注

9.6.1 会计报表附注概述

1. 附注的概念

附注是财务报表不可或缺的组成部分,是对在资产负债表、利润表、现金流量表和所有者权益变动表等列表中列示项目的文字描述或明细资料,以及对未在这些报表中列示项目的说明等。

财务报表中的数字是经过分类与汇总后的结果,是对企业发生的经济业务的高度简化和浓缩的数字,如果没有形成这些数字所使用的会计政策,理解这些数字所必需的披露,财务报表就不可能充分发挥效用。因此,附注与资产负债表、利润表、现金流量表和所有者权益变动表具有同等的重要性,是财务报表的重要组成部分。

2. 附注披露的基本要求

(1) 附注披露的信息应是定量、定性的结合,从而能从量和质两个角度对企业经济事项完整地进行反映,也才能满足信息使用者的决策要求。

(2) 附注应当按照一定的结构进行系统合理的排列和分类,有顺序地披露信息。

(3) 附注相关信息应当与资产负债表、利润表、现金流量表和所有者权益变动表中列示的项目相互参照,以有助于使用者联系关联的信息,并从整体上更好地理解财务报表。

9.6.2 会计报表附注披露的内容

附注应当按照如下顺序披露有关内容。
(1) 企业的基本情况。
(2) 财务报表的编制基础。
(3) 遵循企业会计准则的声明。
(4) 重要会计政策和会计估计。
(5) 会计政策和会计估计变更以及差错更正说明。
(6) 报表重要项目说明。
(7) 其他需要说明的重要事项。

9.7 财务报告的报送和审批

9.7.1 财务报告的报送

1. 财务报告报送的内容

为了充分发挥财务报告的作用,各个企业应当依照法律、行政法规和国家统一会计制度有关财务报告规定的期限和程序,及时对外提供财务报告。企业对外提供的年度财务报告包括基本会计报表和附注等；季度、月度中期财务报告通常仅指会计报表，国家统一的会计制度另有规定的除外。企业对外提供的财务报告应当依次编定页数，加具封面，装订成册，加盖公章。封面上应注明企业名称、企业统一代码、组织形式、地址、报表所属年度或月份、报出日期等，并由企业负责人和主管会计工作的负责人、会计机构负责人（会计主管人员）签名并盖章；设置总会计师的单位，还须由总会计师签名并盖章。有关法律、行政法规规定会计报表、会计报表附注和财务情况说明书应当由注册会计师审计的企业，在提供财务报告时，应将注册会计师及其所在的会计师事务所出具的审计报告，随同财务报告一并对外提供。

2. 财务报告的报送对象

各个报送单位应向哪些组织或个人报送财务报告，这同各单位的隶属关系、经济管理和经济监督的需要有关。一般来说，国有企业要向上级主管部门、开户银行、财政、税收和审计机关报送财务报告；同时，还应向投资者、债权人以及其他与企业有关的报告使用者提供。若是公开发行股票的股份有限公司，还应当向证券交易机构和证监会等提供。《企业财务报告条例》规定，企业应当依据章程的规定，向投资者提供财务报告。国务院派出监事会的国有重点大型企业、国有重点金融机构和省、自治区、直辖市人民政府派出监事会的国有企业，应当依法定期向监事会提供财务报告。国有企业、国有控股的或者占主导地位的企业，应当至少每年一次向本企业的职工代表大会公布财务报告。有关部门或者机构依照法律、行政法规或者国务院规定，要求企业提供部分或者全部财务报告及其有关数据的，应当向企业出示依据，并不得要求企业改变财务报告有关数据的会计口径。非依照法律、行政法规或者国务院规定，任何组织或者个人不得要求企业提供部分或者全部财务报告及其有关数据。接受企业财务报告的组织或者个人，在企业财务报告未正式对外披露前，应当对其内容保密。企业依照规定向有关各方提供的财务报告，其编制基础、编制依据、编制原则和方法应当一致，不得提供编制基础、编制依据、编制原则和方法不同的财务报告。

3. 财务报告的报送时限

财务报告报送的期限，一方面应考虑需要财务报告的有关使用者对报告的需要程度，另一方面又要考虑编报单位的机构、组织形式、编报单位所在地的交通条件等因素，正确规定财务报告的报送期限。这样有利于各编报单位如期报送会计报表，便于及时汇总和利用会计报表，以发挥其应有的作用。根据《企业会计制度》的规定，月度中期财务报告应当于月度终了后6天内对外提供，季度中期财务报告应于季度终了后15天内对外提供，半年度中期财务报告应于年度中期结束后60天内（相当于两个连续的月份）对外提供，年度财务报告应于年度终了后4个月内对外提供。另外，上市公司不要求按月披露月度财务报告，季度报告应当在每个会计年度的第1个、第3个季度结束后的1个月内披露，半年报应当在每个会计年度的上半年结束之日起2个月内披露，年度报告应当在每个会计年度结束之日起4个月内披露。

9.7.2 财务报告的审批

上级主管部门或上级公司、财政、税务、审计和金融部门，对报送的财务报告应当及时组织审核与批复。如各级主管部门对于所属单位上报的财务报告进行审核、批复；各级财政部门对于同级的各主管部门报送的汇总财务报告进行审核、批复。

各级主管部门或上级公司、财政、税务和金融部门对报送的财务报告进行审核，主要审核财务报告的编制、报送是否符合规定，内容是否符合财经法规、制度的要求。前者属于技术性审核，后者属于内容性审核。技术性审核主要审查会计报表的种类、填报的份数是否符合规定，报表的项目是否填列齐全，补充资料和必要的编制说明是否完备，报表的签章是否齐全，汇总会计报表应汇编的单位是否完全，有无漏编、漏报，报表数字计算是否正确，报表与报表有关指标是否衔接一致等。内容性审核主要检查资金筹集、使用、缴拨是否符合资金管理制度；利润或亏损的形成和利润分配是否合法，有无违反法律、财经纪律和弄虚作假现象，应上缴的税金和利润是否及时足额上缴，有无拖欠截留情况；财务收支计划完成情况，有无不按计划、制度办事的情况等。

在审核过程中，如果发现财务报告编制有错误或不符合制度的要求，应及时通知报送单位进行更正。如果发现有违反财经法规的情况，应查明原因，及时纠正，严肃处理。有关部门对财务报告审核后，要进行批复，提出批复意见。报送财务报告的单位接到审批意见后，要认真研究执行，对发现的错误要及时更正。

关键术语

  财务报告 会计报表 会计报表附注 资产负债表 利润表 现金流量表 现金流量 现金等价物 所有者权益变动表

知识链接

财务报告的历史演进

  对财务报告的历史演进进行考察，可以从中总结财务报告的发展规律，能使我们站在一个历史的高度来俯瞰现行财务报告研究应关注的重点。在会计的发展史中，虽然会计的起源稍早于财务报告，但是可以说，一部会计的发展史，实际上就是一部财务报告的发展史。

  财务报告的演进是在财务报表的演进中形成的，在人类历史上它经历了账簿式、单一报表式、两表式和三表式财务报告时期。

  1. 账簿式时期

  财务报告的产生源远流长。账簿式财务报告时期是财务报告的萌芽期。在此时期，首先产生了单式簿记，并成为在自然经济占主导地位的各种社会形态中被普遍采用的主要会计方法。但是，账簿记录不一定就是财务报告。只有对核算对象进行必要的分类并在简要、总括描述的基础上向外传递的簿记才是账簿式财务报告。早期的财务报告，一种是口头汇报，一种是将账簿进行"上计"。在古代埃及，"每月，作为地方官的州长，都必须向宰相作一次财务报告"，主要表现为口头汇报。战国时期至秦朝记录会计事项的简册"计簿"的"上计"及汉代的"上计簿"就是财务报告的雏形。因为此时的财务报告尚无会计事项的具体分类，而且在形式上以叙述性的文字为主，因而是一种还较为原始的财务报告。据出土的汉代简牍记载，为了保证财务报告的质量和及时上报，汉代已制定了规范财务报告的法规。唐宋时期，簿记理论进一步发展，此时期创建的"四柱结算法"为我国早期的财务报告的发展奠定了基础，旬报、月报和年报均以日常簿记资料为依据进行分类汇总而成。明清时期产生的复式簿记"龙门账"和"四脚账"属于典型的账簿式财务报告，因为它们在编制程序、要求及格式上更进一步规范、科学。在西方，账簿式财务报告时期始于12世纪，终于15世纪，曾先后经历了佛罗伦萨式簿记、热那亚式簿记及威尼斯式簿记三个阶段。1494年是簿记学术史上的新纪元，意大利数学家、会计学家卢卡·帕乔利（Luca Pacioli）出版了《算术、几何、比及比例概要》（亦译《数学大全》），书中题为《计算与记录要论》（亦译《簿记论》)的一篇，被公认为世界上第一部会计著作。但是这部著作中尚未提到"资产负债表"和"损益计算书"的编制，也未提及决算时"财产目录"的编制。这说明威尼斯的复式簿记法和帕乔利的复式簿记理论正处于幼年时期。

综上所述，账簿式财务报告具有以下特点：① 从形式上看，主要采用账户余额形式，账簿尚未与报告明确分离；② 从内容上看，既包括会计事项的简单汇总，还包括财政、统计等方面的情况；③ 从格式上看，采用文字说明或数据组合报告。

2. 单一报表时期

众所周知，财务报表的出现晚于复式记账，财务报表是复式簿记系统的延伸和发展。帕乔利时代的复式记账500多年来经过不少国家的若干代人的实践与总结提高，才发展成为一个"会计处理数据、加工信息的特殊系统"。资产负债表是最早出现的财务报表，从其产生到20世纪30年代初的相当长的时期内，处于绝对的主导地位。人们通常认为它起源于16世纪的欧洲。关于资产负债表的前身，人们提法不一，有的人认为是"定期财产目录"，有的人认为是"试算平衡表"，还有人认为是"余额账户"。其实资产负债表在各地的出现并不同步，其演变的路径也不尽相同。1531年，德国纽伦堡商人Johann Gottieb 在其所著的《简明德国簿记》中公布了世界上最早的资产负债表格式。在16世纪，意大利的企业在报告应税财产时也已开始编制资产负债表。当时企业的组织形式主要表现为独资企业和合伙企业，企业内外经济关系比较简单，经济活动也不复杂，企业均由投资者自我经营，单凭资产负债表基本能满足外部信息使用者的需要。业主或合伙人通过查阅损益类账户便可获悉企业收益成果，因此当时一般不编制损益表。在17世纪初，继意大利帕乔利以后的又一会计大师——荷兰会计学家西蒙·斯蒂文(Simen Stevin)出版了《数学惯例法》一书，提出了"资本状况表"，进一步为现代资产负债表勾画了轮廓。17世纪的法国制定了一系列法律以避免欺诈性破产，商人们必须每两年进行存货的实物盘存，并提供盘存报告(资产负债表)。在英国，会计学者确立了"财产＝资本"和"资产－负债＝纯资本"的会计等式，创建了英国式资产负债表。1844—1862年的英国《公司法》的颁布，明确定了资产负债表的标准格式。19世纪的德国同样也重视资产负债表，1861年《德意志商法》颁布，其中对企业定期编制资产负债表及如何对财产估价做出了规定。担任德国"账簿审计师协会"法律顾问的费雪尔分别于1905年、1908年发表的专著《资产负债表价值·第一部》和《资产负债表价值·第二部》，紧接着他又相继发表了《资产负债表价值原理》(1909年版)及《商法簿记与资产负债表》等，为德国会计理论的进一步发展奠定了基础。美国的会计主要师承英国，同时博采众长，尤其注意引进德国的资产负债表学说。1909年，被誉为会计学泰斗的哈特菲尔德出版了其名作《近代会计学》，该书以资产负债表为主线，精辟地阐述了会计学中的一系列理论问题，奠定了美国会计学的基础。

我国于1985年发布施行的中外合资会计制度第一次引进西方资产负债表，但直到1993年的会计制度改革，我国企业才全面采用资产负债表以取代1952年施行的资金平衡表。在2001年、2002年和2005年的会计制度改革中仍旧保留了资产负债表。

综上所述，单一报表式财务报告是伴随着复式簿记理论的发展、传播、应用和社会经济的不断发展及企业组织形态的变化而得以发展和初步完善的。同时由于出资形式的内部化，经营者集投资者于一身，企业对外界承担的经管责任较少，作为单一报表的资产负债表基本能概括企业生产经营活动的全貌。

3. 两表式时期

收益表(又称损益表或利润表)的产生最早可追溯到17世纪的损益证明书，而其前身是18～20世纪初的《损益·原始资本计算书(损益表)》。大约从19世纪中叶至20世纪中叶，西方经济发达国家的财务报告已逐步定型于由资产负债表和损益表组合而成的两表体系，虽然其结构和内容存在差异，但总的来说，均已从不很成熟走向成熟，从不太健全走向健全。19世纪中叶以后，股份有限公司已成为英国一种很普遍的企业组织形式，由于所有权与经营权的两权分离，出现了职业经理阶层，企业所有者退出企业的经营。股东迫切需要了解企业经营的好坏，尤其是盈利能力及盈利分配情况；同时，生产经营的复杂性程度的加剧，导致过去单凭期初与期末净资产的对比计算出盈利已不合时宜，于是以反映企业一定期间生产经营成果的损益表便应运而生。此外，所得税法的引进与发展，使人们开始密切关注有关收入和费用的核算与报告问题。20世纪20年代，在美国和英国，日益增加的企业已经提供它们的收益表了。

1929年，英国公司法首次正式要求企业编制收益表，使收益表成为企业第二个正式对外财务报表。当然，"从强调资产负债表转变到强调收益表，是第一次世界大战前后至20世纪30年代这一时期中发生于美国和欧洲的最重要的变革之一（亨德里克森）"。美国著名会计学家利特尔顿在《会计理论结构》中也多次强调了收益表的重要性，"收益表才能反映企业经营活动是成功还是失败这个主题"。因而，收益表已经逐渐成为财务报表的核心，直到今天很多企业尤其是上市公司在其年度报告中都把收益放在首位。

我国1949年前将收益表称为损益表，20世纪50年代初期也这样称呼，后来改称利润表。改革开放以来，1981年、1985年和1989年的会计制度改革仍称其为利润表，1993年的会计制度改革将其改称为损益表，1998年的《股份有限责任公司会计制度——会计科目和会计报表》及2001年、2002年及2005年的会计制度改革又将其改称为利润表。

4. 三表式时期

随着企业筹资手段的日益多样化和复杂化，与生产经营活动一样，企业的投资活动和理财活动也影响着企业的财务状况与经营成果。由资产负债表和收益表所提供的信息逐渐难以满足企业外部信息使用者了解企业财务状况变动情况的需要。因此，资金表或财务状况变动表作为财务报告的第三财务报表也应运而生，它最早出现于美国，在它尚未正式成为对外报表之前，美国有些企业就已自发地编制了"资金表"或"资金来源和运用表"，以反映企业财务状况的变动情况，但名称和格式各异，编制方法也不一致。1961年美国AICPA发布第2号会计研究公告——现金流量分析与资金表，建议对外提供资金表，并由CPA审计。1963年10月美国的APB发布了第3号意见书，建议企业编制"资金来源和运用表"，并将其作为财务报告的辅助信息，但未做出强制要求。1971年3月APB发表第19号意见书取代第3号意见书，建议将此表更名为"财务状况变动表"，并将其列为对外正式公布的基本财务报表。1987年11月FASB公布95号财务会计准则公告(SFA95)《现金流量表》，取代了APB的第19号意见书，并要求企业在1988年7月15日以后，必须以现金流量表代替财务状况变动表。1989年，国际会计准则委员会[12]（IASB)发布了第7号国际会计准则《现金流量表》，取代了1977年公布的第7号国际会计准则《财务状况变动表》。1992年12月，IASB对第7号国际会计准则进行了修订，并于1994年1月1日起生效。英国也于1991年颁布了《财务报告准则——现金流量表》，并于1996年进行了修订。

我国财政部于1995年4月21日完成了《现金流量表》准则的征求意见稿，于1998年3月20日正式发布《现金流量表》准则，要求以现金流量表取代1985年引进的财务状况变动表，并于1998年1月1日起在全国范围内施行。根据执行情况和经济环境的变化，财政部于2001年1月28日对原《现金流量表》准则进行了修订，并要求于2001年1月1日起在全国范围内施行。

本 章 小 结

财务报告是会计信息系统向外界输出财务信息的集中体现，是精练、浓缩、简洁、清晰地提供企业财务状况、经营成果、现金流量、所有者权益变动等重要财务信息的一套载体。财务报告是指企业对外提供的反映企业某一特定日期财务状况和某一会计期间经营成果、现金流量等的书面文件。财务报告由会计报表、会计报表附注组成。

资产负债表是反映企业在某一特定日期全部资产、负债和所有者权益及其构成情况的会计报表。它根据"资产＝负债＋所有者权益"这一基本公式，依照一定的分类标准和一定的次序，把企业在某一特定日期的资产、负债和所有者权益项目予以适当排列编制而成。

利润表是反映企业在一定会计期间的经营成果的会计报表。它根据"收入－费用＝利润"这一平衡公式，依照一定的标准和次序，把企业一定时期内的收入、费用和利润项目予以适当排列编制而成。利润表各项目的填列主要以相关损益账户的发生额为依据。

现金流量表是反映企业一定会计期间现金和现金等价物流入和流出的会计报表，即以现金为基础编制的财务状况变动表。编制现金流量表可以使企业掌握现金流量的信息，搞好资金调度，提高资金使用效率，并使企业的投资者和债权人可以了解企业如何使用现金以及提高以后获得现金的能力，更有利于准确预测企业未来的偿债能力和支付能力。

所有者权益变动表是反映构成所有者权益的各个组成部分的当期的增减变动情况的报表。

附注是财务报表不可或缺的组成部分，是对在资产负债表、利润表、现金流量表和所有者权益变动表等列表中列示项目的文字描述或明细资料，以及对未在这些报表中列示项目的说明等。

为了充分发挥财务报告的作用，各个企业应当依照法律、行政法规和国家统一会计制度有关财务报告规定的期限和程序，及时对外提供财务报告。

课 堂 测 试

1. 资产负债表的编制

资料：天地公司201×年11月30日部分账户的余额资料见表9-12。

表9-12

部分账户余额资料表 单位：元

账户名称	借方金额	贷方金额	账户名称	借方金额	贷方金额
应收账款	200 000		生产成本	90 000	
—A公司	268 000		应付账款		236 000
—B公司		68 000	—甲公司		336 000
坏账准备 （应收账款）		9 000	—乙公司	100 000	
原材料	520 000		预付账款		153 000
周转材料	83 000		—丙公司		185 000
库存商品	226 000		—丁公司	32 000	
在途材料	71 000		利润分配		330 000

要求：根据上表资料填列201×年11月30日资产负债表（表9-13）中部分项目的期末余额。

表 9-13

资产负债表

编制单位：天地公司　　　　　　　　201×年11月30日　　　　　　　　　　　　单位：元

资　　产	行次	年初数	期末数	负债和所有者权益	行次	年初数	期末数
应收账款				预收账款			
存货				应付账款			
预付账款				未分配利润			

2. 利润表的编制

资料：天地公司201×年11月30日有关损益类账户的资料见表9-14。

表 9-14

损益类账户资料表

会计账户	借方发生额	贷方发生额
主营业务收入		1 440 000
其他业务收入		50 000
营业外收入		70 000
公允价值变动损益		50 000
投资收益		15 000
主营业务成本	900 000	
其他业务成本	20 000	
营业税金及附加	15 000	
管理费用	60 000	
财务费用	22 000	
资产减值损失	5 000	
营业外支出	18 000	

要求：请根据上述资料编制天地公司201×年11月份利润表（表9-15）。

表 9-15

利润表

　　　　　　　　　　　　　　　　　　　　　　　　　　　　　　　　　　企会02表

编制单位：　　　　　　　　　　　　年　月　　　　　　　　　　　　　　单位：元

项　　目	本期金额	上期金额
一、营业收入		
减：营业成本		
营业税金及附加		
销售费用		
管理费用		
财务费用		
资产减值损失		
加：公允价值变动收益（损失以"—"号填列）		
投资收益（损失以"—"号填列）		
其中：对联营企业和合营企业的投资收益		

续表

项　　目	本期金额	上期金额
二、营业利润（亏损以"—"号填列） 　　加：营业外收入 　　减：营业外支出 　　　其中：非流动性资产处置损失		
三、利润总额（亏损总额以"—"号填列） 　　减：所得税费用		
四、净利润（净亏损以"—"号填列）		

第10章 会计工作的组织与管理

教学目标

- 了解正确组织会计工作的重要性和应遵循的原则
- 熟悉会计法规体系
- 明确会计机构的设置方法
- 掌握会计人员职责权限
- 掌握会计档案的管理内容

教学要求

知识要点	能力要求	相关知识
会计工作概述	(1) 理解组织会计工作的意义 (2) 了解组织会计工作应遵循的原则	(1) 理解组织会计工作的意义 (2) 掌握组织会计工作应遵循的原则
会计法规体系	(1) 掌握我国会计法规体系的构成 (2) 掌握企业会计准则——基本准则、具体准则、应用指南的基本内容	(1) 我国会计法规体系的构成 (2) 会计法律 (3) 企业行政法规 (4) 会计规章制度
会计机构和会计人员	(1) 了解会计机构的设置 (2) 了解会计人员的职责与权限	(1) 会计机构 (2) 会计人员
会计职业道德规范	(1) 掌握会计职业道德规范的概念 (2) 掌握会计职业道德规范的内容	(1) 职业道德的概念和主要内容 (2) 会计职业道德
会计档案	(1) 了解会计档案的概念和内容 (2) 掌握会计档案的归档、保管及销毁	(1) 会计档案的概念和内容 (2) 会计档案的归档 (3) 会计档案的保管及销毁

第10章 会计工作的组织与管理

安达信会计公司创立于1913年,曾是全球公认的五大会计公司之一,2000年安达信的业务收入已超过84亿美元,安达信的主要客户有法国国家巴黎银行、三井住友银行等。安达信早在1979年就与中国内地有了合作。1991年安达信正式在上海设立了咨询公司,这也是我国内地第一家外商独资咨询公司。1992年安达信又成立了首家合资会计师事务所,在中国已拥有中国银行、中国联通、中国平安保险、中国海洋石油、青岛啤酒、华能国际等大客户。2001年10月安然财务丑闻爆发,美国证监会(SEC)宣布对安然进行调查。可就在同时,安达信的休斯敦事务所从10月23日开始的两个星期中销毁了数千页安然公司的文件。而公司在10月17日就已得知美国证券交易委员会在对安然公司的财务状况进行调查,直到11月8日收到证券交易委员会的传票后才停止销毁文件。2002年3月14日司法部对安达信提起刑事诉讼,罪名是妨碍司法公正,理由是该公司在安然丑闻事发后毁掉了相关文件和电脑记录,从而开创了美国历史上第一起大型会计行受到刑事调查的案例。2002年6月15日,安达信被法院认定犯有阻碍政府调查安然破产案的罪行。安达信在陪审团做出决定后宣布,从2002年8月31日起停止从事上市公司的审计业务,此后,2000多家上市公司客户陆续离开安达信,安达信在全球的分支机构相继被撤销和收购。

组织和管理好会计工作,对于建立和完善会计工作秩序,提高会计工作质量,充分发挥会计的职能和作用,实现会计目标具有十分重要的意义。会计工作的组织主要包括会计法规体系设置、内部会计控制规范、会计职业道德规范和会计档案的管理等。

10.1 会计工作概述

10.1.1 组织会计工作的意义

会计工作的组织,就是根据《中华人民共和国会计法》(以下简称《会计法》)和其他有关法律法规的规定,结合本单位的实际情况,科学、合理地安排各项会计工作。这就会涉及如何建立专门的会计办事机构,如何配备专职的会计工作人员,以及如何规范单位内部的各项具体会计行为等。在计算机和网络技术广为运用的今天,会计工作的组织还应包括如何利用电子计算机来处理会计信息。因此,组织会计工作的内容主要包括设置会计机构、配备会计人员、制订内部会计管理规范和实施会计电算化。

会计是一个综合性的经济信息系统。系统中的各个组成部分相互协调、有条不紊地运行,是有效发挥会计在经济管理中的作用及顺利完成会计基本任务的前提。科学、合理地组织会计工作具有重要的意义。

1. 有利于保证会计工作的质量,提高会计工作的效率

会计的基本职能是对企业和行政事业单位中周而复始的资金运动进行核算和监督。这是一项复杂、细致而又严密的工作。从收集各种经济活动的原始数据开始,连续、系

统地进行分析、记录、分类和汇总,直至最终提供合格的会计信息,整个过程中各个步骤之间、各项手续之间都是环环相扣、密切联系的。任何一个环节出现差错或者延误,都将对最终的会计信息质量和会计工作效率造成重大影响。如果没有专门的会计机构、专职的会计人员和完善的内部会计管理规范,就无法保证这一系列程序的顺利完成。

2. 可确保会计工作与其他经济管理工作协调一致

会计工作在企业和行政事业单位的整个经济管理活动中处于重要地位。企事业单位的各项经济活动都要通过会计来核算和监督,所以会计部门与生产、销售、计划管理等业务部门之间都有着密切的联系,可以随时掌握单位的各种经济动态。科学、合理地组织会计工作,可以发挥其特有的协调作用,促进各个部门互相配合、互相促进、齐抓共管,共同提高单位的经济管理水平。

3. 贯彻国家财经法规,维护社会经济秩序

会计工作是一项政策性非常强的工作,各企事业单位的会计机构和会计人员必须严格遵循《会计法》和其他财经法规的要求,对本单位的各项经济活动实施监督。因此,科学、合理地组织会计工作,可以在组织、人员和制度上保证国家有关方针、政策、法令、法规的贯彻执行,协助有关部门共同打击经济领域的违法犯罪行为,保护单位的财产物资安全,保护投资者的利益不受侵害,维护社会经济秩序的健康运行。

10.1.2 组织会计工作应遵循的原则

科学地组织会计工作,必须遵循以下原则。

1. 统一性原则

组织会计工作必须在国家统一领导下,依据《会计法》、会计准则的要求进行。只有这样,才能保证国家有关方针、政策、法令、法规的贯彻执行,才能满足国家宏观调控对会计信息的需求。

2. 适应性原则

组织会计工作必须适应本单位经济活动的特点。国家对组织会计工作的统一要求,仅限于一般的原则性规定,各企事业单位对会计机构的设置,会计人员的配备和统一会计制度的执行,都要结合本单位的业务范围、经营规模等实际情况和经营管理中的具体要求,做出切合实际的安排,并制定具体的实施办法或补充规定。

3. 经济性原则

组织会计工作必须在满足会计信息需求和保证会计工作质量的前提下,讲求效率,节约时间,讲求效益,节约开支。对会计机构的设置和人员的配备,应力求精简。对会计处理程序和有关手续的规定,应符合实际需要,避免烦琐。会计部门收集的经济资料应与其他部门实现信息共享,避免重复劳动。因此,在会计工作中大力推广计算机技术和网络通信技术具有十分重要的意义。

10.2 会计法规体系

10.2.1 我国会计法规体系的构成

所谓会计法规体系,是指会计机构和会计人员从事会计核算、会计管理工作应当遵循的行为标准,包括各种与会计相关的法律、法规、准则、制度和职业道德等。我国现行的会计法规体系由会计法律、会计行政法规和会计规章制度三个层次构成。

1. 会计法律

会计法律是由国家政权以法律的形式调整会计关系的行为规范。我国会计法律是由全国人民代表大会及其常务委员会制定的,如《中华人民共和国会计法》《中华人民共和国注册会计师法》等。会计法律,是会计核算工作最高层次的法律规范,是制定其他各层次会计法规的依据,是会计工作的基本法。

2. 会计行政法规

会计行政法规是以国务院令颁布的各种会计规范,主要是用来规范会计某一方面的工作和调整我国经济生活中某些方面的会计关系。会计行政法规的制定必须以《会计法》为指导并对《会计法》某些条款进行具体说明和详细补充。在我国的法律规范体系中,属于会计行政法规的有《总会计师条例》《企业财务会计报告条例》等。

3. 会计规章制度

会计规章制度是国务院下属各主管部门或省、自治区和直辖市人民政府制定的会计方面的规范,对会计的具体工作与会计核算提供直接的规范。制定会计部门规章必须依据会计法律和会计行政法规的规定。属于会计规章制度的有《企业会计准则》《企业会计制度》《会计职业道德规范》《会计基础工作规范》《内部会计控制规范》等。

会计法规体系结构见表10-1。

表10-1

我国会计法规的构成体系

类　别	内　容	颁布者
会计法律	《会计法》《公司法》《证券法》《合同法》《注册会计师法》等	全国人民代表大会及其常务委员会
会计行政法规	《企业总会计师条例》 《企业财务报告条例》	国务院
会计行政规章制度	《企业会计准则》 《企业会计制度》 《会计从业资格管理办法》 《公开发行证券公司的信息披露的内容与规则》等	国务院下各主管部门或省、自治区和直辖市人民政府

10.2.2 会计法律

我国最主要的会计法律有《中华人民共和国会计法》和《中华人民共和国注册会计师法》。

1.《中华人民共和国会计法》

《中华人民共和国会计法》(以下简称《会计法》)是我国一切会计工作均要遵守的最重要的根本大法,在会计法律规范体系的构成中居最高层次,对其他会计法律、会计行政法规及会计规章制度等会计法律起着统驭的作用。因此,会计法也被称为是一切会计法规制度的"母法"。

《会计法》于 1985 年 1 月 21 日,第六届全国人民代表大会常务委员会第九次会议通过并颁布,于 1985 年 1 月 21 日施行。第八届全国人民代表大会常务委员会第五次会议根据我国经济体制由计划经济转变为市场经济的需要,对《会计法》进行修订,并于 1993 年 12 月 29 日公布并施行。第九届全国人民代表大会常务委员会第十二次会议根据我国市场经济发展的新情况、新形势,再次对《会计法》进行了修订,于 1999 年 10 月 31 日公布,自 2000 年 7 月 1 日起施行。

再次修订的《会计法》共 7 章 52 条,即:总则;会计核算;公司、企业会计核算的特别规定;会计监督;会计机构和会计人员;法律责任;附则。

2.《中华人民共和国注册会计师法》

《中华人民共和国注册会计师法》(以下简称《注册会计师法》)是有关注册会计师工作的一部单行法,于 1993 年 10 月 31 日经第八届全国人民代表大会常务委员会第四次会议通过,于 1994 年 1 月 1 日施行。《注册会计师法》由"总则"、"考试和注册"、"业务范围和规则"、"会计师事务所"、"注册会计师协会"、"法律责任"与"附则"7 章构成,共计 46 条。

10.2.3 会计行政法规

会计行政法规是中华人民共和国国务院制定颁布的会计行为规范,如《企业财务会计报告条例》《企业总会计师条例》。会计行政法规在性质上同会计法律保持一致,在内容上多属于对社会法律的阐述或具体化,因而会计行政法规具有较强的操作性。会计行政法规在会计法律规范体系中占有着重要的地位,它介于会计法律和会计行政规章制度之间,起到了承上启下的作用。

1.《企业财务会计报告条例》

《企业财务会计报告条例》由国务院于 2000 年 6 月 21 日发布,自 2001 年 1 月 1 日起施行。《企业财务会计报告条例》由"总则"、"财务报告的构成"、"财务报告的编制"、"财务报告的对外提供"、"法律责任"与"附则"6 章构成,共计 46 条。

2.《总会计师条例》

《总会计师条例》由国务院于 1990 年 12 月 31 日发布、自发布之日起施行。《总会计师条例》由"总则"、"总会计师职责"、"总会计师的权限"、"任免与奖惩"与"附则"5 章构成,共计 23 条。

《总会计师条例》的制定目的是为了确定总会计师的职权和地位,发挥总会计师在加强经济管理,提高经济效益中的作用。《总会计师条例》规定了总会计师在单位中的地位和任务、总会计师的职责、总会计师的权限、总会计师的任免与奖惩等。

10.2.4 会计规章制度

会计规章制度对会计的具体工作与会计核算提供直接的规范,如《企业会计准则》《企业会计制度》《会计基础工作规范》和《会计档案管理办法》等。

1. 《企业会计准则》

我国会计准则体系由基本准则和具体准则两个层次组成。1993年实施的《企业会计准则》,即为基本准则。它规定了会计核算的基本前提、一般原则、会计要素以及会计报表编报的一般要求。具体准则是根据基本准则的要求,就会计核算业务做出的具体规定。自1993年以来,财政部先后颁布了若干具体会计准则。会计准则全球趋同是资本市场国际化达到一定程度的产物。随着我国经济的发展和对外开放的深入,我国会计准则已逐渐与国际会计准则趋同。2006年2月财政部召开会计准则体系发布会,正式发布新的会计准则体系,规定新准则体系执行时间为2007年1月1日,并要求新准则体系自2007年1月1日在上市公司范围内施行,鼓励其他企业执行。

新会计准则体系由1项基本准则、38项具体准则和准则应用指南所构成,其基本结构如图10.1所示。

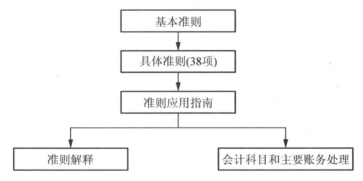

图 10.1 我国企业会计准则体系构成

1) 会计基本准则

基本准则在会计准则体系中具有重要的地位,主要表现为两个方面。

(1) 统驭具体准则的制定。随着我国经济迅速发展,会计实务问题层出不穷,会计准则需要规范的内容日益增多,体系日趋庞杂。在这样的背景下,为了确保各项准则的制定建立在统一的理念基础之上,基本准则就需要在其中发挥核心作用。我国基本准则规范了会计确认、计量和报告等一般要求,是准则的准则,它对各具体准则的制定起着统驭作用,可以确保各具体准则的内在一致性。我国基本准则第三条明确规定:"企业会计准则包括基本准则和具体准则,具体准则的制定应当遵循本准则(即基本准则)。"在企业会计准则体系的建设中,各项具体准则也都严格按照基本准则的要求加以制定和完善,并且在各具体准则的第一条中作了明确规定。

(2) 为会计实务中出现的、具体准则尚未规范的新问题提供会计处理依据。在会计实务中,由于经济交易事项的不断发展、创新,具体准则的制定有时会出现滞后的情况,一些新的交易或者事项在具体准则中尚未规范但又急需处理,这时,企业不仅应当对这些新的交易或者事项及时进行会计处理,而且在处理时应当严格遵循基本准则的要求,尤其是基本准则关于会计要素的定义及其确认与计量等方面的规定。因此,基本准则不仅扮演着具体准则制定依据的角色,也为会计实务中出现的、具体准则尚未做出规范的新问题提供了会计处理依据,从而确保了企业会计准则体系对所有会计实务问题的规范作用。

我国基本准则的制定吸收了当代财务会计理论研究的最新成果,反映了当前会计实务发展的内在需要,体现了国际上财务会计概念框架的发展动态,构建起了完整、统一的财务会计的基本目标、假设、会计基础和会计信息质量要求、会计要素及其确认、计量原则,以及财务报告的基本规范等。

2) 会计具体准则

具体准则是根据基本准则的要求,对经济业务的会计处理做出具体规定的准则。它的特点是操作性强,可以根据其直接组织该项业务的核算。从具体准则所规范的经济业务的内容来看,大体上可以分为3类:第一类是共性和通用的准则,即用来规范所有企业都可能发生的经济业务,如:存货准则、固定资产准则、长期股权投资、无形资产、资产减值、借款费用、收入、外币折算等准则;第二类是特殊行业的准则,即对一些业务活动上有一定的特殊性的行业加以规范,如:石油天然气会计准则、银行业务会计准则、生物资产、金融工具确认和计量准则、保险公司会计准则等;第三类是报告准则主要规范普遍适用于各类企业通用的报告类的准则,如财务报告的列报、现金流量表、合并财务报表、中期财务报告、资产负债表日后事项、分部报告、金融工具列报等准则。

3) 企业会计准则应用指南

具体会计准则又分为一般业务准则、特殊行业的特定业务准则和报告准则三类。而具体会计准则的应用指南则类似于《企业会计制度》,主要对会计科目的设置、会计分录的编制和报表的填报等操作层面的内容予以示范性指导。

《企业会计准则——应用指南》是企业新会计准则体系的重要组成部分。由中华人民共和国财政部2006年10月30日印发。其内容包括对《企业会计准则第1号——存货》等38项具体准则的进一步阐释,以及对会计科目和主要账务处理做出的操作性规定。应用指南以企业会计准则为基础,对各项准则的重点、难点和关键点进行具体解释和说明,着眼于增强准则的可操作性,有助于完整、准确地理解和掌握新准则。《企业会计准则——应用指南》包括38项具体准则的应用指南和一个附录——会计科目和主要账务处理。

2. 《企业会计制度》

《企业会计制度》由会计核算一般规定、会计科目和财务报表、附录三部分构成。会计核算一般规定部分,主要对企业会计核算的总体原则以及会计要素和重要经济业务事项的确认、计量、报告等,以条款的形式做出原则性的规定。会计科目和财务报表部分,包括会计科目的使用说明、财务报表和财务报表附注两个方面。其中会计科目使用说明规定了经济业务事项应设置的会计科目的名称及其具体的会计核算方法;财务报表和财务报表附注则规定了应对外提供的财务报表种类、格式、内容及编制方法。附录部分是主要会计事项分录举例,列举了主要会计事项的具体账务处理方法,以便于企业会计人员的实际操作。

3. 《会计基础工作规范》

《会计基础工作规范》是财政部于 1984 年 4 月发布的在《会计人员工作规则》基础上修订,并于 1996 年 6 月 17 日重新发布的一项重要会计规章,对会计基础工作方面的有关内容做出了较为系统的规定。《会计基础工作规范》由"总则"、"会计机构和会计人员"、"会计核算"、"会计监督"、"内部会计管理制度"与"附则"6 章构成,共计 101 条。其制定目的是为了加强会计基础工作,建立规范的会计工作秩序,提高会计工作水平;制定依据是《会计法》;适用范围是国家机关、社会团体、企业、事业单位、个体工商户和其他组织。

4. 《会计档案管理办法》

《会计档案管理办法》由财政部、国家档案局于 1984 年 6 月 1 日联合发布,自公布之日起执行。1998 年 8 月 21 日,财政部、国家档案局发布了修订后的《会计档案管理办法》,自 1999 年 1 月 1 日起施行。《会计档案管理办法》由 21 条与两个附表构成,对会计档案的立卷、保管、调阅和销毁等问题做了具体的规定。其制定目的是为了加强会计档案的管理,统一会计档案制度,更好地为发展社会主义市场经济服务;制定依据是《会计法》和《档案法》;适用范围是国家机关、社会团体、企业、事业单位、个体工商户和其他组织。

10.3 会计机构和会计人员

10.3.1 会计机构

所谓会计机构是指各企事业单位内部直接从事和组织领导会计工作的职能部门。

1. 会计机构的设置

各个企业和行政、事业单位原则上都要单独设置专职的会计工作机构。会计机构的设置必须符合社会经济对会计工作所提出的各项要求,并与国家的会计管理体制相适应,以最大限度地发挥会计机构和每个会计人员在经济管理过程中应有的作用。以工业企业为例,一般都在厂一级设置会计科或将财务工作与会计工作合并在一起,设置一个财会科,科内按业务分设财务组、成本组、材料组、工资组、综合组等。组织健全工作岗位,建立会计工作岗位责任制,即将每一项会计工作都定人定岗,都有专人负责。对会计工作的合理分工,必须体现内部牵制制度的要求,并建立稽核制度,以利于防止工作中的失误或发现工作中的差错。

2. 会计工作岗位的设置

各单位应当根据会计业务的需要设置会计机构;不具备单独设置会计机构条件的,应当在有关机构中配备人员。

事业行政单位会计机构的设置和会计人员的配备,应当符合国家统一事业行政单位会计制度的规定。设置会计机构,应当配备会计机构负责人;在有关机构中配备专职会计人员,应当在专职会计人员中指定会计主管人员。会计机构负责人、会计主管人员的任免,应当符合《中华人民共和国会计法》和有关法律的规定。

会计工作岗位一般可分为：会计机构负责人或者会计主管人员，出纳，财产物资核算，工资核算，成本费用核算，财务成果核算，资金核算，往来结算，总账报表，稽核，档案管理等。开展会计电算化和管理会计的单位，可以根据需要设置相应工作岗位，也可以与其他工作岗位相结合。

会计工作岗位，可以一人一岗、一人多岗或者一岗多人。但出纳人员不得兼管稽核、会计档案保管和收入、费用、债权债务账目的登记工作。会计人员的工作岗位应当有计划地进行轮换。

我国大中型企业一般设置以下核算组，每个组的职责和要求如下。

(1) 综合组。负责总账的登记，并与有关的日记账和明细账相核对；进行总账余额的试算平衡，编制资产负债表，并与其他会计报表进行核对；保管会计档案，进行企业财务情况的综合分析，编写财务情况说明书；进行财务预测，制订或参与制订财务计划，参与企业生产经营决策。

(2) 财务组。负责货币资金的出纳、保管和日记账的登记；审核货币资金的收付凭证；办理企业与供应、采购等单位之间的来往结算；监督企业贯彻执行国家现金管理制度、结算制度和信贷制度的情况；分析货币资金收支计划和银行借款计划的执行情况，制订或参与制订货币资金收支和银行借款计划。

(3) 工资核算组。负责计算职工的各种工资和奖金；办理与职工的工资结算，并进行有关的明细核算，分析工资总额计划的执行情况，控制工资总额支出；参与制定工资总额计划。在由各车间、部门的工资分散计算和发放工资的组织方式下，还应协助企业劳动工资部门负责指导和监督各车间、部门的工资计算和发放工作。

(4) 固定资产核算组。负责审核固定资产购建、调拨、内部转移、租赁、清理的凭证；进行固定资产的明细核算；参与固定资产清查；编制有关固定资产增减变动的报表；分析固定资产和固定金的使用效果；参与制定固定资产重置、更新和修理计划；指导监督固定资产管理部门和使用部门的固定资产核算工作。

(5) 材料核算组。负责审核材料采购的发票、账单等结算凭证进行材料采购收发结存的明细核算；参与库存材料清查；分析采购资金使用情况、采购成本超支、节约情况和储备资金占用情况，参与制订材料采购成本和材料资金占用；参与制订材料采购资金计划和材料计划成本；指导和监督供应部门、材料仓库和使用材料的车间部门的材料核算情况。

(6) 成本组。会同有关部门建立健全各项原始记录、消耗定额和计量检验制度；改进成本管理的基础工作；负责审核各项费用开支；参与自制半成品和产成品的清查；核算产品成本，编制成本报表；分析成本计划执行情况；控制产品成本和生产资金占用；进行成本预测，制订成本计划，配合成本分口分级管理，将成本指标分解、落实到各部门、车间、班组；指导、监督和组织各部门、车间、班组的成本核算和厂内经济核算工作。

(7) 销售和利润核算组。负责审核产成品收发、销售和营业收支凭证；参与产成品清查；进行产成品、销售和利润的明细核算；计算应交税金，进行利润分配，编制损益表；分析成品资金占用情况，销售收入、利润及其分配计划的执行情况；参与市场预测，制订或参与制订销售和利润计划。

(8) 资金组。负责资金的筹集、使用、调度。随时了解、掌握资金市场动态，为企业筹集资金以满足生产经营活动的需要，要不断降低资金成本，提高资金使用的经济效益，还应负责编制现金流量表。

3. 会计工作的组织方式

会计工作的组织形式视企业的具体情况不同而有集中核算和非集中核算两种。

集中核算组织形式，就是企业经济业务的明细核算、总分类核算、会计报表编制和各有关项目的考核分析等会计工作，集中由厂级会计部门进行；其他职能部门、车间、仓库的会计组织或会计人员，只负责登记原始记录和填制原始凭证，经初步整理，为厂级会计部门进一步核算提供资料。

集中核算的优点是可以减少核算环节，简化核算手续，可精简人员；有利于全面、及时地掌握单位的财务状况和经营成果。其缺点是不便于下属单位加强经营管理工作，不利于单位内部经济责任制的贯彻落实。它一般适用于小型企事业单位。

非集中核算组织形式，就是把某些业务的凭证整理、明细核算、有关会计报表，特别是适应企业内部单位日常管理需要的内部报表的编制和分析，分散到直接从事该项业务的车间、部门进行，如材料的明细核算由供应部门及其所属的仓库进行；但总分类核算、全厂性会计报表的编制和分析仍由厂级会计部门集中进行。厂级会计部门还应对企业内部各单位的会计工作进行业务上的指导和监督。

非集中核算的优点是便于内部单位利用会计资料加强经营管理，有利于经济责任的贯彻落实。其缺点是核算层次多，手续复杂，不利于精简人员。它一般适用于大中型企事业单位。

对一个企业单位而言，采用集中核算还是非集中核算并不是绝对的，可以单一的选用集中核算或非集中核算形式，也可以二者兼而有之。但是，无论采用哪一种组织形式，企业采购材料物资、销售商品、结算债权债务、现金往来等对外业务都应由厂部会计部门办理。企业单位确定采用会计工作组织形式时，既要考虑能正确、及时地反映企业单位的经济活动情况，又要注意简化核算形式，提高工作效率。

4. 内部会计管理制度

内部会计管理制度具体内容：各单位应当建立内部会计管理体系；各单位应当建立会计人员岗位责任制度；各单位应当建立账务处理程序制度；各单位应当建立内部牵制制度；各单位应当建立稽核制度；各单位应当建立原始记录管理制度；各单位应当建立定额管理制度；各单位应当建立计量验收制度；各单位应当建立财产清查制度；各单位应当建立财务收支审批制度；实行成本核算的单位应当建立成本核算制度；各单位应当建立财务会计分析制度。

10.3.2　会计人员

设置了会计机构，还必须配备相应的会计人员。会计人员通常是指在国家机关、社会团体、公司企业、事业单位和其他组织中从事财务会计的人员，包括会计机构负责人以及具体从事会计工作的会计师、会计员和出纳员等。合理的配备会计人员，提高会计人员的综合素质是每个单位做好会计工作的决定性因素。

1. 会计人员应具备的基本条件

会计机构负责人、会计人员应当具备下列基本条件：坚持原则，廉洁奉公；具有会计专业技术资格；主管一个单位或者单位内一个重要方面的财务会计工作时间不少于2年；熟悉国家财经法律、法规、规章和方针、政策，掌握本行业业务管理的有关知识；有较强的组织能力；身体状况能够适应本职工作的要求。

没有设置会计机构和配备会计人员的单位，应当根据《代理记账管理暂行办法》委托会计师事务所或者持有代理记账许可证书的其他代理记账机构进行代理记账。

大、中型企业、事业单位、业务主管部门应当根据法律和国家有关规定设置总会计师。总会计师由具有会计师以上专业技术资格的人员担任。总会计师行使《总会计师条例》规定的职责、权限。总会计师的任命（聘任）、免职（解聘）依照《总会计师条例》和有关法律的规定办理。各单位应当根据会计业务需要配备持有会计证的会计人员。未取得会计证的人员，不得从事会计工作。各单位应当根据会计业务需要设置会计工作岗位。

会计人员应当具备必要的专业知识和专业技能，熟悉国家有关法律、法规、规章和国家统一会计制度，遵守职业道德。会计人员应当按照国家有关规定参加会计业务的培训。各单位应当合理安排会计人员的培训，保证会计人员每年有一定时间用于学习和参加培训。

单位领导人的直系亲属不得担任本单位的会计机构负责人、会计主管人员。会计机构负责人、会计主管人员的直系亲属不得在本单位会计机构中担任出纳工作。

2. 会计人员的职责

根据会计法的规定，会计人员的主要职责包括以下几个方面。

进行会计核算；实行会计监督；拟定本单位办理会计事务的具体办法；参与制订经济计划、业务计划，编制预算和财务计划、考核分析其执行情况；办理其他会计事项。

3. 会计人员的主要权限

（1）会计人员有权要求本单位有关部门、人员认真执行国家批准的计划、预算。即督促本单位有关部门严格遵守国家财经纪律和财务会计制度；如果本单位有关部门有违反国家法规的情况，会计人员有权拒绝付款、拒绝报销或拒绝执行，并及时向本单位领导或上级有关部门报告。

（2）会计人员有权参与本单位编制计划、制订定额、对外签订经济合同，有权参加有关的生产、经营管理会议和业务会议。即会计人员有权以其特有的专业地位参加企业的各种管理活动，了解企业的生产经营情况，并提出自己的建议。

（3）会计人员有权对本单位各部门进行会计监督。即会计人员有权监督、检查本单位有关部门的财务收支、资金使用和财产保管、收发、计量、检验等情况，本单位有关部门要大力协助会计人员的工作。

4. 会计人员的任职要求

同从事任何技术工作一样，从事会计工作的人员要在专业素质方面具备一定的条件。《会计基础工作规范》（以下简称《规范》）对此提出了几个方面的要求。

1）持有会计证

《规范》第10条规定："各单位应当根据会计业务需要配备持有会计证的会计人员。

未取得会计证的人员，不得从事会计工作。"从事会计工作应持有会计证，这是我国会计管理工作的一项创造。这一制度自创始以来历经数年，已经成熟并在实际工作中发挥了不可低估的作用。持证者才能上岗，这既是对用人单位的要求，也是对用人单位利益的保护。因为用人单位一般难以对拟聘用的会计人员的专业素质进行考核；同时，对已经持证的人员来说，这项规定在一定的程度上保护了他们的工作权利。而对希望从事会计工作但尚不具备条件的人员来说，这项规定为他们确立了努力的方向。为了规范会计证管理，1990年财政部发布了《会计证管理办法（试行）》，1996年又对规定作了全面修订。根据规定，取得会计证必须具备一定的条件，即坚持四项基本原则；遵守国家财经和会计法律、法规、规章制度；具备一定的会计专业知识及技能；热爱会计工作，秉公办事。具备上述条件的，经考试或考核合格的人员，按属地原则由所在地财政部门发给会计证。对会计证实行注册登记和年检考核制度。

2）具备必要的专业知识和专业技能

《规范》第14条规定："会计人员应当具备必要的专业知识和专业技能，熟悉国家有关法律、法规、规章和国家统一会计制度，遵守职业道德。"这是对会计人员最基本的要求。会计工作不但专业技术性很强，而且政策性、法制性也很强，并需要一定的职业道德水准。如果与这些基本要求相距较大，不但害单位、害领导，也会毁了会计人员自己。我国正在建立的社会主义市场经济，是一种规范的法制经济，各个单位都应在法律的范围内活动。在这个前提下，一个单位的效率、效益怎样，在很大程度上取决于这个单位的主观努力，也就是包括会计机构和会计人员在内的单位内各个部门和人员的努力，以及在单位领导的统筹下形成的合力。显然，对会计人员提出的这些基本要求是十分必要的。至于如何考核和确认会计人员的专业知识和业务技能，从目前来说，主要通过设置会计专业职务和会计技术资格考试来进行。这方面的主要情况如下。

会计专业职务分为高级会计师、会计师、助理会计师；高级会计师为高级职务，会计师为中级职务，助理会计师为初级职务；各级国家机关对会计专业职务实行任命制，各事业单位对会计专业职务一般实行聘任制。

担任会计专业职务的基本条件。根据《会计专业职务试行条例》的规定，担任助理会计师的基本条件是：掌握一般的财务会计基础理论和专业知识；熟悉并能正确执行有关的财经方针、政策和财务会计法规、制度；能担负一个方面或某个重要岗位的财务会计工作；取得硕士学位或取得第二学士学位或研究生班结业证书，具备履行助理会计师职责的能力，或者大学本科毕业后在财务会计工作岗位上见习一年期满，或者大学专科毕业并担任会计工作二年以上，或者中等专业学校毕业并担任会计工作四年以上。担任会计师的基本条件是：较系统地掌握财务会计基础理论和专业知识；掌握并能正确贯彻执行有关的财经方针、政策和财务会计法规、制度；具有一定的财务会计工作经验，能担负一个单位或管理一个地区、一个部门、一个系统某个方面的财务会计工作；取得博士学位并具有履行会计师职责的能力，或者取得硕士学位并担任助理会计师职务二年左右，或者取得第二学士学位或研究生班结业证书，并担任助理会计师职务二至三年，或者大学本科或大学专科毕业并担任助理会计师职务四年以上。担任高级会计师的基本条件是：较系统地掌握经济、财务会计理论和专业知识；具有较高的政策水平和丰富的财务会计工作经验，能担负一个地区、一个部门或一个系统的财务会计管理工作；取得博士学位并担任会计师职务二至三年，或者取得硕士学位、第二学士学位或研究生班结业证书，或者大学本科毕业并担任会计师职务五年以上。

对各级专业职务的学历和从事财务会计工作年限的要求，一般都应具备；但对确有真才实学、成绩显著、贡献突出、符合任职条件的，在确定其相应专业职务时，可不受规定的学历和工作年限的限制。

会计专业职务的基本职责。根据《会计专业职务试行条例》的规定，助理会计师的基本职责是：负责草拟一般的财务会计制度、规定、办法；解释、解答财务会计法规、制度中的一般规定；分析、检查某一方面或某些项目的财务收支和预算的执行情况。会计师的基本职责是：负责草拟比较重要的财务会计制度、规定、办法；解释、解答财务会计法规、制度中的重要问题；分析、检查财务收支和预算的执行情况；培养初级会计人才。高级会计师的基本职责是：负责草拟和解释、解答一个地区、一个部门、一个系统或在全国施行的财务会计法规、制度、办法；组织和指导一个地区或一个部门、一个系统的经济核算和财务会计工作；培养中级以上会计人才。

10.4 会计职业道德规范

10.4.1 职业道德的概念和主要内容

职业道德的概念有广义和狭义之分。广义的职业道德是指从业人员在职业活动中应该遵循的行为准则，涵盖了从业人员与服务对象、职业与职工、职业与职业之间的关系。狭义的职业道德是指在一定职业活动中应遵循的、体现一定职业特征的、调整一定职业关系的职业行为准则和规范。职业道德的主要内容包括爱岗敬业、诚实守信、办事公道、服务群众、奉献社会。

10.4.2 会计职业道德

会计职业道德是指在会计职业活动中应当遵循的、体现会计职业特征的、调整会计职业关系的职业行为准则和规范。会计职业作为社会经济活动中的一种特殊职业，其职业道德与其他职业道德相比具有自身的特征：①具有一定的强制性；②较多关注公众利益。会计职业的社会公众利益性，要求会计人员客观公正，在会计职业活动中，发生道德冲突时要坚持原则，把社会公众利益放在第一位。

会计职业道德规范是指在一定的社会经济条件下，对会计职业行为及职业活动的系统要求或明文规定，它是社会道德体系的一个重要组成部分，是职业道德在会计职业行为和会计职业活动中的具体体现。其具体内容如下。

1. 爱岗敬业

会计人员应该热爱会计工作，安心本职岗位，忠于职守，尽心尽力，尽职尽责。热爱自己的职业，是做好一切工作的出发点。会计人员只有为自己建立了这个出发点，才会勤奋、努力钻研业务技术，使自己的知识和技能适应具体从事的会计工作的要求。敬业爱岗，要求会计人员应有强烈的事业心、进取心和过硬的基本功。在实际工作中往往会发现，本来不是由于业务技术深浅的问题，而是由于粗心大意和缺乏扎实工作作风造成一些失误。会计工作政策性很强，涉及面较广，有的同社会上出现的各种经济倾向和不良风气有着密切的联系，因而有些问题处理起来十分复杂。这就要求会计人员要有强烈的"追根求源"的意识，凡事要多问个为什么，要有认真负责的态度。由于会计工作的性质和任务，致使一些会计人员长年累月、周而复始地进行着算账、报账、报表等事务工作，天天与数字打交道，工作细致而烦琐，如果不耐劳尽责，缺乏职业责任感，就会觉得工作枯燥、单调，甚至讨厌，就谈不上热爱会计工作，更谈不上精通会计业务，也就搞不好会计工作。

2. 诚实守信

会计人员应该做老实人，说老实话，办老实事，执业谨慎，信誉至上，不为利益所诱惑，不弄虚作假，不泄露秘密。严格实行会计监督，依法办事，是会计人员职业道德的前提。会计人员应当按照会计法律、法规、规章规定的程序和要求进行会计工作，保证所提供的会计信息合法、真实、准确、及时、完整。会计信息的合法、真实、准确、及时和完整，不但要体现在会计凭证和会计账簿的记录上，还要体现在财务报告上，使单位外部的投资者、债权人、社会公众及社会监督部门能依照法定程序得到可靠的会计信息资料。要做到这一点并不容易，但会计人员的职业道德要求这样做，会计人员应该继续在这一点上树立自己的职业形象和职业人格尊严，敢于抵制歪风邪气，同一切违法乱纪的行为做斗争。会计人员应当保守本单位的商业秘密，除法律规定和单位领导人同意外，不能私自向外界提供或者泄露单位的会计信息。会计人员由于工作性质的原因，有机会了解到本单位的重要机密，如对企业来说，关键技术、工艺规程、配方、控制手段和成本资料等都是非常重要的机密，这些机密一旦泄露给明显的或潜在的竞争对手，会给本单位的经济利益造成重大的损害，对被泄密的单位是非常不公正的。所以，泄露本单位的商业秘密，是一种很不道德的行为。会计人员应当确立泄露商业秘密是大忌的观念，对于自己知悉的内部机密，任何时候、任何情况下都要严格保守，不能信口吐露，也不能为了自己的私利而向外界提供。

3. 廉洁自律

会计人员应该公私分明、不贪不占、遵纪守法、清正廉洁。

4. 客观公正

会计人员应该端正态度，依法办事，实事求是，不偏不倚，保持应有的独立性。会计人员在办理会计事务中，应当实事求是、客观公正。这是一种工作态度，也是会计人员追求的一种境界。做好会计工作，无疑是需要专业知识和专门技能的，但这并不足以保证会计工作的质量，实事求是的精神和客观公正的态度，也同样重要，否则，就会把知识和技能用错了地方，甚至参与弄虚作假或者串通作弊。

5. 坚持准则

会计人员应该熟悉国家法律、法规和国家统一的会计制度，始终坚持按法律、法规和国家统一的会计制度的要求进行会计核算，实施会计监督。会计工作不只是单纯地记账、算账和报账，会计工作时时、事事、处处涉及执法守纪方面的问题。会计人员不单自己应当熟悉财经法律、法规和国家统一的会计制度，还要能结合会计工作进行广泛宣传；做到在自己自理各项经济业务时知法依法、知章循章，依法把关守口。

6. 提高技能

会计人员应该增强提高专业技能的自觉性和紧迫感，勤学苦练，刻苦钻研，不断进取，提高业务水平。

7. 参与管理

会计人员在做好本职工作的同时，应该努力钻研相关业务，全面熟悉本单位经营活动和业务流程，主动提出合理化建议，协助领导决策，积极参与管理。

8. 强化服务

会计人员应该树立服务意识，提高服务质量，努力维护和提升会计职业的良好社会形象。会计工作的特点决定了会计人员应当熟悉本单位的生产经营和业务管理情况，以便运用所掌握的会计信息和会计方法，为改善单位的内部管理及提高经济效益服务。

10.4.3 会计职业道德与会计法律制度的关系

1. 会计职业道德与会计法律制度的联系

会计职业道德是会计法律制度正常运行的社会和思想基础，会计法律制度是促进会计职业道德规范形成和遵守的制度保障。两者有着共同的目标、相同的调整对象，承担着同样的职责，在作用上相互补充；在内容上相互渗透、相互重叠；在地位上相互转化、相互吸收；在实施上相互作用、相互促进。

2. 会计职业道德与会计法律制度的区别

（1）性质不同。会计法律制度通过国家机关强制执行，具有很强的他律性；会计职业道德主要依靠会计从业人员的自觉性，具有很强的自律性。

（2）作用范围不同。会计法律制度侧重于调整会计人员的外在行为和结果的合法化；会计职业道德则不仅要求调整会计人员的外在行为，还要调整会计人员内在的精神世界。

（3）实现形式不同。会计法律制度是通过一定的程序由国家立法机关或行政管理机关制定的，其表现形式是具体的、明确的、正式形成文字的成文规定；会计职业道德出自于会计人员的职业生活和职业实践，其表现形式既有明确的成文规定，也有不成文的规范，存在于人们的意识和信念之中。

（4）实施保障机制不同。会计法律制度由国家强制力保障实施；会计职业道德既要满足国家法律的相应要求，又需要会计人员的自觉遵守。

10.5 会计档案

10.5.1 会计档案的概念和内容

1. 会计档案的概念

会计档案是指会计凭证、会计账簿和财务会计报告等会计核算专业材料，它是记录和反映单位经济业务的重要史料和证据。

会计档案在会计工作和企业管理中有着重大的作用,它是会计事项的历史记录,是经济决策者进行决策的重要依据,同时也是进行会计检查的重要资料。会计档案还是国家档案的重要组成部分,是各个企事业单位的重要档案之一,各个单位必须根据财政部和国家档案局发布的《会计档案管理办法》的规定,加强对会计档案的管理。

2. 会计档案的内容

会计档案的内容是指会计档案的范围,具体包括会计凭证、会计账簿、财务报告和其他会计核算资料四个部分。

(1) 会计凭证:包括外来原始凭证、自制原始凭证、原始凭证汇总表、记账凭证、记账凭证汇总表等。

(2) 会计账簿:包括库存现金日记账、银行存款日记账、总分类账、明细分类账、备查账簿。

(3) 财务会计报告:包括财务指标快报、中期财务会计报告、年度财务会计报告,具体包括资产负债表、利润表、现金流量表和所有者权益变动表等主要会计报表、会计报表附注等。

(4) 其他会计核算资料:其他会计核算资料是指属于经济业务范畴,与会计核算、会计监督存在紧密关系,由企业会计部门负责办理的有关凭证数据资料,包括银行存款余额调节表、银行对账单、会计档案移交清册、会计档案保管清册、会计档案销毁清册及其他按规定应当保存的会计核算专业资料。

3. 电算化形式下的会计档案

实行会计电算化的单位,应当保存打印出的纸质会计档案。具备采用磁介质保存会计档案的单位,应将保存在磁介质上的会计数据、程序文件及其他会计核算资料视同会计档案一并管理。

10.5.2 会计档案的归档、保管及销毁

1. 会计档案的归档

1) 会计档案的装订

(1) 会计凭证的装订。会计凭证一般每月装订一次,会计凭证装订后,应在每本凭证封面上填写好凭证的种类、起讫号码、凭证张数,会计主管人员和凭证装订人员要在封面上签章;同时,应在凭证封面上编好卷号,按卷号顺序入柜,并在朝外的一侧标明凭证种类编号,以便调阅。

(2) 会计账簿的装订。会计账簿在年终办理了年度结账后,除跨年度继续使用的账簿外,其他账簿都应按时整理立卷。

(3) 财务报告的装订。财务报告编制完成并及时报出后,留存的财务会计报告应按月装订成册,谨防丢失。财务会计报告按下列要求装订:装订前要按编制目录核对财务会计报告是否齐全,整理报表页数,上边和左边对齐压平,并防止折角;装订顺序依次为封面、编制说明、各种会计报表、会计报表附注、封底;装订后应根据其保管期限编制卷号。

(4) 其他会计核算资料的装订。属于会计档案构成内容的其他会计核算资料，也应按照一定的规则、顺序予以装订成册。

2) 会计档案的整理立卷

各单位每年形成的会计档案，都要由会计机构按照归档的要求，负责整理立卷、装订成册，编制会计档案保管清册。会计档案的整理应按以下要求进行。

(1) 分类标准要统一。一般将财务会计资料分成一类会计账簿、二类会计凭证、三类会计报表、四类文字资料及其他会计核算资料。

(2) 档案形成要统一。包括案册封面、档案卡夹、存放柜和存放序列都要统一。

(3) 管理要求要统一。要建立会计资料档案簿、会计资料档案目录。会计凭证装订成册，报表和文字资料应分类立卷，其他零星资料要按年度排序并装订成册。

3) 会计档案的归档

根据《会计档案管理办法》规定，单位当年形成的会计档案，在会计年度终了后，可由本单位会计机构保管1年。期满后应由会计机构编制移交清册，移交单位档案机构统一保管；未设立档案机构的，应当在会计机构内部指定专人保管。但出纳人员不得兼管会计档案。单位会计机构向单位档案部门移交会计档案的程序如下。

(1) 编制移交清册，填写移交清单。

(2) 在账簿使用日期栏内填写移交日期。

(3) 交接人员按移交清册和交接清单所列项目核查无误后签章。

移交本单位档案机构保管的会计档案，原则上应当保持原卷册的封装，一般不得拆封，个别需要拆封重新整理的，档案机构应当同会计机构和经办人员共同拆封整理，以分清责任。

2. 会计档案的保管

1) 会计档案的保管要求

会计档案是重要的会计史料，必须妥善保管。会计档案室应选择在干燥防水之处，并应远离易燃品存放地，配备相应的防火器材。注意防虫、防潮；应设置归档登记簿、档案目录登记簿和档案借阅登记簿；严格登记手续、严防毁坏损失、散失和泄密。会计电算化档案的保管还要注意采取防盗、防磁措施。

2) 会计档案保管期限

会计档案的保管期限是指会计档案应予以保管的时间，可分为永久和定期两类。定期保管期限分为3年、5年、10年、15年、25年五类。会计档案的保管期限，从会计年度终了后的第一天算起。各类会计档案的具体保管期限按照《会计档案管理办法》的规定执行。企业和其他组织会计档案保管的具体期限见表10-2。

3. 会计档案的销毁

1) 会计档案的销毁程序和办法

单位会计档案保管期满需要销毁的，可按以下程序和办法进行销毁。

(1) 本单位档案机构会同会计机构共同签订、严格审查，提出销毁意见，编制会计档案销毁清册，列明销毁会计档案的名称、卷号、册数、起止年度和档案编号、应保管期限、销毁时间等内容。

表 10-2

会计档案保管期限表

顺序	档案名称	保管期限	备注
一	会计凭证类		
1	原始凭证	15 年	
2	记账凭证	15 年	
3	汇总凭证	15 年	
二	会计账簿类		
4	总账	15 年	包括日记总账
5	明细账	15 年	
6	日记账	15 年	现金和银行存款日记账保管 25 年
7	固定资产卡片		固定资产报废清理后保管 5 年
8	辅助账簿	15 年	
三	财务会计报告类		
9	月度、季度财务报告	3 年	包括文字分析
10	年度财务报告(决算)	永久	包括文字分析
四	其他类		
11	会计移交清册	15 年	
12	会计档案保管清册	永久	
13	会计档案销毁清册	永久	
14	银行存款余额调节表	5 年	
15	银行对账单	5 年	

(2) 单位负责人在会计档案销毁清册上签署意见。

(3) 单位销毁会计档案时,单位档案机构和会计机构共同派人监销;国家机关销毁会计档案时,应当由同级财政部门和审计部门派人参加监销;财政部门销毁会计档案时,应由同级审计部门派人参加监销。

(4) 监销人在会计档案销毁前,应当按照会计档案销毁清册所列内容清点核对所有销毁的会计档案;会计档案销毁后,监销人和经办人员应在会计档案销毁清册上签名盖章,注明"已销毁"字样和销毁日期,同时将监销情况写出书面报告一式两份,一份报告交本单位负责人,另一份报告归入档案备查。

2) 保管期满不得销毁的会计档案

对于保管期满但未结清的债权债务原始凭证和涉及其他未了事项的原始凭证的销毁,应由单位抽出立卷,由档案部门保管未了事项完结时为止。单独抽出立卷的会计档案应当在会计档案销毁清册和会计档案保管清册中列明。正在项目建设期间的建设单位,其保管期满的会计档案也不得销毁。

会计档案的销毁是一项严肃的工作,各单位必须严格按照《会计法》和《会计档案管理办法》的规定进行。故意销毁依法应当保存的会计凭证、会计账簿、财务会计报告的行为,以及授意、指使、强令会计机构、会计人员及其他人员故意销毁依法应当保存的会计核算资料的行为,都是违法行为,如构成犯罪的,应依法追究刑事责任;尚不构成犯罪的,也要承担行政责任,违法单位和责任人员会受到相应的行政处罚和行政处分。

关键术语

会计工作组织 会计法规 会计法 会计行政法规 会计规章制度 企业会计准则 会计职业道德 会计机构 会计人员 会计档案

知识链接

1.《企业会计准则》的内容

修订后的《企业会计准则》已于2006年2月15日公布,并于2007年1月1日起在上市公司范围内施行。2014年7月1日实行的《企业会计准则》的体系如下。

1)基本准则

《企业会计准则——基本准则》

2)具体准则

《企业会计准则第1号——存货》

《企业会计准则第2号——长期股权投资》

《企业会计准则第3号——投资性房地产》

《企业会计准则第4号——固定资产》

《企业会计准则第5号——生物资产》

《企业会计准则第6号——无形资产》

《企业会计准则第7号——非货币性资产交换》

《企业会计准则第8号——资产减值》

《企业会计准则第9号——职工薪酬》

《企业会计准则第10号——企业年金基金》

《企业会计准则第11号——股份支付》

《企业会计准则第12号——债务重组》

《企业会计准则第13号——或有事项》

《企业会计准则第14号——收入》

《企业会计准则第15号——建造合同》

《企业会计准则第16号——政府补助》

《企业会计准则第17号——借款费用》

《企业会计准则第18号——所得税》

《企业会计准则第19号——外币折算》

《企业会计准则第20号——企业合并》

《企业会计准则第21号——租赁》

《企业会计准则第22号——金融工具确认和计量》

《企业会计准则第23号——金融资产转移》

第10章　会计工作的组织与管理

《企业会计准则第24号——套期保值》
《企业会计准则第25号——原保险合同》
《企业会计准则第26号——再保险合同》
《企业会计准则第27号——石油天然气开采》
《企业会计准则第28号——会计政策、会计估计变更和差错更正》
《企业会计准则第29号——资产负债表日后事项》
《企业会计准则第30号——财务报表列报》
《企业会计准则第31号——现金流量表》
《企业会计准则第32号——中期财务报告》
《企业会计准则第33号——合并财务报表》
《企业会计准则第34号——每股收益》
《企业会计准则第35号——分部报告》
《企业会计准则第36号——关联方披露》
《企业会计准则第37号——金融工具列报》
《企业会计准则第38号——首次执行企业会计准则》
《企业会计准则第39号——公允价值计量》
《企业会计准则第40号——合营安排》
《企业会计准则第41号——在其他主体中权益的披露》

2.《企业会计准则——应用指南》

由中华人民共和国财政部2006年10月30日印发。其内容包括：从《企业会计准则第1号——存货》至《企业会计准则第38号——首次执行企业会计准则》的应用指南；附录会计科目和主要账务处理。

3. 2014年关于财政部对《企业会计准则》的最新条例修改

1) 关于印发《企业会计准则解释第6号》的通知

财会〔2014〕1号

国务院有关部委、有关直属机构，各省、自治区、直辖市、计划单列市财政厅（局），新疆生产建设兵团财务局，有关中央管理企业：

为了深入贯彻实施企业会计准则，解决执行中出现的问题，同时，实现企业会计准则持续趋同和等效，我部制定了《企业会计准则解释第6号》，现予印发，请遵照执行。

2) 关于印发修订《企业会计准则第9号——职工薪酬》的通知

财会〔2014〕8号

为了进一步规范我国企业会计准则中关于职工薪酬的相关会计处理规定，并保持我国企业会计准则与国际财务报告准则的持续趋同，根据《企业会计准则——基本准则》，财政部对《企业会计准则第9号——职工薪酬》进行了修订，自2014年7月1日起在所有执行企业会计准则的企业范围内施行，鼓励在境外上市的企业提前执行。

3) 关于印发修订《企业会计准则第30号——财务报表列报》的通知

财会〔2014〕7号

国务院有关部委、有关直属机构，各省、自治区、直辖市、计划单列市财政厅（局），新疆生产建设兵团财务局，财政部驻各省、自治区、直辖市、计划单列市财政监察专员办事处，有关中央管理企业：

为了适应社会主义市场经济发展需要，提高企业财务报表列报质量和会计信息透明度，根据《企业会计准则——基本准则》，我部对《企业会计准则第30号——财务报表列报》进行了修订，现予印发，自2014年7月1日起在所有执行企业会计准则的企业范围内施行，鼓励在境外上市的企业提前执行。我部于2006年2月15日发布的《财政部关于印发〈企业会计准则第1号——存货〉等38项具体准则的通知》(财会〔2006〕3号)中的《企业会计准则第30号——财务报表列报》同时废止。

4) 关于印发修订《企业会计准则第33号——合并财务报表》的通知

财会〔2014〕10号

国务院有关部委、有关直属机构,各省、自治区、直辖市、计划单列市财政厅(局),新疆生产建设兵团财务局,财政部驻各省、自治区、直辖市、计划单列市财政监察专员办事处,有关中央管理企业:

为了适应社会主义市场经济发展需要,进一步完善企业会计准则体系,提高企业合并财务报表质量,根据《企业会计准则——基本准则》,我部对《企业会计准则第33号——合并财务报表》进行了修订,现予印发,自2014年7月1日起在所有执行企业会计准则的企业范围内施行,鼓励在境外上市的企业提前执行。我部于2006年2月15日发布的《财政部关于印发〈企业会计准则第1号——存货〉等38项具体准则的通知》(财会〔2006〕3号)中的《企业会计准则第33号——合并财务报表》同时废止。

5) 关于印发《企业会计准则第39号——公允价值计量》的通知

财会〔2014〕6号

国务院有关部委、有关直属机构,各省、自治区、直辖市、计划单列市财政厅(局),新疆生产建设兵团财务局,财政部驻各省、自治区、直辖市、计划单列市财政监察专员办事处,有关中央管理企业:

为了适应社会主义市场经济发展需要,规范企业公允价值计量和披露,提高会计信息质量,根据《企业会计准则——基本准则》,我部制定了《企业会计准则第39号——公允价值计量》,现予印发,自2014年7月1日起在所有执行企业会计准则的企业范围内施行,鼓励在境外上市的企业提前执行。

6) 关于印发《企业会计准则第40号——合营安排》的通知

财会〔2014〕11号

国务院有关部委、有关直属机构,各省、自治区、直辖市、计划单列市财政厅(局),新疆生产建设兵团财务局,财政部驻各省、自治区、直辖市、计划单列市财政监察专员办事处,有关中央管理企业:

为适应社会主义市场经济发展需要,进一步完善企业会计准则体系,根据《企业会计准则——基本准则》,我部制定了《企业会计准则第40号——合营安排》,现予印发,自2014年7月1日起在所有执行企业会计准则的企业范围内施行,鼓励在境外上市的企业提前执行。

4. 《会计电算化工作规范》

为了指导和规范基层单位会计电算化工作,推动会计电算化事业的健康发展,根据《中华人民共和国会计法》和《会计电算化管理办法》的规定,1996年6月10日,财政部制定并发布了《会计电算化工作规范》。本规范内容包括:第一章 总则;第二章 配备电子计算机和会计软件;第三章 替代手工记账;第四章 建立会计电算化内部管理制度;第五章 附则。

本章小结

会计法规是国家规定的有关会计业务必须遵守的法律、法规。会计法规是规范会计工作的依据和标准。我国企业会计法规体系是由《会计法》为主法形成的一个比较完整的法规体系,主要包括会计法律、会计行政法规、会计规章制度等。

会计机构是从事和组织领导会计工作的职能部门。会计人员的任职资格是会计人员业务素质的基本规定。对不同层次的会计人员的任职资格要求不同。

会计人员应注重职业道德和行为。会计职业道德内容包括:爱岗敬业;诚实守信;廉洁自律;客观公正;坚持准则;提高技能;参与管理;强化服务。

我国会计电算化的发展，已经历了4个阶段。我国的电算化事业将不断深入发展，会计电算化的领域除日常财务会计业务外，将逐步向管理会计电算化和财务预测决策电算化方向纵深发展。

会计档案是指会计凭证、会计账簿和财务会计报告等会计核算专业材料，它是记录和反映单位经济业务的重要史料和证据。会计档案在会计工作和企业管理中有着重大的作用，它是会计事项的历史记录，是经济决策者进行决策的重要依据，同时也是进行会计检查的重要资料。会计档案还是国家档案的重要组成部分，是各个企事业单位的重要档案之一。

课 堂 测 试

1. 什么是会计组织？它包括哪些基本条件？
2. 我国会计法规体系由哪些内容构成？
3. 会计工作岗位一般应如何设置？
4. 会计人员的主要职责权限是什么？
5. 如何建立、保管和销毁会计档案？

参 考 文 献

[1] 中华人民共和国财政部. 企业会计准则[S]. 北京：经济科学出版社，2006.
[2] 中华人民共和国财政部. 企业会计准则——应用指南[S]. 北京：中国经济出版社，2006.
[3] 财政部会计司编写组. 企业会计准则讲解2008[S]. 北京：人民出版社，2008.
[4] 中华人民共和国会计法编写组. 中华人民共和国会计法(修订版)[S]. 北京：中国法制出版社，1999.
[5] 中华人民共和国财政部. 小企业会计准则(中华人民共和国财政部制定)[S]. 上海：立信会计出版社，2012.
[6] 中华人民共和国财政部. 企业会计制度讲解(财政部会计司)[S]. 北京：经济科学出版社，2001.
[7] 会计基础工作规范[S]. 中华人民共和国财政部，1996.
[8] 会计电算化工作规范[S]. 中华人民共和国财政部，1996.
[9] 上海市会计从业资格统一考试辅导教材编写组. 会计基础[M]. 上海：上海科技教育出版社，2010.
[10] [美]罗伯特·N. 安东尼. 会计学教程与案例[M]. 北京：机械工业出版社，2009.
[11] [美]查尔斯·T. 亨格瑞. 会计学[M]. 北京：中国人民大学出版社，1996.
[12] 邵瑞庆. 会计学原理[M]. 上海：立信会计出版社，2007.
[13] 金跃武. 基础会计[M]. 北京：高等教育出版社，2006.
[14] 张洁. 新编会计基础工作规范与核算实务[M]. 北京：蓝天出版社，2006.
[15] 李占国. 会计基础会计学[M]. 北京：高等教育出版社，2010.
[16] 朱小平. 初级会计学[M]. 北京：中国人民大学出版社，2005.

北京大学出版社本科财经管理类实用规划教材(已出版)

财务会计类

序号	书名	标准书号	主编	定价	序号	书名	标准书号	主编	定价
1	基础会计	7-301-24366-4	孟铁	35.00	22	中级财务会计	7-301-23772-4	吴海燕	49.00
2	基础会计(第2版)	7-301-17478-4	李秀莲	38.00	23	中级财务会计习题集	7-301-25756-2	吴海燕	39.00
3	基础会计实验与习题	7-301-22387-1	左旭	30.00	24	高级财务会计	7-81117-545-5	程明娥	46.00
4	基础会计学	7-301-19403-4	窦亚芹	33.00	25	高级财务会计	7-5655-0061-9	王奇杰	44.00
5	基础会计学学习指导与习题集	7-301-16309-2	裴玉	28.00	26	企业财务会计模拟实习教程	7-5655-0404-4	董晓平	25.00
6	基础会计	7-301-23109-8	田凤彩	39.00	27	成本会计学	7-301-19400-3	杨尚军	38.00
7	基础会计学	7-301-16308-5	晋晓琴	39.00	28	成本会计学	7-5655-0482-2	张红漫	30.00
8	信息化会计实务	7-301-24730-3	杜天宇	35.00	29	成本会计学	7-301-20473-3	刘建中	38.00
9	会计学原理习题与实验(第2版)	7-301-19449-2	王保忠	30.00	30	税法与税务会计实用教程(第2版)	7-301-21422-0	张巧良	45.00
10	会计学原理(第3版)	7-301-26239-9	刘爱香	35.00	31	初级财务管理	7-301-20019-3	胡淑姣	42.00
11	会计学原理	7-301-24872-0	郭松克	38.00	32	财务会计学	7-301-23190-6	李柏生	39.00
12	会计学原理与实务(第2版)	7-301-18653-4	周慧滨	33.00	33	财务管理学实用教程(第2版)	7-301-21060-4	骆永菊	42.00
13	初级财务会计模拟实训教程	7-301-23864-6	王明珠	25.00	34	财务管理理论与实务(第2版)	7-301-20407-8	张思强	42.00
14	初级会计学习题集	7-301-25671-8	张兴东	28.00	35	财务管理理论与实务	7-301-20042-1	成兵	40.00
15	会计规范专题(第2版)	7-301-23797-7	谢万健	42.00	36	财务管理学	7-301-21887-7	陈玮	44.00
16	会计综合实训模拟教程	7-301-20730-7	章洁倩	33.00	37	公司财务管理	7-301-21423-7	胡振兴	48.00
17	预算会计	7-301-22203-4	王筱萍	32.00	38	财务分析学	7-301-20275-3	张献英	30.00
18	会计电算化	7-301-23565-2	童伟	49.00	39	审计学	7-301-20906-6	赵晓波	38.00
19	政府与非营利组织会计	7-301-21504-3	张丹	40.00	40	审计理论与实务	7-81117-955-2	宋传联	36.00
20	管理会计	7-81117-943-9	齐殿伟	27.00	41	现代审计学	7-301-25365-6	杨苗	39.00
21	管理会计	7-301-21057-4	彤芳珍	36.00					

管理类

序号	书名	标准书号	主编	定价	序号	书名	标准书号	主编	定价
1	管理学	7-301-17452-4	王慧娟	42.00	14	统计学	7-301-24750-1	李付梅	39.00
2	管理学	7-301-21167-0	陈文汉	35.00	15	统计学	7-301-25180-5	邓正林	42.00
3	管理学	7-301-23023-7	申文青	40.00	16	统计学(第2版)	7-301-23854-7	阮红伟	35.00
4	管理学原理	7-301-22980-4	陈阳	48.00	17	应用统计学(第2版)	7-301-19295-5	王淑芬	48.00
5	管理学原理	7-5655-0078-7	尹少华	42.00	18	统计学实验教程	7-301-22450-2	裘雨明	24.00
6	管理学原理	7-301-21178-6	雷金荣	39.00	19	管理运筹学(第2版)	7-301-19351-8	关文忠	39.00
7	管理学原理与实务(第2版)	7-301-18536-0	陈嘉莉	42.00	20	现场管理	7-301-21528-9	陈国华	38.00
8	管理学实用教程	7-301-21059-8	高爱霞	42.00	21	企业经营ERP沙盘应用教程	7-301-20728-4	董红杰	32.00
9	现代企业管理理论与应用(第2版)	7-301-21603-3	邸彦彪	38.00	22	项目管理	7-301-21448-0	程敏	39.00
10	新编现代企业管理	7-301-21121-2	姚丽娜	48.00	23	项目管理	7-301-24823-2	康乐	39.00
11	统计学原理(第2版)	7-301-25114-0	刘晓利	36.00	24	公司治理学	7-301-22568-4	蔡锐	35.00
12	统计学原理	7-301-21061-0	韩宇	38.00	25	企业经营ERP沙盘模拟教程(第2版)	7-301-26163-7	董红杰	45.00
13	统计学原理与实务	7-5655-0505-8	徐静霞	40.00					

市场营销类

序号	书名	标准书号	主编	定价	序号	书名	标准书号	主编	定价
1	市场营销学	7-301-21056-7	马慧敏	42.00	4	市场营销学(第2版)	7-301-19855-1	陈阳	45.00
2	市场营销学:理论、案例与实训	7-301-21165-6	袁连升	42.00	5	市场营销学	7-301-21166-3	杨楠	40.00
3	市场营销学实用教程(第2版)	7-301-24958-1	林小兰	48.00	6	市场营销理论与实务(第2版)	7-301-20628-7	那薇	40.00

序号	书名	标准书号	主编	定价	序号	书名	标准书号	主编	定价
7	市场营销学(第2版)	7-301-24328-2	王槐林	39.00	14	消费者行为学	7-5655-0057-2	肖 立	37.00
8	国际市场营销学	7-301-21888-4	董 飞	45.00	15	客户关系管理实务	7-301-09956-8	周贺来	44.00
9	营销策划	7-301-23204-0	杨 楠	42.00	16	客户关系管理理论与实务	7-301-23911-7	徐 伟	40.00
10	营销策划	7-301-26027-2	张 娟	38.00	17	社交礼仪	7-301-23418-1	李 霞	29.00
11	市场营销策划	7-301-23384-9	杨 勇	40.00	18	商务谈判(第2版)	7-301-20048-3	郭秀君	49.00
12	广告策划与管理:原理、案例与项目实训	7-301-23827-1	杨佐飞	48.00	19	消费心理学(第2版)	7-301-25983-2	臧良运	40.00
13	现代推销与谈判实用教程	7-301-25695-4	凌奎才	48.00					

工商管理类

序号	书名	标准书号	主编	定价	序号	书名	标准书号	主编	定价
1	企业文化理论与实务(第2版)	7-301-24445-6	王水嫩	35.00	10	创业基础:理论应用与实训实练	7-301-24465-4	郭占元	38.00
2	企业战略管理实用教程	7-81117-853-1	刘松先	35.00	11	公共关系学实用教程(第2版)	7-301-25557-5	周 华	42.00
3	企业战略管理	7-301-23419-8	顾 桥	46.00	12	公共关系学实用教程	7-301-17472-2	任焕琴	42.00
4	生产运作管理(第3版)	7-301-24502-6	李全喜	54.00	13	公共关系理论与实务	7-5655-0155-5	李泓欣	45.00
5	运作管理	7-5655-0472-3	周建亨	25.00	14	东方哲学与企业文化	7-5655-0433-4	刘峰涛	34.00
6	运营管理实验教程	7-301-25879-8	冯根尧	24.00	15	跨国公司管理	7-5038-4999-2	冯雷鸣	28.00
7	组织行为学实用教程	7-301-20466-5	冀 鸿	32.00	16	企业战略管理	7-5655-0370-2	代海涛	36.00
8	质量管理(第2版)	7-301-24632-0	陈国华	39.00	17	跨文化管理	7-301-20027-8	晏 雄	35.00
9	创业学	7-301-15915-6	刘沁玲	38.00					

人力资源管理类

序号	书名	标准书号	主编	定价	序号	书名	标准书号	主编	定价
1	人力资源管理(第2版)	7-301-19098-2	颜爱民	60.00	5	员工招聘	7-301-20089-6	王 挺	30.00
2	人力资源管理实用教程(第2版)	7-301-20281-4	吴宝华	45.00	6	人力资源管理:理论、实务与艺术	7-5655-0193-7	李长江	48.00
3	人力资源管理原理与实务(第2版)	7-301-25511-7	邹 华	32.00	7	人力资源管理实验教程	7-301-23078-7	畅铁民	40.00
4	人力资源管理教程	7-301-24615-3	夏兆敢	36.00					

服务管理类

序号	书名	书号	编著者	定价	序号	书名	书号	编著者	定价
1	会展服务管理	7-301-16661-1	许传宏	36.00	4	服务性企业战略管理	7-301-20043-8	黄其新	28.00
2	非营利组织管理	7-301-20726-0	王智慧	33.00	5	现代服务业管理原理、方法与案例	7-301-17817-1	马 勇	49.00
3	服务营销	7-301-21889-1	熊 凯	45.00					

经济、国贸、金融类

序号	书名	书号	编著者	定价	序号	书名	书号	编著者	定价
1	宏观经济学(第2版)	7-301-19038-8	塞令香	39.00	6	外贸函电(第2版)	7-301-18786-9	王 妍	30.00
2	西方经济学实用教程	7-5655-0302-3	杨仁发	49.00	7	国际贸易理论与实务(第2版)	7-301-18798-2	缪东玲	54.00
3	管理经济学(第2版)	7-301-24786-0	姜保雨	42.00	8	国际贸易(第2版)	7-301-19404-1	朱廷珺	45.00
4	管理经济学	7-301-24573-6	钱 津	42.00	9	国际贸易实务(第2版)	7-301-20486-3	夏合群	45.00
5	矿业经济学	7-301-24988-8	李 创	38.00	10	国际贸易结算及其单证实务(第2版)	7-301-25733-3	卓乃坚	42.00

序号	书 名	书号	编著者	定价	序号	书 名	书号	编著者	定价
11	政治经济学原理与实务(第2版)	7-301-22204-1	沈爱华	31.00	24	货币银行学	7-301-21345-2	李 冰	42.00
12	政治经济学	7-301-24891-1	巨荣良	38.00	25	国际结算(第2版)	7-301-17420-3	张晓芬	35.00
13	国际商务(第2版)	7-301-25366-3	安占然	39.00	26	国际结算	7-301-21092-5	张 慧	42.00
14	国际贸易实务	7-301-20919-6	张 肃	28.00	27	金融工程学	7-301-18273-4	李淑锦	30.00
15	国际贸易规则与进出口业务操作实务(第2版)	7-301-19384-6	李 平	54.00	28	金融工程学理论与实务(第2版)	7-301-21280-6	谭春枝	42.00
16	国际贸易实训教程	7-301-23730-4	王 茜	28.00	29	国际金融	7-301-23351-6	宋树民	48.00
17	国际经贸英语阅读教程	7-301-23876-9	李晓娣	25.00	30	国际商务函电	7-301-22388-8	金泽虎	35.00
18	中国对外贸易概论	7-301-23884-4	翟士军	42.00	31	保险学	7-301-23819-6	李春蓉	41.00
19	国际贸易理论、政策与案例分析	7-301-20978-3	冯 跃	42.00	32	财政学(第2版)	7-301-25914-6	盖 锐	39.00
20	证券投资学	7-301-19967-1	陈汉平	45.00	33	财政学	7-301-23814-1	何育静	45.00
21	金融风险管理	7-301-25556-8	朱淑珍	42.00	34	兼并与收购	7-301-22567-7	陶启智	32.00
22	证券投资学	7-301-21236-3	王 毅	45.00	35	东南亚南亚商务环境概论(第2版)	7-301-25823-1	韩 越	42.00
23	货币银行学	7-301-15062-7	杜小伟	38.00					

法律类

序号	书 名	书号	编著者	定价	序号	书 名	书号	编著者	定价
1	经济法原理与实务(第2版)	7-301-21527-2	杨士富	39.00	4	劳动法和社会保障法(第2版)	7-301-21206-6	李 瑞	38.00
2	经济法	7-301-24697-9	王成林	35.00	5	国际商法	7-301-20071-1	丁孟春	37.00
3	国际商法理论与实务	7-81117-852-4	杨士富	38.00	6	商法学	7-301-21478-7	周龙杰	43.00

如您需要更多教学资源如电子课件、电子样章、习题答案等，请登录北京大学出版社第六事业部官网 www.pup6.cn 搜索下载。
如您需要浏览更多专业教材，请扫下面的二维码，关注北京大学出版社第六事业部官方微信(微信号：pup6book)，随时查询专业教材、浏览教材目录、内容简介等信息，并可在线申请纸质样书用于教学。

感谢您使用我们的教材，欢迎您随时与我们联系，我们将及时做好全方位的服务。联系方式：010-62750667，wangxc02@163.com，pup_6@163.com，lihu80@163.com，欢迎来电来信。客户服务 QQ 号：1292552107，欢迎随时咨询。